HISTOIRE
DE
TEYRAN

HISTOIRE

DE

TEYRAN

(HÉRAULT)

PAR

l'abbé **A. VILLEMAGNE**
CURÉ DE CASTELNAU-LE-LEZ

EN VENTE: A MONTPELLIER

LIBRAIRIE L. VALAT
9, PLACE CHABANEAU
(anciennement de la Préfecture)

—

M CM XIII

ÉVÊCHÉ
DE MONTPELLIER

Montpellier, le 26 avril 1913.

Mon Cher Monsieur le Curé,

Dans je ne sais plus quel article, paru en son temps à la Gazette de France, dom Besse poussait ce cri d'alarme :

« *Veillons sur notre histoire* ».

Il ajoutait : « *Le moyen le plus sûr de rétablir cette histoire en son entière vérité est de l'étudier dans ses plus petits détails, apportant ainsi aux monuments historiques la pièce résistante et scrupuleusement triée.* »

L'histoire ecclésiastique vous a surpris répondant à ce cri d'alarme. Elle s'applaudit de vous voir interroger attentivement et pierres et documents pour entendre leurs voix et leurs secrets.

Votre plume ne cesse pas, en effet, de suivre le moyen indiqué par le savant bénédictin, ami de notre histoire nationale, jusqu'à un scrupule devenu rare pour le malheur de notre pays.

Je me réjouis de constater que vous contribuez, par votre travail, à donner à la grande histoire ecclésiastique la possibilité de nous dire la vérité, rien que la vérité, toute la vérité. C'est un service que vous rendez. Vous permettez à l'école romantique de se vanter d'avoir donné peut-être plus d'éclat aux récits historiques, mais vous lui défendez de donner à ces récits les couleurs de la fantaisie ou de l'injustice.

En parcourant votre travail, dois-je vous l'avouer ? je fais un péché d'envie. Je sens davantage la morsure du regret puisque le temps ne me permet pas de vous suivre.

Je formule le vœu cependant, et bien volontiers, de me surprendre souvent à vous lire, dussè-je, à chaque fois, me sentir secoué presque simultanément et par le désir de vous imiter et par l'impossibilité de le faire.

Laissez-moi vous dire, avant de clore cette lettre, combien vous avez été heureusement inspiré de donner en français une analyse concentrée des documents latins. La langue latine, vous le savez, reste de nos jours je ne sais quel pont aux ânes. Rares sont les ânes qui peuvent facilement le franchir. Pitié même pour eux et surtout pour les autres.

Agréez l'expression de mon respect.

J. COULONDRE,
Protonotaire Apostolique.
Vicaire général de SON ÉM. LE CARDINAL DE CABRIÈRES,
Évêque de Montpellier.

PRÉFACE

Les deux premiers livres de cette monographie ont paru dans la *Revue Historique du diocèse*. Ce mode de publication avance nécessairement avec lenteur. D'autre part le changement d'imprimeur et les délais que comportent la transmission des papiers et des indications ont retardé l'impression de cette histoire, composée depuis de longs mois.

Les 159 premières pages sont sorties des presses d'un imprimeur du Vigan (Gard), M. Charles Bausinger.

Les autres viennent de l'imprimerie de MM. Roumégous et Déhan à Montpellier.

Dès le début de nos travaux nous pensions dater notre étude de Teyran où, dans le calme et la paix, nous avons passé près de quatorze ans. Cette satisfaction ne nous a pas été accordée. C'est de notre nouvelle paroisse que nous envoyons à nos chers Teyrannais le résultat de nos recherches historiques sur leur localité...

En thèse générale, les populations rurales, dont les idées saines restent inentamées, aiment de connaître les annales de leur pays. A tout cœur bien né la patrie est chère. Elles sont heureuses de savoir le passé de leur village. Les différentes familles, groupées autour d'un même clocher, éprouvent une bien légitime fierté si elles apprennent que le nom dont elles ont hérité, remonte, toujours dignement porté, de génération en génération jusqu'à une époque fort reculée.

Elles s'attachent alors, de toutes les fibres de leur cœur, à ce sol foulé par tant de leurs aïeux. Elles cultivent avec un soin plus attentif la terre qui les nourrit et dont leurs ancêtres ont vécu.

La campagne, dont la solitude énerve et fatigue les citadins, revêt à leurs yeux des charmes d'une attirance invincible. Ces familles ne se sentent point isolées et perdues dans ces champs où leur race est fixée par de nombreuses et profondes racines.

Et judicieuses et sages, elles se gardent bien de céder à ces mouvements d'émigration qui, périodiquement, comme des flots dévastateurs, poussent vers les villes les habitants de la campagne, pour alimenter le contingent, toujours trop fourni des déclassés, des déracinés, victimes inconscientes que guettent les misères physiques et morales.

Les familles qui composent la population de Teyran peuvent être rangées parmi celles qui aiment le pays natal et y demeurent...

Pour la composition de ce volume nous avons suivi, dans la mesure du possible, l'ordre chronologique. Cette méthode paraît de beaucoup la meilleure pour ce genre d'étude. Les monographies, ainsi écrites, ont l'avantage de mettre en relief une infinité d'actes et de faits locaux dont l'assemblage peut servir de base à un travail d'ensemble sur une époque ou un département.

Suivant les données de la critique historique nous n'avançons rien qui ne s'appuie sur un document dont l'authenticité ne soit indiscutable. Les références, indiquées soit au bas des pages soit au cours du récit, rendent la vérification aisée et le contrôle facile. Pour éviter dans certains cas, au lecteur, de trop longues recherches nous citons, toujours intègrement, souvent dans leur intégralité bon nombre de documents intéressants.

La bibliographie abondante insérée à la fin du volume témoigne de nos longues recherches et de notre souci à nous entourer de tous les éléments susceptibles de rendre notre travail le plus complet possible.

Nous divisons cette monographie en trois livres : I. De l'origine au protestantisme. II. Du protestantisme à la révolution. III. De la révolution à nos jours.

Ces trois parties sont suivies de *Corrigenda* où sont rectifiées certaines inexactitudes typographiques...

Des *addenda* viennent après pour signaler des documents trouvés postérieurement à la composition de l'ouvrage et dont l'insertion ou la mention dans le corps du récit n'a pu avoir lieu...

Six pièces justificatives prennent rang à la suite des *addenda*.

La bibliographie et la table terminent le volume que nous avons illustré de douze vues en similigravure, hors texte.

Nous dédions ce travail aux habitants de Teyran en témoignage de notre affectueux souvenir.

En la fête de Saint-Augustin, 28 août 1912.

A. VILLEMAGNE.
Curé de Castelnau-le-Lez

CHAPITRE PREMIER

Aperçu général de Teyran. — Topographie

A 10 kilomètres nord-est de Montpellier, Teyran, village de 450 habitants, canton de Castries, s'étage en amphithéâtre à l'extrémité ouest d'une colline, isolée au centre d'une plaine, et comprise dans le quadrilatère dont les sommets sont Castries, Vendargues, Jacou et Assas.

Il est à 104 mètres d'altitude.

Malgré nos recherches nous n'avons pu trouver d'une façon exacte le sens étymologique du mot : Teyran. Nous préférons nous abstenir, plutôt que donner une explication insuffisante.

Si l'on aborde Teyran de front, c'est péniblement qu'on arrive au sommet à travers des rues cailouteuses, étroites et raides.

Du côté nord, on y parvient par le chemin, joignant celui de Montpellier-Sommières à la croix de mission, et qui, dès l'entrée, donne naissance à deux rues montantes, mais spacieuses, rendant assez facile l'accès au village.

Des pans de mur d'enceinte des anciennes fortifications ont résisté à la main destructrice de l'homme et à la morsure du temps.

Deux tours du fort sont encore debout. Le Château, démoli en partie, est devenu l'église paroissiale et le presbytère,

La chapelle du château, utilisée longtemps comme église paroissiale, sert aujourd'hui de sous-sol aux écoles et à la mairie.

Les collines qui entourent celle de Teyran comme d'une puissante ceinture, sont un prolongement de la chaîne des Cévennes. Dans la direction nord-ouest, à une dizaine de kilomètres, le pic Saint-Loup dresse sa masse imposante à 663 mètres. Il est, de cette chaîne, le mont le plus élevé dans le département.

Ses pentes, dans le voisinage du pic, montrent encore les fières ruines du château de Montferrand, propriété des évêques de Maguelone, et s'étendent au nord jusqu'au vallon de Ganges ; à l'est jusqu'au Vidourle où insensiblement elles s'abaissent ; au midi jusqu'à la plaine de Launac (CREUZÉ DE LESSER, *Statistique de l'Hérault*, 1824, p. 16).

Les collines qui, au nord, encerclent la plaine de Teyran, offrent un aspect plutôt aride. Des arbres isolés et des groupements de chênes rompent la monotonie du paysage ; le thym, la lavande, l'aspic et les taillis sauvages s'efforcent vainement de recouvrir les rocs d'un peu de verdure : l'ossature de pierre, rebelle à tout embellissement, se dégage de toutes parts.

Au midi, l'abaissement prononcé des coteaux laisse une belle échappée de vue sur la mer. Montpellier, les maisons de campagne de Castelnau, les bois de Lavalette égayent l'horizon. Et l'œil se repose volontiers sur le parc du château de Jacou et les sapinettes de Viviers et de Clapiers.

Au printemps, la vallée, qui entoure le mont, étale tout autour le damier multicolore de cultures diverses. Prévoyant et sage, le Teyrannais pourvu de terrain en quantité suffisante n'est point partisan de la monoculture.

A la base de la colline, le *Salaison* roule ses eaux rares, mais parfois terribles, et va se perdre dans l'étang de Mauguio.

Plus loin, vers Montpellier, se trouve le *Massillan*. Au

ténement de la *Bardonne*, il mêle ses eaux à celles du Salaison.

Le Massillan est, en grande partie, alimenté par la source de *Montvilla*, signalée dans les guides de l'Hérault.

Cette source est à 500 mètres environ de Teyran, et à une soixantaine en amont de la route de Montpellier.

Elle sort du rocher en plusieurs jets. Assez abondante en hiver, elle diminue un peu en été, mais jamais ne tarit. Elle donne une eau fraîche, bonne et légère. Les promeneurs, les touristes et les chasseurs la connaissent et savent l'apprécier. Le dimanche, les Teyrannais en font le but de leur promenade favorite.

Deux routes principales facilitent les communications de Teyran avec les localités voisines : celle de Montpellier à Sommières, bordée de platanes; et celle de Prades à Vendargues et Mauguio. Cette dernière traverse la route d'Assas au-dessous du domaine de Viviers, passe devant la campagne de Montvilla, le mas Angerly et joint la route de Montpellier-Sommières au mas du Massillan. Elle s'en détache au-dessous de Teyran qu'elle longe au sud pour arriver à Vendargues.

La route de Montpellier traverse le pont jeté sur le Massillan et celui jeté sur le Salaison, lors de la construction de cette route.

Il y a, sur le Salaison, un autre pont, dit le pont vieux, de date très ancienne, et en assez bon état de conservation. En amont de 100 mètres du pont neuf, il desservait autrefois Saint-André-d'Aubeterre, paroisse primitive des Teyrannais.

Sur la rive gauche du Salaison, à 150 mètres à l'ouest du village et du pont vieux se trouve le cimetière de la paroisse.

La plaine de Teyran est parsemée de *mas* d'importance inégale et de construction relativement récente.

A l'ouest la *Mouline*, cachée aux regards par la colline dite le *Travers de Sale*. La Mouline doit probablement son nom au moulin construit autrefois sur les bords du Salaison aux limites extrêmes du territoire d'Assas et à l'entrée de la petite vallée où se trouve ce mas. Le moulin n'existe plus, mais grâce aux fouilles patientes de M. Léon Gas, propriétaire de la Mouline, on peut voir deux meules au fond du bief qui amenait les eaux pour actionner le moulin.

Sur la rive droite du Salaison, à égale distance du pont vieux et des ruines de Saint-André-d'Aubeterre, se trouve le *Mas de Montel.*

Plus avant vers le sud, *Montvilla* avec son parc clos. C'était autrefois une possession des seigneurs de Teyran; et Antoine de la Croix, un des fils de Pierre la Croix, prit même le nom de seigneur de Montvilla. Avant lui un de ses oncles, Jean de la Croix, fils de Guillaume de la Croix et de Françoise de Cezelli, avait déjà porté le même titre.

Ce domaine fut vendu à plusieurs reprises, et les propriétaires successifs connus sont : M. Banal, M. Rith, M. Guéry, M. Bertès, M. Laffite. M. Mabelly, négociant à Montpellier, le possède actuellement.

A côté se trouve le *Mas Angerly.*

En bordure du chemin Montpellier-Sommières est bâti le *Massillan*, propriété de M. Pouillès-Gelly.

A quelque distance de là et sur la même ligne, dans la direction de Montpellier, est le *Mas Pagès.*

Le *mas de Sicard, père*, est construit plus à gauche dans les terres.

Toujours au sud et au bas de Teyran, se dresse l'agglomération de maisons dites *mas du Hautbois*. Et à l'extrémité de la plaine, au sud-est, on aperçoit les mas de *Bascou*, de *Parent*, de *Barrandon* et de *Causse.*

Au versant nord, près de la route de Montpellier-Sommières sont construits les mas de *Noseran* et de *Sicard fils.* Plus haut, derrière les collines dites de *Montbeire* et de *Plan Dailas* se trouve Malrives dont nous nous occuperons spécialement.

La superficie de la commune de Teyran est de mille quarante hectares, partie en garrigues, partie en terrain cultivé.

Les Teyrannais apportent un grand soin à la culture de leur terrain.

Les 324 hectares 91 centiares de vigne qu'ils possèdent, leur donnent, bon an mal an, de 20 à 25.000 hectos — exceptionnellement cette année 27.345 hectos — d'un vin de 9 à 10 degrés, recherché du commerce pour son coloris brillant et son bouquet.

La vigne fournit encore à quelques-uns les raisins de table qui sont vendus sur le marché de Montpellier à des prix suffisamment rémunérateurs.

Les habitants de cette localité récoltent fourrages et céréales; ils cultivent l'olivier, le mûrier et le cerisier.

A tous ces produits du sol, quelques-uns ajoutent l'élevage du mouton. Et les 6 ou 700 bêtes à laine, menées tous les jours au pâturage sur le terrain de Teyran, sont une source de bons revenus.

Après cette vue d'ensemble sur la topographie et les productions de Teyran, nous allons faire l'historique de ce village.

CHAPITRE II

Saint-André-d'Aubeterre, primitive paroisse de Teyran. — Vestiges romains. — Les comtes de Melgueil et les seigneurs d'Aubeterre

Pour rendre plus claire et plus intéressante l'histoire d'une localité, il est bon d'esquisser à larges traits les événements principaux qui se sont produits dans la région où elle est située.

La nôtre a eu des maîtres différents dans le cours des siècles. Les Romains y ont laissé l'empreinte la plus durable. Pendant cinq siècles, la Gaule, unie à l'Empire Romain, en suivit les destinées, jusqu'au jour où l'Empire d'Occident s'écroula sous les coups des Barbares.

Au début du Ve siècle, les invasions amenèrent les Wisigots qui se fixèrent entre la Loire et les Pyrénées. Clovis leur enleva ce pays par la bataille de Vouillé (507) où fut vaincu et tué Alaric, leur chef.

Les musulmans, maîtres de l'Espagne, franchirent les Pyrénées, et pénétrèrent en Gaule par la Septimanie.

Le duc d'Aquitaine, vaincu par eux, appela Charles Martel au secours. Les Arabes, après la défaite que leur infligea Charles en 732, conservèrent seulement la Septimanie ou autrement dit la côte du Rhône aux Pyrénées. Quelque temps après Charles Martel revint en Septimanie, démantela Nimes, brûla les Arènes et détruisit Maguelone.

Le pays, qui devait un jour former le Languedoc, fut incorporé à l'Empire des Francs, et en suivit les vicissitudes jusqu'au jour où, grâce à la faiblesse des successeurs de

Charlemagne, chacun s'y tailla une petite souveraineté quelconque. Aubeterre fit partie du comté de Maguelone, puis de Melgueil, depuis la création de ce comté au milieu du VIII° siècle.

Aux XII° et XIII° siècles, l'hérésie des Albigeois fut le prétexte invoqué par le Nord pour ravir sa nationalité au Midi. Le comte de Toulouse fut dépouillé de ses Etats et du comté de Melgueil, comté qu'il tenait en fief du Pape.

Enfin, les protestants au XVI° siècle, laissèrent de nombreuses traces de leur passage par les déprédations dont ils se rendirent coupables.

La petite localité de Saint-André d'Aubeterre d'abord, et celle de Teyran ensuite, assez effacées tandis que se produisaient dans la contrée les grands événements dont nous venons de faire l'énumération, participèrent néanmoins au mouvement général de transformation. Et chaque phase diverse de l'évolution s'est plu à leur laisser son empreinte particulière.

Saint-André-d'Aubeterre est le nom du village et de la paroisse qu'habitèrent primitivement les aïeux des Teyrannais.

Cette localité a disparu. Seules, quelques ruines, en marquent l'emplacement au pied de la colline de *Cabimont*, entre le Salaison et le Massillan.

Aubeterre est orthographié indifféremment *Albeterre* ou *Aubeterre*. Pour plus de clarté nous écrirons toujours Aubeterre. Ce nom, dû à la topographie, paraît venir de deux mots latins *alba terra*, terre blanche. (*Bul. de la Soc. Arch. de Montp.*, t, V, p. 257). Cette interprétation semble justifiée par la quantité anormale d'argile blanche qui couvre tout le versant est de la colline de Teyran et une longue bande de terrain crayeux du côté du *mas du Hautbois*.

Ce village datait sans nul doute de l'occupation romaine. La bonne latinité du nom est un indice. Il se trouvait à deux kilomètres de la voie romaine qui de Rome menait en Espagne, par Castries et Substantion. Les vestiges romains, assez nombreux, confirment notre assertion.

Inscription romaine de Titius Cominius
(trouvée dans les ruines d'Aubeterre).

M. le marquis de Masclary, seigneur de Teyran, Clapiers, Jacou, trouva des mosaïques dans ses propriétés, situées dans le même rayon qu'Aubeterre (Creuzé de Lessert, *Statistique de l'Hérault*, 1824, p. 220).

En 1858, au mas du Pont, dont les terrains étaient enclavés dans ceux du seigneur de Teyran, M. Pagésy découvrit un monument gallo-romain : c'était une sépulture par incinération. Le procès-verbal de la Société d'Archéologie de Montpellier, dans la séance du 14 février 1858, où M. Pagésy fit part de sa découverte, porte que le monument composé de dalles de pierre, disposées en forme de petite caisse, avait été trouvé à une légère profondeur de terre. Il renfermait une urne cinéraire en poterie, de petits vases également en poterie et les débris d'une patère en bronze. (E. Bonnet, *Antiquités et monuments de l'Hérault*, p. 232).

En 1873, M. Bedos François, trouva, dans les circonstances suivantes, à Saint-André-d'Aubeterre, l'inscription dont nous donnons un fac-simile.

Comme plusieurs de ses concitoyens, qui en avaient fait la demande, M. Bedos François fut autorisé par le maire à prendre, dans les ruines de Saint-André, les matériaux à sa convenance, pour la construction d'une maison à Teyran. Il fit tomber les derniers pans de murs de l'église abandonnée, et renversa, près de l'ancien chœur, une sorte de colonne de 2^m50 formée de pierres froides bien taillées. Celle du sommet, posée à plat sur la colonne, en était comme le couronnement. C'était la pierre tumulaire reproduite ici.

M. Bedos François la transporta à Teyran. Dans le pays on parla quelque temps de cette trouvaille. Des curieux et des amateurs d'antiquités vinrent la voir. Le bruit courut un instant qu'un musée devait en faire l'acquisition ; mais l'offre ne dut pas être ferme ou fut jugée insuffisante, puisque la pierre est depuis placée au fond du jardin contre le mur de façade de la maison de M. Bedos.

Elle a les mesures suivantes : hauteur, 0ᵐ90 ; épaisseur, 0ᵐ40 ; largeur au sommet, 0ᵐ55, à la base, 0ᵐ60.

D M
T COMIN
VALERIANI
TITIA COMI
NIA PATRI
PIISSIMO

Aux dieux manes de Titius Cominius Valerianus Titia Cominia à son excellent père.

Au-dessous de l'inscription et immédiatement au-dessus du socle se trouve en relief une urne funéraire d'où s'élance de chaque côté une tige de lierre enlaçant le cadre de l'inscription.

Ce nom de *Cominius* était assez répandu dans le Midi de la France à cette époque. Nous l'avons relevé sur neuf inscriptions publiées dans l'*Histoire générale du Languedoc* (t. XVᵉ, éd. Privat) : trois à Narbonne, les numéros 403, 404 et 405, et six à Nimes, les numéros 200, 716, 759, 760, 1394, 1434.

Lentheric signale au musée d'Arles une inscription de la fin du IIᵉ siècle portant le nom de *Cominius* (*Les villes mortes du Golfe de Lyon*, p. 516).

Notre inscription est du même grain fin, dur et peu friable, que les pierres de nos garrigues qui ont servi à édifier la forteresse de Teyran.

Dans la continuation de ses travaux à Saint-André, M. Bedos enlevant la dernière pierre de la colonne en question, mit à jour un puits rempli de décombres. Déblayé, ce puits présenta une profondeur de quatre à cinq mètres et une largeur de 0ᵐ80 sur 0ᵐ80 ; les parois du mur bien bâti avaient, d'espace en espace, des cavités pour en faciliter la descente ; c'était la citerne de l'église.

On sait que les églises servaient de refuge aux populations, et se transformaient en forteresse. Les citernes étaient alors d'un grand secours.

Par quel concours de circonstances l'inscription se trouvait-elle dans l'église de Teyran? A quelle époque la citerne fut-elle obstruée? Nous l'ignorons. Tout porte à croire qu'elle fut bouchée volontairement. Est-ce à l'époque où les derniers habitants durent quitter Aubeterre pour se réfugier à Teyran? Peut-être.

Aujourd'hui il ne reste plus rien de Saint-André-d'Aubeterre. Quelques pierres oubliées indiquent vaguement l'emplacement du village, de l'église et du cimetière.

Les documents les plus anciens, que nous ayons trouvés sur cette paroisse datent de 1167 et de 1169.

Par l'acte de 1167, Guillaume d'Assas et Rostang, son fils, reconnaissent tenir de Béatrix, comtesse de Melgueil, le château d'Assas.

En retour la comtesse inféode à Guillaume d'Assas, en honoré fief, tout ce qu'a eu autrefois le comte de Melgueil, tout ce qu'elle doit avoir dans la paroisse de Saint-André-d'Aubeterre et dans tout son territoire, terres cultes et incultes, pâturages, bois, routes, rivières et leurs rives et absolument toute chose dépendante de son pouvoir et de celui des seigneurs de Melgueil.

Elle cède tout à Guillaume d'Assas et à ses successeurs à la seule condition que les seigneurs lui rendront le service.

Cet acte est d'une importance capitale et les seigneurs d'Assas sauront le faire valoir, surtout celui de 1169, développement de celui de 1167, contre l'évêque de Maguelone, quand, devenu comte de Melgueil, il voudra revendiquer, en 1227-1230, la suzeraineté sur le château de Teyran.

Voici le texte de la partie essentielle de cette donation de la comtesse Béatrix (1167), (*Cartulaire de Maguelone*, reg. E. f° 212 v°).

et ego Beatrix comitissa de Melgorio... dono tibi Guillermo... ad honoratum feudum quidquid videlicet habeo et habere debeo ego, sive unquam comes de Melgorio habuit, in tota parrochia

Sancti Andree de Albaterra, in Albaterra videlicet et in toto terminio ejus, in justiciis, in albergis, in toltis, in questis, in heremis et in cultis, in pascuis et in nemoribus, in fluminibus et in ripis eorum, et in omnibus omnino causis ad potestativum meum et comitis pertinentibus, ita prorsus quod nichil ibi per me, per heredes meos, retineo nisi servicium tuum et domini de Arsacio successoris tui.....

Cependant déjà, à cette époque, il y avait un seigneur à Aubeterre. En 1178 Guillaume d'Aubeterre est nommé exécuteur testamentaire par Guy Gerrejat, fils de Guillaume VI, seigneur de Montpellier.

Puis un autre acte de 1199 confirme son existence. C'est la première charte que nous connaissions, et qui marque l'intervention du comte de Melgueil dans cette seigneurie. Le comte de Melgueil est Raymond VI, comte de Toulouse, autrement puissant que Béatrix et ses ancêtres.

Donc, au mois d'août 1199, Arnaud de Pannas, baile de Montferrand, agissant au nom de Raymond, duc de Narbonne, comte de Toulouse, marquis de Provence, comte de Melgueil, place sous la haute protection et sous la sauvegarde de Raymond, le village de Saint-André-d'Aubeterre avec ses chevaliers, ses habitants et leurs biens.

Le seigneur comte, ses amis et ses hommes prêteront aide et protection à tous ceux d'Aubeterre en quelque endroit qu'ils se trouvent.

En reconnaissance de cette sauvegarde, Arnaud de Pannas reçoit des habitants d'Aubeterre cent sols melgoriens.

De plus, les chevaliers et les hommes de cette localité donneront annuellement au seigneur-comte 24 sétiers d'orge. Ils auront soin de les apporter, tous les ans, à la fête de Saint-Pierre du mois d'août, au château de Montferrand et de les remettre en mains propres, au baile pour le comte de Toulouse.

Voici la teneur de cet acte (*Cartulaire de Maguelone*, reg. E, f° 262 v°).

Ego Arnaldus de Pannas, bajulus Montisferrandi, auctoritate domini Raymundi, Dei gratia, ducis Narbonis, comitis Tholose, marquionis Provincie, per me et omnes successores meos bajulos, recipio, statuo et esse imperpetuum decerno totam villam sancti Andree de Albaterra, et omnes milites et probos homines et habitatores ejusdem ville, presentes et futuros, cum omnibus rebus et bonis suis mobilibus et immobilibus, a se moventibus, ubicumque et quocumque sint vel fuerint, ut in securitate et protectione et custodia ac salvatoria domini comitis et omnium amicorum et hominum suorum, dicta tota villa de Albaterra, intus et extra, et omnes homines, et femines, et habitatores ejusdem sint semper et permaneant in toto et per totum posse domini comitis et omnium amicorum et hominum suorum, in mari et in terra, in aquis et in omnibus locis, per pacem et per guerram, eundo, redeundo, permanendo, intrando et exeundo nisi propriis et certis culpis suis offensi fuerint. Et nomine hujus salvatorie et protectionis habui ego Arnaldus ab hominibus predicte ville de Albaterra centum solidos melgorienses, ita quod nichil remansit in debitum ; et pro hac salvatoria dabunt imperpetuum milites et homines ville de Albaterra, singulis annis, in festo sancti Petri de Augusto, domino comiti et per eum bajulo suo Montisferrandi, XXIIII sextaria ordei, ita quod domino comiti vel ejus bajulo ullatenus liceat dictum ordeum vel hanc salvatoriam in aliqua persona transferre ; sed dictum ordeum portabunt ad Montemferrandum.

Le seigneur d'Aubeterre, satisfait de voir le puissant comte de Toulouse prendre sous sa haute protection le village d'Aubeterre, voulut rendre sa situation encore plus forte.

Aubeterre, construit dans la plaine au bas de la colline de Cabimont, n'offrait pas toute la sécurité désirable. Un peu vers l'est, sur la rive gauche du Salaison, le coteau de Teyran présentait un emplacement bien plus avantageux. Le seigneur, avec juste raison, pensait qu'un village, qu'un château, bâtis en cet endroit, seraient plus en sûreté, et dans tous les cas d'une défense plus facile.

Pénétré de cette idée, Guillaume d'Aubeterre, l'année suivante voulut la réaliser. Dans ce but, il donna son alleu de Teyran au comte de Melgueil, comte de Toulouse, pour le recevoir de lui en fief avec autorisation d'y construire un château fort.

Le village d'Aubeterre touche au déclin de son existence. Nous en reparlerons. Durant quelques années encore, il mêlera sa vie expirante à celle de Teyran, qui va grandir à ses dépens et finira par l'absorber en entier.

CHAPITRE III

Le mont de Teyran. — Construction du château en 1200 par Guillaume d'Aubeterre

Il est fait mention de Teyran dans une charte du Cartulaire de Gellone en 982.

A cette date, le vendredi 31 mars, et la 28ᵉ année du règne de Lothaire, Hildinus vicomte, son épouse Archimberte et leurs fils Ermengand, Allidulfe et Oddo firent une mutation en faveur de Guinabert, abbé, et du monastère de Saint-Sauveur de Gellone.

Ils transmirent, de façon définitive, aux moines l'alleu qu'ils avaient sur une métairie, *commutatio mansi unius*, dans le territoire de Maguelone, aux environs de la ville de Substantion, tènement de Teyran.

Le sens généralement attribué au mot « mansus » à l'époque du moyen-âge a été indiqué par M. l'abbé Bougette à la page 8 de son *Histoire de Saint-Martin-de-Londres*.

D'après cet érudit historien, *mansus* veut dire *maison familiale* et non *mas*, *métairie*. Toutefois il nous semble juste de déroger à cette interprétation générale, et de donner dans l'espèce à ce mot la signification de *métairie*. Notre traduction est basée sur ce texte de la charte 1228-1230..... *cum antea nullus in loco... de Teirano... habitaret... nec aliquod edificium ibi esset ad mansionandum...*

Si, de fait, avant la date précitée, personne n'a habité Teyran, et nulle demeure familiale n'y a été construite, notre interprétation de *mansus* par *métairie* paraît logique.

La donation fut complète et sans restriction. Les religieux, vrais et légitimes propriétaires, pouvaient en disposer à leur gré. Les donateurs signèrent la charte avec les témoins : Gérald ; Siguin ; Hélias ; Etienne ; Ingilfred. (*Cart. Gellone*, édition Alaus-Cassan-Meynier, Montpellier, 1898, p. 72).

Cette donation s'explique par l'importance prise par le monastère de Gellone, fondé par saint Guilhem sous le règne de Charlemagne.

Ce document, vieux de près de neuf siècles et demi, est le plus ancien que nous ayons trouvé sur notre localité.

M. Germain (*Arnaud de Verdale*, p. 74) dit que l'église de Teyran fut donnée en 1080 aux chanoines réguliers de Maguelone dans les circonstances suivantes.

Charles Martel, dans le dessein d'empêcher les Sarrasins de s'emparer de Maguelone pour, de là, dévaster les villages environnants, l'avait fait détruire. Les chanoines se retirèrent sur les hauteurs de Substantion.

Arnaud Ier, élu évêque de Maguelone vers 1030, releva la ville et voulut y ramener les chanoines de Substantion et en faire des chanoines réguliers sous la règle de saint Augustin. Ceux-ci reçurent donc de l'évêque des revenus suffisants pour subvenir à leur subsistance. Dans ce but l'évêque acheta l'étang de Maguelone et leur en abandonna les produits.

En 1080, Godefrid continua l'œuvre et la mena à bonne fin. Il donna aux chanoines diverses églises parmi lesquelles celle de Teyran, écrit M. Germain (*Maguelone sous ses évêques*, etc., p. 10 et s.)

Dans le *chronicon Magalonense vetus*, édition 1908, M. Jos. Berthelé, l'éminent archiviste de l'Hérault, observe que le texte du Cartulaire de Maguelone porte, dans l'énumération des églises données aux chanoines *ecclesiam de Altianicis* et que *Ecclesiam de Altianicis* ne doit pas être traduit par église de Teyran, mais par église d'Aussargues ou de Naussargues (commune de Juvignac) ; église dont M. Berthelé prouve l'existence au milieu du XIVe siècle par un acte de 1361 qu'il cite.

M. l'abbé Rouquette, directeur de la *Revue Historique* du diocèse (n° du 15 juillet 1909, p. 97), partage l'avis de M. Berthelé.

D'Aigrefeuille dans le tome III de l'*Histoire de Montpellier* ne fait point mention de Teyran dans l'énumération des églises données par l'évêque aux chanoines de Maguelone.

Nous pouvons ajouter une raison de fait en faveur de l'interprétation terminologique de M. Berthelé. Au XIe siècle le village de Teyran n'existait pas.

Nous avons là-dessus un texte formel tiré du procès de 1228-1230 entre le seigneur d'Assas et l'évêque de Maguelone devenu seigneur de Melgueil. (*Cart. Mag.*, reg. E, f° 187, r°).

Le seigneur d'Assas fait valoir en faveur de sa thèse que nulle maison habitable n'avait jamais été construite sur le mont de Teyran jusqu'en 1200, date de l'édification du château : .....*populus et universitas... se transtulit in dictum castrum de Teirano, cum antea nullus in loco, in quo castrum situm est, habitaret, nec aliquod edificium ibi esset ad mansionandum...*

L'église était en effet dans la paroisse de Saint-André-d'Aubeterre à 300 mètres environ de la colline en question.

Or il résulte clairement de nos recherches que, non seulement en 1080 il n'y avait pas d'église à Teyran, mais encore que, en l'année 1200, comme on le verra par l'acte cité plus bas et indiqué par M. l'abbé Rouquette, Raymond VI, comte de Toulouse, supputant l'importance que pourrait avoir un jour Teyran, met certaines conditions à la construction d'une église en ce lieu, par exemple : défense de la fortifier au cas où elle serait construite.

Toutes ces raisons viennent à l'appui de la lecture de M. Berthelé ; elles précisent le sens de *ecclesiam de Altianicis* et ne permettent plus de faire dire à ces mots *église de Teyran*.

Il est temps de donner enfin la date exacte de la fondation du village de Teyran. Ce document est pour nous d'une importance capitale. Nous ne l'avons trouvé nulle part indiqué ; pas même dans le *Dictionnaire topographique de l'Hérault*, par M. Thomas, autorisé dans la matière. C'est la charte de construction du château dont voici la teneur :

In nomine domini. Anno incarnationis ejusdem millesimo ducentesimo, mense madii, notum sit omnibus hominibus, tam presentibus quam futuris, quod ego Guillermus de Albaterrâ, spontanea voluntate et mee liberalitatis arbitrio, dono, laudo et imperpetuum concedo tibi, domino Raymundo, Dei gratia duci Narbonensi, Comiti Tholose, et marquioni Provincie, montem de Teirano qui est meum alodium ;

et ego Raymundus, Dei gratia, dux Narbonensis, comes Tholose, et marchio Provincie, predictum montem de Teirano, per me et per omnes successores meos, dono, laudo et concedo imperpetuum tibi, Guillermo de Albaterra et successoribus tuis in feudum ut in eo Castrum edifices, hoc pacto et hiis conditionibus ut forcias et munitiones quascumque ibi habueris, michi reddas quantumcumque et quotiescumpe voluero bonâ fide. In hominibus vero omnibus ibi habitantibus districtum habeas et justicias et firmantias preterquam in proditionibus et sanguine quas michi retineo. Retineo quoque michi in hominibus viginti quatuor sestaria ordei pro salveria, que ab hominibus Albaterre solitus sum accipere et cavalgatas ; et facies tu et tui successores michi et successoribus meis albergum singulis annis decem equitatoribus ; et pro dicto castro jurabis michi vitam meam et membra mea et plenam fidelitatem et valentiam contra omnes homines. Et promitto tibi et successoribus tuis per me et per omnes successores meos quod nunquam dominationem quam super te habeo, alicui dabo, preter illi qui habebit comitatum Melgorii. Ad hoc si ibi ecclesiam edificare contigerit, et ecclesia vel episcopus Magalonensis domum ibi edificaverit, sine munitione tamen, volo quod illam habeant liberam ab omnibus exactionibus sicut decet ecclesiam.

Et ego Guillermus de Albaterra per me et per omnes successores promitto tibi domino meo Raymundo, Dei gratia, duci Narbonensi, Comiti Tholose, Marquioni Provincie, quod hec omnia tibi et successoribus tuis complebo et observabo imperpetuum bona fide, et in presenti facio tibi hominium, et juro tibi vitam tuam et membra tua et plenam fidelitatem et valentiam contra omnes homines. Hec omnia facta sunt apud Melgorium in domo Arnaldi de Pannis.....

Suit la liste des témoins..... (*Cartulaire de Maguelone*, reg. E, f° 235, v°.)

Ici se présente tout naturellement un mot d'explication sur la féodalité.

Les Francs divisèrent leurs conquêtes entre vainqueurs.

Ils tirèrent au sort les fractions des terres conquises qu'ils dénommèrent *alleux* du mot saxon *alod*, c'est-à-dire sort, lot.

Les alleux étaient libres de toute redevance, excepté du service militaire. Les propriétaires de ces alleux faisaient parfois des concessions territoriales à des compagnons d'armes pour récompenser leur courage, leurs services ou leurs mérites. Ces terres ainsi concédées prenaient le nom de *bénéfices*, de *fiefs*. Les donateurs s'adjugeaient le titre de suzerains à l'égard des bénéficiaires de leurs donations qu'ils appelaient leurs vassaux, leurs fendataires et dont ils recevaient foi et hommage.

Souverains dans leurs domaines, mais inégaux en puissance, les seigneurs étaient subordonnés entre eux par des devoirs et droits réciproques.

A la suite de ces considérations générales, tâchons de donner du franc alleu dans le comté de Melgueil une notion assez précise, sinon complète. Cette question, dont l'importance n'échappe à personne, n'a jamais été traitée à fond, et sa complexité ne permet d'y toucher que légèrement et avec prudence.

a) Le franc alleu était une terre possédée par une personne noble ou non, et qui ne payait aucun cens. Le possesseur de cette terre pouvait la transmettre, suivant son bon plaisir, soit à ses enfants (héritage), soit à des tiers (vente), sans que les nouveaux possesseurs eussent à payer aucune redevance.

Une terre, possédée en franc alleu, était susceptible de passer par divers états ; elle pouvait de nouveau être soumise à un cens ; être libérée ensuite, pour revenir encore à un cens.

La terre possédée sous un cens, s'appelle dans les actes *emphiteote*.

Toutefois une terre pouvait être possédée en franc alleu et cependant être grevée d'une pension ou d'une servitude quelconque comme chemin, ou écoulement des eaux.

Les terres possédées en franc alleu étaient très nombreuses dans le comté de Melgueil. C'est là une preuve que non seulement le servage était inconnu chez nous, dès le Xe siècle, mais encore que l'homme n'était pas attaché à la *glèbe*. (Cf. FABRÈGE : *Histoire de Maguelone*, t. I, p. 454 et ss. qui traite la question à fond.)

L'exactitude de notre affirmation ressort principalement des études faites par M. l'abbé Rouquette sur la propriété et la situation des paysans dans le comté de Melgueil de 1200 à 1500. A cette accumulation de preuves nous pouvons ajouter trois actes relatifs à Teyran et les citer : 1° En 982 le franc alleu possédé ici par Hildimus, son épouse Archimberte et leurs trois fils est cédé aux moines de Gellone, comme nous l'avons vu plus haut. — 2° Le 7 des calendes d'avril (26 mars) 1291, Béatrix de Saint-Gervais et son fils Hugues de Saint-Gervais donnent en *libre, franc et absolu alleu* au précepteur de la maison militaire du Temple de Montpellier, diverses terres sises à Saint-André d'Aubeterre. (Arch. dép. de l'Hérault, portefeuille H, *Commanderie de Montpellier. Bannières cote IX*.

3° Le 4 des nones de Mai (4 mai) 1293, Félix et Bernard de Blesiers, frères, vendent en franc alleu au commandeur de la maison du Temple de Montpellier une pièce de pré, située dans la paroisse de Saint-André-d'Aubeterre (Arch. dép. de l'Hérault, portefeuille H, *Commanderie de Montpellier. Bannières cote X*.)

b) Il y avait aussi le *faux alleu*. Nous le trouvons mentionné seulement dans la ville de Montpellier et la commune de Lattes pour les terres ou maisons appartenant au roi. Le roi percevait les droits de lods uniquement dans les circonstances prévues par les coutumes de Montpellier. Ces droits de lods correspondaient aux droits d'enregistrement dans les cas de vente ou d'héritage.

Il est incontestable que les évêques de Maguelone, comtes de Melgueil et de Montferrand, ont considéré, jusqu'à un certain point, les terres, sous leur mouvance, possédées par les paysans, non pas comme un franc alleu, mais au moins comme un faux alleu. (Cf. *République de Monferrand*, dans *Revue Historique du diocèse*, t. I, p. 284). Béranger de Frédol, évêque de Maguelone, supprime, à la date du 18 juillet 1276, les droits de lods perçus par le seigneur à l'occasion des partages de biens familiaux faits entre frères. M. l'abbé Rouquette, auteur de l'article, aurait pu ajouter que ce privilège n'était point spécial à Montferrand. Nos évêques l'avaient aussi accordé à certaines de nos localités comme par exemple Balaruc. (GERMAIN : *Privilèges en franchises de Balaruc*, pièces just. III.)

c) Enfin il faut distinguer le fief ordinaire du fief honoré.

Le premier était tout domaine dont le seul usufruit était concédé et dont le détenteur était obligé à certaines charges ou à certains hommages à l'égard du propriétaire. (M. l'abbé BOUGETTE, *Histoire de Saint-Martin-de-Londres*, p. 5, note.)

Le second était celui qui payait au seigneur suzerain, dans l'espèce l'évêque de Maguelone, une redevance quelconque, dénommée le plus souvent *Albergue*. Le détenteur du fief honoré pouvait à son tour donner sous un certain cens les terres dépendant de son fief honoré. (Cf. *République de Montferrand*, dans *Revue Historique du diocèse*, t. I, p. 285). Il s'agit de la troisième franchise accordée aux habitants du Comté de Monferrand le 18 juillet 1276 par l'évêque de Maguelone. Des chevaliers avaient reçu, en fief honoré, de l'évêque-comte, des parties plus ou moins étendues de terrains du Comté de Montferrand, sous la redevance de quelques albergues. Ces seigneurs, placés ainsi entre l'évêque suzerain et les propriétaires du terrain inféodé, pressuraient parfois ces derniers en leur réclamant un cens supérieur à celui qu'ils fournissaient auparavant à l'évêque.

Les paysans se plaignirent au prélat. Celui-ci, faisant droit à leurs réclamations, porta défense aux détenteurs de fiefs honorés de ne jamais demander un cens plus élevé que celui primitivement consenti avant l'inféodation.

Il est donc certain que les terres possédées en franc alleu dans le comté de Melgueil étaient très nombreuses. Dans les communautés de Teyran, Sussargues, Castries, Beaulieu, Saint-Drezery, etc., elles formaient bien probablement la majorité des terres (1).

Il est incontestable ensuite que la guerre de Cent Ans a été désastreuse pour les paysans de nos contrées. Ils furent, avec les seigneurs, ruinés par les bandes qui traversèrent nos régions sous Du Guesclin et par les temps malheureux où se trouva la France à cette époque. Alors disparurent de nos contrées — canton de Castries — les anciennes familles qui avaient possédé la seigneurie de nos villages dans la situation décrite plus haut.

De nouveaux seigneurs, pour la plupart des commerçants, arrivèrent qui, profitant de la misère générale, placèrent sous leur mouvance (1350 à 1420) les terres en franc alleu. Achetant ainsi la propriété directe, ils laissèrent au paysan la seule propriété utile, moyennant la redevance d'un cens.

Bientôt même des seigneurs, fin du XVe siècle, firent cultiver ces terres en leur nom, utilisant toutes les circonstances pour faire tomber une terre en *commis*.

Ce fut là, entre parenthèse, une des causes du progrès de la réforme. Il suffit pour le comprendre de se rappeler le

---

(1) Ceci résulte de nos recherches sur la seigneurie de Beaulieu, que M. de Brignac, le propriétaire actuel, a bien voulu mettre à notre disposition. On peut y suivre pendant trois siècles, les diverses transformations de la propriété. (Note de **l'abbé Rouquette**).

cri d'alors, répété par tous les échos de nos montagnes : *ni dîme, ni cens.*

Les seigneurs établirent des châteaux fortifiés à partir du X⁰ siècle.

Ceux d'Aubeterre bâtirent celui de Teyran la dernière année du XII⁰ siècle au mois de mai 1200.

A cette date Guillaume d'Aubeterre donna le mont de Teyran qu'il disait tenir en franc alleu, au comte de Melgueil, comte de Toulouse, pour le recevoir de lui en fief, (moyen employé pour se mettre sous la protection d'un plus puissant seigneur). Nous verrons plus bas ce franc alleu du seigneur d'Aubeterre contesté par Rostang d'Assas en l'année 1229.

Raymond de Toulouse accepte et autorise Guillaume d'Aubeterre à construire un château fortifié sur la colline à la condition que le seigneur d'Aubeterre mettra la forteresse à sa disposition toutes les fois qu'il en manifestera le désir.

Tous les cas de justice seront soumis à la juridiction de Guillaume d'Aubeterre, à l'exception des trahisons et des meurtres. Le seigneur comte les garde par devers lui.

Pour la sauvegarde, Guillaume d'Aubeterre continuera à servir les droits de chevauchée et les 80 sétiers d'orge au seigneur de Melgueil qui les reçoit habituellement des hommes d'Aubeterre.

Enfin Guillaume d'Aubeterre fournira annuellement l'albergue de dix chevaliers au seigneur comte auquel il fait serment de fidélité et jure de défendre sa vie et ses membres contre tout homme.

De son côté le comte de Melgueil promet, en son nom et celui de ses successeurs, de ne jamais remettre la souveraineté qu'il a sur Guillaume d'Aubeterre à personne, sinon au possesseur du comté de Melgueil.

Cette clause et l'acte de sauvegarde, donné l'année précédente en faveur d'Aubeterre, semblent dirigés contre le seigneur d'Assas.

Raymond de Toulouse, comte de Melgueil, affiche visiblement sa décision de tenir comme non avenues les chartes de 1167, 1169 dans lesquelles la comtesse Béatrix faisait cession de ses droits sur tout le territoire d'Aubeterre à Rostang d'Assas.

Guillaume d'Aubeterre accepte les conditions du comte et lui jure de les observer et de les faire observer.

Le contrat fut fait et signé à Melgueil dans la maison d'Arnaud de Pannas.

Aussitôt après la passation de l'acte les ouvriers se mirent à l'œuvre.

Par les ruines qui restent encore debout, nous pouvons juger de l'importance de la forteresse et la reconstitution dans ses grandes lignes.

Tel est le schéma des fortifications de Teyran.

Le vaste mur d'enceinte de forme pentagonale avait une dizaine de mètres d'élévation sur plus d'un mètre d'épaisseur.

Des tours, épaisses de 1^m 10 et de 12 à 14 mètres de haut, s'élevaient aux quatre angles principaux. Posées en dehors, munies de meurtrières savamment disposées, elles permettaient une facile défense de la forteresse.

De ces quatre tours, celle du sud-ouest a totalement disparu à une époque ignorée. On le juge d'après le tracé des fondements et la coupure des murailles, dont les raccords ont été faits d'une maçonnerie de fortune.

Celle du nord-ouest se trouve à peu près en son entier, à l'extérieur du moins.

Celle du nord-est, depuis longtemps, est transformée en terrasse.

Celle du sud-est, démolie en partie, vient, tout récemment, d'être surélevée pour recevoir une toiture. La partie extérieure, qui n'était pas détruite, a été conservée en son état primitif sur le côté sud. Sur sa face est, on a percé un portail et une fenêtre.

Dans l'intérieur de cette tour, dont nous avons suivi les travaux d'arrangement, on a diminué l'épaisseur des murs pour les besoins ménagers du propriétaire. Cette tour, la

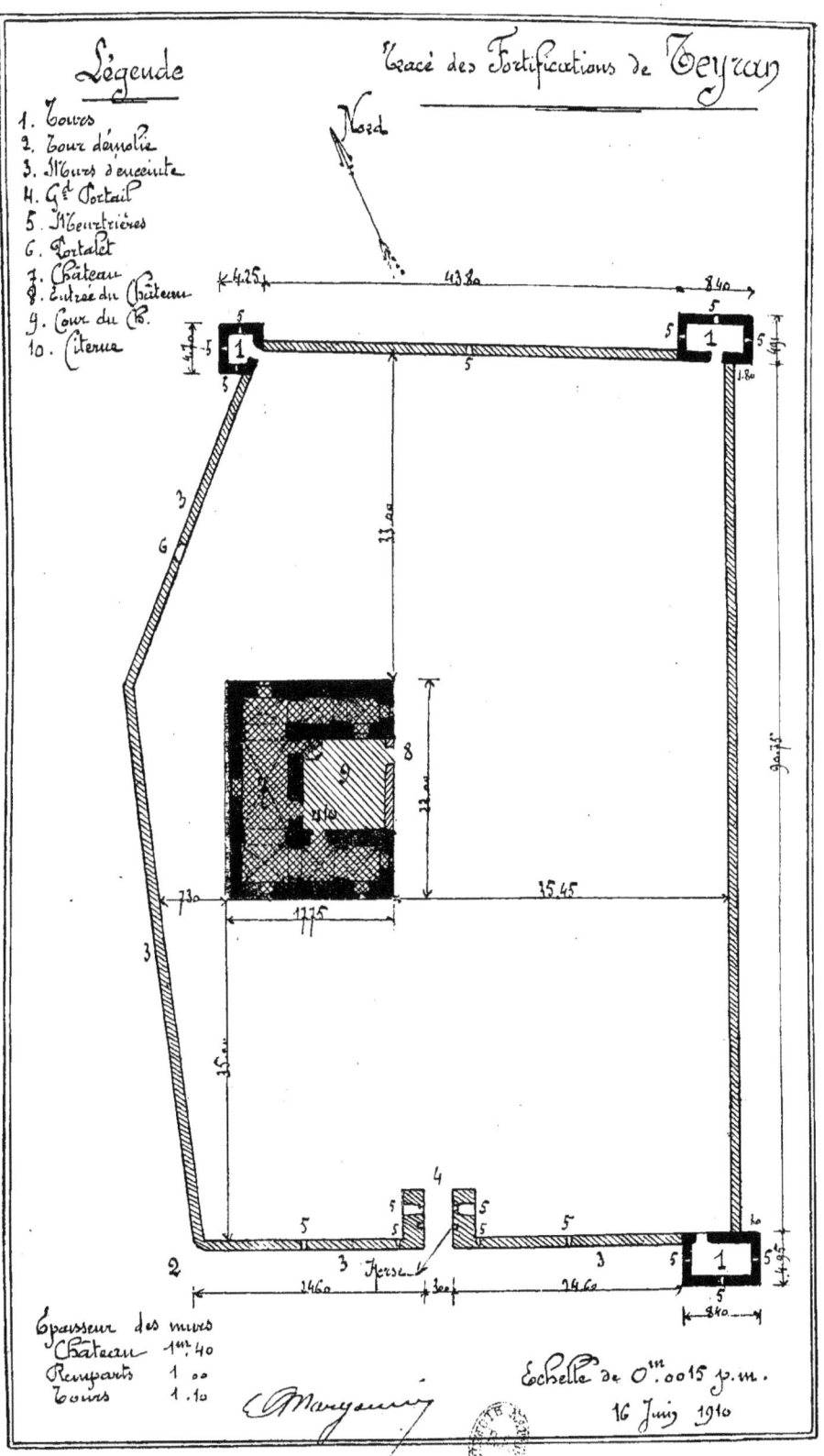

plus grande des quatre, a 8ᵐ 10 sur 4ᵐ 95 à l'extérieur, et dans œuvre elle avait 6 mètres sur 2. Comme les autres, placée en saillie sur les deux côtés de l'angle du mur d'enceinte, elle était percée de quatre meurtrières, une sur chacune de ses faces.

Un travail de maçonnerie, postérieur à la construction de la tour, avait surélevé le sol de celle-ci. Une porte, percée vers le milieu de la tour dans le mur d'enceinte, permettait d'y entrer presque de plein pied. En déblayant cette porte on a mis à jour le passage couvert dont elle était l'aboutissement. Il eut été intéressant, au point de vue archéologique, de débarrasser le passage des ruines qui le cachent, et de trouver son point de départ. Mais les travaux auraient été longs, dispendieux et d'exécution mal aisée dans des immeubles occupés.

L'entrée de l'enceinte fortifiée était au milieu de la façade sud et le chemin y conduisant, appelé chemin de Montpellier, était rude et escarpé, ce qui devait augmenter les difficultés des assaillants éventuels.

Il subsiste encore de nobles restes de ce portail. Les murs, d'un côté du moins, sont intacts. Les meurtrières, près du portail, sont visibles. L'entrée est large de trois mètres. Sur chacun de ses côtés on aperçoit une large rainure de 0ᵐ 20 où glissait la herse de fer. Entre ce premier portail et le second, dont on aperçoit deux gonds, les meurtrières montrent leur ouverture peu rassurante. Celle placée à droite, en entrant, est enclavée dans une maison. Celle de gauche est libre et bien conservée. Plaise à Dieu que tout ce coin de mur n'attire pas l'attention de quelque vandale !

Des arceaux de pierre, qui joignaient les deux côtés de l'entrée, et contre lesquels battaient les portails, il reste seulement les pierres à la naissance des cintres.

L'entrée, où se trouvaient ces divers ouvrages, était formée de deux murs de 5 mètres de long et d'une épaisseur de 2ᵐ 40.

Les remparts, peu modifiés du côté de l'ouest, sont en

partie debout. Ils soutiennent le jardin des écoles, une partie de celui du presbytère et de la maison de M. Goubert jusqu'à la tour nord-ouest. Celle-ci est à peu près intacte.

Au nord les remparts encastrés dans les maisons sont apparents sur quelques mètres de longueur seulement.

A l'est on les voit encore presque en entier.

A l'intérieur des murs était construit le château dont nous donnons une reproduction.

Protégé par de solides remparts, le château fut bâti à 7^m 30 des murs de l'ouest. La distance qui le séparait des murs était : au nord 33 mètres ; à l'est 35^m 45 ; au sud 35 mètres.

Élevé de deux étages sur rez-de-chaussée, voûté, il était massif et n'avait rien de gracieux.

Il formait un rectangle de 22 mètres du nord au sud, et 17^m 75 de l'ouest à l'est.

Ses murailles mesurent 16 mètres d'élévation.

Le portail d'entrée du château était percé dans le mur est ; il ouvrait sur la cour d'honneur où prenaient jour tous les appartements. Dans la cour, à l'angle de droite, face au portail, se trouvait un escalier pentagonal. Il desservait les étages et se terminait en forme de tour de guet, au-dessus des toits.

Vers l'angle de gauche, se trouvait la citerne du château, entre la fenêtre et la porte des cuisines.

Ces cuisines occupaient la salle où fut quelque temps installée l'école des filles et l'espace qui se trouve actuellement sous la tribune de l'église.

Le rez-de-chaussée était composé de caves voûtées, au nord et à l'ouest, des cuisines au sud.

Sur ce rez-de-chaussée s'élevaient deux étages de six vastes pièces chacun.

Les fenêtres étaient à meneaux. Comme leur partie supérieure était bâtie, elles offraient l'aspect de simples fenêtres géminées.

Au premier étage une belle galerie passant sur le portail

d'entrée mettait en communication l'appartement du sud avec celui du nord et l'escalier. (*Archives mairie de Teyran.*)

Le second étage était à peu près semblable au premier. La seule différence était que la portion de galerie, attenante à l'appartement nord, empiétait un peu sur lui et formait terrasse. Cette galerie, comme au premier étage, devait courir le long du mur est, et rejoindre les appartements du sud. Elle devait servir de chemin de ronde aux gardiens du château et leur faciliter l'accès à la petite cour fortifiée, élevée sur un encorbellement, pour la défense de l'entrée.

En dehors du château, à l'angle sud-ouest, se trouvait une spacieuse terrasse à laquelle on parvenait de l'intérieur, par l'appartement contigu au premier étage.

Dans cette terrasse devait se trouver un escalier conduisant au jardin. Cette supposition nous est suggérée par la présence d'une porte dans le mur de la terrasse au niveau du jardin, et par l'absence de toute autre communication avec lui.

Telles sont les données que nous avons pu nous procurer sur le château fort de Teyran.

Le seul auteur qui en ait parlé, du moins à notre connaissance, est M. E. BONNET, dans son livre *Antiquités et Monuments de l'Hérault*, à la page 533.

Et il mentionne simplement Teyran comme une des localités ayant conservé des fortifications.

En 1200, au mois de mai, les ouvriers commencèrent la construction de ce château. Ils travaillèrent avec activité et en moins de trois années terminèrent ce vaste ouvrage.

Guillaume d'Aubeterre mourut dans l'intervalle. Son fils, appelé de même Guillaume d'Aubeterre, lui succéda.

Au mois de mars 1202 ce Guillaume, en guise de reconnaissance des droits de suzeraineté du seigneur de Melgueil, fit la remise du château et des clefs de la forteresse entre les mains de Sextairalerius, baile de Melgueil pour le seigneur comte; et de Raymond de Pannas, pour Arnaud de Pannas, son frère, baile de Montferrand.

La main sur les évangiles, Guillaume d'Aubeterre jura fidélité au seigneur comte au sujet de ce château, et fit la promesse de le rendre à toute réquisition du comte ou de ses délégués.

Le tout fut fait au château de Teyran en présence et au témoignage de Guillaume de Anagra, Guillaume de Mézana, Ugon de saint Jean, Raymond de Marges, Azemar Fabre.

Quand Guillaume d'Aubeterre se fut acquitté de ces devoirs à l'égard du comte de Melgueil, son suzerain, il reçut à son tour les devoirs et les serments de fidélité des hommes auxquels il confiait la défense de la forteresse.

Tous jurèrent de rester fidèles au seigneur Guillaume d'Aubeterre, de défendre sa vie et l'intégrité de ses membres.

La charte du cartulaire de Maguelone, qui nous rapporte la remise des clefs du château, relate les noms de ces chevaliers au nombre de onze :

Rostang d'Aubeterre, chevalier ; Guiraud Alamand ; Pierre Alamand ; Michel Garin ; Pons Garin ; Raymond de Zafollada ; Étienne de Zafollada ; Pierre de Beaulieu ; Guiraud Gaissat ; Guillaume Gaudebert ; Pierre Anastase.

Tels sont, en dehors de la famille du seigneur, les noms des premiers habitants de Teyran qui nous soient connus.

Voici d'ailleurs le texte du cartulaire dressé par Pierre Cardinal, notaire du seigneur comte.

Sit omnibus hoc audientibus manifestum quod anno dominice incarnationis millesimo ducentesimo secundo, quarto nonas marcii, Guillermus de Albaterrâ junior, post mortem Guillermi de Albaterrâ patris sui, restituit castrum de Teirano Guillermo Sextairalerio bajulo Melgorii pro domino comite, et Raymundo de Pannis vice Arnaldi de Pannis fratris sui bajulo Montisferrandi; et tradidit eis claves ipsius castri, et fuit ibi signum domini comitis appositum; et tactis sacrosanctis evangeliis predictus Guillermus de Albaterrâ juravit fidelitatem

Vue extérieure du Château
(côté du couchant).

domino comiti pro jam dicto castro, et promisit reddere castrum quociescumque dominus comes voluerit vel nuncii ejus. Hoc totum fuit factum infra castrum predictum de Teirano in presenciâ et testimonio Guillermi de Anagra... et est sciendum quod ipso die et loco homines Castri de Teirano scilicet Rostagnus de Albaterrà — Guiraldus Alamandi — Petrus Alamandi — Michael Garini — Poncius Garini — Raymundus de Zafollada — Stefanus de Zafollada — Petrus de Belloloco — Guiraldus Gaissat — Guillermus Gaudeberti et Petrus Anastasii omnes isti juraverunt et promiserunt super sacrosanctis evangeliis fidelitatem et vitam et membra Guillermo de Albaterrà. P. Cardinalis, domini comitis notarius hec scripsit. *(Cart. Mag.* reg. E, f° 236, r°).

CHAPITRE IV

Teyran grandit. — Le pape Innocent III inféode le comté de Melgueil aux évêques de Maguelone. — Deux procès intéressants.

Les gens d'Aubeterre sont peu à peu fascinés par la vue des tours et des remparts du château de Teyran. Successivement ils éprouvent le besoin de se rapprocher de leur seigneur et de se mettre en sûreté contre toute attaque à l'abri des murs de la forteresse. L'exode est si général que bientôt Teyran est peuplé de la presque totalité des gens d'Aubeterre.

En effet, dans son différend avec l'évêque de Maguelone (1228-1230), le seigneur d'Assas fait ressortir que Teyran, construit depuis peu, a déjà pris la place d'Aubeterre dont à peu près toute la communauté s'est transportée et demeure à Teyran.

..... cum castrum de Teirano..... successerit in locum ville de Albaterra, quod patet ex eo quia dicta villa de Albaterra derelicta penitus et deserta, plebs et populus et universitas ipsius ville se transtulit in dictum castrum... (*Cart. de Mag.*, reg. E, f° 187).

Dans les premières années de son existence Teyran vit se passer un fait important. Son suzerain Raymond VI, comte de Toulouse, fut dépossédé du comté de Melgueil pour avoir favorisé les Albigeois.

Le pape Innocent III lui retira le comté et sa dépendance le château de Montferrand. A ce sujet on a fait des insinuations malveillantes sur le compte de l'Église. Il est juste cependant d'observer que ce comté de Melgueil avait été donné au saint siège le 27 avril 1085. Le fils du donateur, n'exécutant pas les volontés paternelles, fut réprimandé par l'évêque Godefrid. Raymond, comte de Melgueil, reconnut le bien fondé du reproche. Et en l'année 1099, réalisant les désirs de son père, il fit hommage au pape Urbain II du comté de Melgueil et le reçut de lui en fief moyennant le cens annuel d'une once d'or. (GERMAIN, *Étude Hist. sur les comtes de Maguelone*, etc., p. 25.)

Les divers comtes de Melgueil dans la suite, et les comtes de Toulouse, devenus comtes de Melgueil, tinrent du pape ce fief de l'Église Romaine. Et quand, après la condamnation du comte de Toulouse, le notaire du pape, Pierre de Bénévent, ressaisit au profit de l'Eglise le susdit comté, il était dans son droit.

Le pape Clément IV, dans une lettre adressée à saint Louis, roi de France, eut soin de mettre en évidence la légitimité de la dévolution, faite par un de ses prédécesseurs du comté de Melgueil.

Le 14 avril 1215, le pape inféoda ce comté à l'évêque de Maguelone Guillaume d'Autignac et, en sa personne, à tous ses successeurs. (GERMAIN, *op. cit.*, p. 72).

Les évêques de Maguelone reçurent défense de sous-inféoder à personne autre qu'à leurs diocésains.

Outre les dépenses pour le recouvrement des biens aliénés, les évêques durent payer à Rome environ 6.600 livres melgoriennes et une redevance annuelle de 20 marcs d'argent. (GERMAIN, *Hist. de la commune de Montpellier*, t. I, p. 230).

Bernard de Mèze succéda à Guillaume d'Autignac sur le siège de Maguelone. Son épiscopat dura de 1216 à 1230. Comme seigneur de Melgueil il eut quelques démêlés avec des habitants de ce comté et les seigneurs d'Assas. Plusieurs habitants, en possession de titres de ce comté, se refusaient, par manœuvre dolosive, à les remettre à l'évêque. Le prélat s'en plaignit au pape. Honorius III expédia un certain nombre de bulles parmi lesquelles nous en trouvons une, adressée simultanément aux prieurs d'Aubeterre et de Castries, par laquelle il les invitait à obliger, sous la menace des censures ecclésiastiques, sans appel possible, les détenteurs de titres du comté de Melgueil à s'en dessaisir, sans retard, entre les mains de l'évêque, devenu seigneur de Melgueil.

Cette bulle est du 6 des ides de mai (10 mai) la seconde année de son pontificat (1218).

Honorius, episcopus, servus servorum Dei, dilectis filiis... de Albaterra et.... de Castriis prioribus Magalonensis diocesis, salutem et apostolicam benedictionem.
Significavit nobis venerabilis frater noster episcopus Magalonensis, quod quidam de comitatu Melgorii instrumenta comitatus ipsius maliciose detinere presumunt, ea reddere denegantes. Quocirca discretioni vestre per apostolica scripta mandamus quatenus detentores instrumentorum ipsorum ut prefato episcopo ea sine difficultate resignent, monitione premissa, per censuram ecclesiasticam, appellatione remota, cogatis.
Datum Rome apud Sanctum Petrum VI° idus maii pontificatus nostri anno secundo. *(Cart. de Mag., reg. F, f° 172).*

D'autre part les seigneurs d'Assas n'ayant plus à redouter le comte de Toulouse voulurent user des chartes de 1167 et de 1169, leur conférant des droits sur Aubeterre et Teyran.

Pour ne point faire traîner le conflit, l'évêque de Maguelone et le seigneur d'Assas décidèrent d'un commun accord, de soumettre leur controverse au jugement d'arbitres qu'ils nommèrent, à savoir Bernard Dorna et Jean de Lattes. Ce procès, commencé le 10 des calendes de septembre (23 août) 1228, se termina le 4 des calendes d'avril (29 mars) 1230.

Voyons ce litige. On nous permettra d'y insister parce que les parties y apportèrent des documents du plus haut intérêt au point de vue de la législation féodale.

Rostang, seigneur d'Assas, réclame de l'évêque de Maguelone ce que le prélat avait et tenait dans la paroisse de Saint-André-d'Aubeterre et dans son territoire : les droits sur les chevaliers et autres personnes, sur les édifices, les terres cultes et incultes ; sur le village et la forteresse de Téyran ; sur les justices, excepté les cas d'homicide ; et en un mot sur tout ce qui ressort de la seigneurie dans Aubeterre et le château de Teyran.

Le grand argument dont se sert Rostang contre l'évêque, est l'acte de 1169, où la comtesse Béatrix donna en fief honoré à Guillaume d'Assas Saint-André-d'Aubeterre et son territoire. Voici de cet acte la partie essentielle :

Anno millesimo centesimo LXVIIII°.... ego Beatrix comitissa et ego Bernardus, comes de Melgorio, per fidem et sine enganno donamus tibi Guillermo de Arsacio..... ad honoratum feudum quidquid videlicet habemus vel habere debemus nos, vel unquam comes de Melgorio habuit, et habere debuit in tota parrochia sancti Andree de Albaterra, in villa videlicet de Albaterra et in toto terminio ejus, in militibus.... in edificiis factis vel faciendis... *(Cart. de Mag.*, reg. E, f° 187).

L'évêque répond qu'il reconnait pour vraie la charte de Béatrix, seulement en ce qui concerne le village d'Aubeterre. Il ne la croit pas valable pour le château de Teyran. Il sait que ce château est sur le territoire de Saint-André d'Aubeterre, mais il observe que la colline, sur laquelle s'élève l'édifice, était, au moment de l'approbation de l'acte de 1200, l'alleu de Guillaume d'Aubeterre. Guillaume la donna à Raymond de Toulouse, comte de Melgueil. Celui-ci en retour la lui céda en fief pour y construire un château. En preuve de son dire, le prélat montre les actes de 1200 et de 1202. Les deux textes semblent formels et ne laisser aucun doute sur la légitime réclamation de l'évêque de Maguelone. Maître du comté de Melgueil, il doit être établi dans tous les droits afférents à ce comté ; et d'une façon spéciale en ce qui concerne Teyran : car la charte de 1200 spécifie très nettement que les droits de suzeraineté, possédés par le seigneur de Melgueil sur Guillaume d'Aubeterre-Teyran, ne seront transmis à personne si ce n'est au possesseur du comté de Melgueil.

Comme l'évêque de Maguelone est devenu comte de

Melgueil, c'est de lui et immédiatement de lui que les seigneurs de Teyran tiennent leur château.

Rostang d'Assas se dit au courant des actes de 1200 et 1202. Il soutient néanmoins leur nullité au point de vue légal. Ils ne peuvent en rien préjudicier à ses droits, par la raison bien simple que la colline, où est construit le château n'a été, en aucun temps, l'alleu de Guillaume d'Aubeterre. La domination, affirme-t-il, la juridiction, la reconnaissance, le district du château de Teyran, ses limites, ses dépendances, les édifices faits ou à faire, les habitants du château et toute la paroisse d'Aubeterre appartiennent à lui, seigneur d'Assas, suivant les clauses de la charte de 1169. D'ailleurs, ajoute-t-il, les seigneurs d'Assas, ses prédécesseurs, ont usé des droits précités. — Nous n'avons trouvé aucune preuve de cette assertion.

Et même, poursuit Rostang, dans le cas où la colline eut été l'alleu de Guillaume d'Aubeterre, ce qu'il ne croit pas, même dans ce cas, le château construit sur elle appartiendrait à lui, Rostang, d'après l'acte de Béatrix, comtesse de Melgueil (1169). Suivant en effet la coutume générale dans le pays, tout château, fait de neuf, dans les limites et sur le territoire d'une suzeraineté, doit appartenir et être reconnu au seigneur de la suzeraineté, à moins d'une convention spéciale.

L'évêque de Maguelone, continue Rostang, lui porte donc préjudice quand, en dehors de ses droits épiscopaux et paroissiaux, il perçoit, comme comte de Melgueil, les droits de suzeraineté sur le château de Teyran et toute la paroisse d'Aubeterre, puisque l'acte de 1169 avait mis le seigneur d'Assas et ses successeurs au lieu et place du comte de Melgueil en leur cédant tous les droits de ce dernier sur Aubeterre et tout son territoire.

De plus, continue Rostang, tous les droits conférés au seigneur d'Assas par l'acte de 1169 sur le village et la paroisse d'Aubeterre doivent s'étendre au château de Teyran situé dans le territoire d'Aubeterre et bâti pour remplacer Aubeterre. Pas de doute sur ce point. Aubeterre, presque délaissé, a vu toute sa communauté se réfugier sur la hauteur de Teyran, tandis qu'avant la construction du château aucune habitation ne s'y trouvait.

Voilà pourquoi la forteresse de Teyran et ses habitants doivent bénéficier des mêmes droits, être placés dans les mêmes conditions qu'autrefois Aubeterre et ses habitants.

Les arbitres alors prononcent le jugement.

Vu les pièces du procès, entendu les parties, Bernard Dorna et Jean de Lattes, la main sur les saints évangiles, arrêtent définitivement : Rostang d'Assas ou celui de ses héritiers en possession d'Assas, doit avoir et tenir en fief honoré ce que le comte de Melgueil a et doit avoir dans toute la paroisse d'Aubeterre et dans tout son territoire : droits sur les chevaliers, les habitants, les fortifications, les justices, excepté les cas de meurtre ; sur les édifices faits ou à faire, les albergues, les bénéfices, les terres cultes et incultes, les pâturages, les bois, les routes, les rivières et leurs rives ; et en un mot sur tout ce qui ressort de la suzeraineté du comte. Le comte de Melgueil gardera pour lui seulement le service que Rostang ou ses héritiers est tenu de lui rendre suivant la prescription nettement consignée dans l'acte de 1169, présenté par Rostang et connu de l'évêque.

Bernard Dorna et Jean de Lattes formulent la décision suivante : le château de Teyran, étant construit sur le territoire d'Aubeterre, appartiendra à Rostang comme par le passé il était tenu du seigneur évêque ; et tout ce que les comtes de Melgueil, et les évêques comme tels, eurent et perçurent dans tout ce château, sera désormais tenu et perçu par Rostang et ses héritiers.

Les arbitres déclarent ne tenir aucun compte des actes de 1200 et 1202 en faveur de l'évêque. Ils font uniquement état de la charte de 1169, seule valable à leurs yeux.

Donc Rostang aura en fief honoré Saint-André d'Aubeterre, le château de Teyran et les droits sur toutes les choses susdites et l'évêque se voit condamné à céder et à restituer au seigneur d'Assas ce que, comme comte de Melgueil, il possédait sur ces deux localités.

L'arbitrage fut fait à Montpellier dans le palais de l'évêque de Maguelone l'an de l'incarnation du Seigneur, 1230, le quatre des calendes d'avril (29 mars).

Comme le texte du procès a été publié en entier par M. GERMAIN dans *Arnaud de Verdale*, pages 231 à 237 sous le titre : « *Instrumentum compromissi et transactionis inter dominum Bernardum, Magalonensem episcopum, et Rostagnum de Arsacio* », nous donnons ici seulement la sentence arbitrale.

... Nos Bernardus Dorna et Johannes de Lattis arbitri, ut dictum est, a partibus constituti, definitive pronunciamus Rostagnum de Arsacio prefatum et heredem suum, qui Arsassium habuerit, debere habere et tenere ad feudum honoratum quicquid comes Melgorii habuit vel habere debuit in totâ parrochiâ de Albaterrâ, in villâ videlicet de Albaterrâ et in toto terminio ejus in militibus et in hominibus ibi habitantibus, et in firmanciis et justiciis, exceptis homicidiis, et in edificiis factis vel faciendis in albergis, in toltis, in quistis, in heremis, in cultis, in pascuis, in nemoribus, in viis, in fluminibus et in ripis eorum, et in omnibus omnino causis ad potestativum comitis pertinentibus, nullo retento comiti ad manum suam, nisi servicium quod dictus et heres, qui Arsassium habebit, facere tenetur comiti Melgorii sicut plenius in supra scripto instrumento producto ab ipso Rostagno de Arsacio, et a domino episcopo cognito, continetur.

Pronunciamus etiam definitive Rostagnum predictum debere habere et tenere a dicto domino episcopo, comite Melgorii et Montisferrandi, ad feudum honoratum, et ad servicium ipsi et successoribus ejus faciendum a dicto Rostagno et ab ejus herede, qui Arsacium habuerit, quicquid prefatus dominus episcopus comes habet vel habere debet in totâ parrochiâ Sancti Andree de Albaterrâ, et in toto terminio ejus, et specialiter in toto castro de Teirano, et in toto ejus terminio, cum sit infra terminos dicte parrochie constructum, in militibus et in hominibus ibi habitantibus, in firmanciis, in justiciis, exceptis homicidiis, et in edificiis factis vel faciendis, in albergis, in toltis, in quistis, in heremis, in cultis, in pascuis, in nemoribus, in fluminibus et in ripis eorum et in omnibus omnino causis ad potestativum comitis Melgorii pertinentibus; et preterea quod castrum de Teirano teneatur a dicto Rostagno et sibi recognoscatur in commune dicti feudi, sicut hactenus tenebatur a domino episcopo, comite Melgorii, et sibi recognoscebatur; et universa, que hactenus dominus episcopus, comes Melgorii, et ejus predecessores, comites Melgorii, habuerunt et tenuerunt et perceperunt in dicto castro et ejus terminio, de cetero habeantur, teneantur et percipiantur racione dicti feudi a dicto Rostagno et ejus herede domino Arsassii.

Relicta autem contenta in duobus instrumentis a dicto domino episcopo productis retinemus adhuc in posse nostre esse voluntate parcium et secundum formam compromici diffinienda.

Item pronunciamus quod dictus Rostagnus teneat omnia predicta diffinita, ad feudum honoratum, et ad servicium faciendum ut dictum est, a dicto domino episcopo, comite Melgorii, et inde faciat recognicionem secundum formam instrumenti, a se Rostagno producti, quam dominus episcopus recipere teneatur; et predictum Rostagnum de predictis pronunciatis investire, et in possessionem vel quasi possessionem eorum inducere, et cedere et restituere, sicut ea possidet vel quasi possidet.

Ad que facienda predictum dominum episcopum comitem dicto Rostagno condemnamus.

Acta sunt hec apud Montempessulanum in aulà dicti episcopi. Anno dominice incarnacionis millesimo ducentesimo trececimo, quarto kalendas Aprilis.

. . . .

Cet acte fut dressé par Adémar, notaire, en présence des deux sollicitants et de Raymond de Mèze, archidiacre de Maguelone; Pierre de Cornone, Bernard Guitart, Déodat de Zaburgarda, chanoines de Maguelone; R. Brunenc, prieur de Lansargues; Pons Fabre, prêtre; Bertrand de Vallauqués, Bertrand Gaucelin, chevaliers; Gormund d'Assas; Bernard Serret; J. André; Arnaud d'Assas, Guirald Maitre; Bernard Gallart de Montferrier et plusieurs autres. (*Cart. de Mag.*, reg. E, f° 187, r°, à f° 189, recto).

Telle fut la conclusion du procès. Nous voudrions ajouter un mot d'explication. Deux actes sont en faveur du seigneur d'Assas, dans son différend avec l'évêque de Maguelone : celui de 1167 et celui de 1169.

Cependant, au cours de la discussion, Rostang d'Assas ne fait aucune allusion au premier de ces actes. Il est difficile d'admettre que ce soit par ignorance. Ce silence trouve plutôt sa naturelle explication en ce que le second acte donne d'une manière plus nette, plus étendue, le contenu de celui de 1167, et rend dès lors inutile et superflu tout recours à son témoignage.

Ces deux actes, différents l'un de l'autre, ne se contredisent cependant pas. Ils se complètent, et celui de 1169 est comme le développement explicatif de ce que dit en substance celui de 1167.

L'acte de 1167, laissé dans l'ombre au procès de 1228-30, est régulièrement inscrit au Cartulaire. Celui de 1169, cité et reproduit dans ce même procès, ne porte point trace d'inscription dans le même Cartulaire ailleurs que dans ce procès. Toutefois son existence ne saurait souffrir de doute. Nous voyons en effet l'évêque de Maguelone, le plus intéressé à discuter l'authenticité de cette charte de 1169, sur laquelle son adversaire base son argumentation pour l'attaquer, répondre que cette charte est arrivée à sa connaissance.

Les chartes de 1200 et 1202, versées aux débats, sont en contradiction avec celles de 1167 et 1169 où les comtes de Melgueil, dans la personne de la comtesse Béatrix, avaient inféodé Saint-André-d'Aubeterre et tout son territoire aux seigneurs d'Assas.

Pourquoi dans les années 1200 et 1202 le comte de Melgueil, qui ne pouvait ignorer les chartes de 1167 et 1169, se comporte-t-il comme si elles étaient inexistantes, et exerce-t-il des droits de suzeraineté dont volontairement un de ses prédécesseurs s'était dépouillé une trentaine d'années auparavant ? Pour quelle raison aussi les seigneurs d'Assas laissent-ils publiquement et sciemment périmer leurs droits, et semblent-ils cacher leurs titres de 1167 et 1169 pendant une soixantaine d'années ?

Rostang dit bien, au cours du litige avec l'évêque de Maguelone, que les seigneurs d'Assas ont agi suivant les droits conférés par ces deux chartes ; mais il ne cite aucun fait, aucun acte à l'appui de cette affirmation. Et, chose tout à fait bizarre, s'il garde le silence devant le seigneur de Melgueil, quand c'est le comte de Toulouse, il parle, et sort de l'oubli la charte de 1169, quand le seigneur de Melgueil est l'évêque de Maguelone et l'attaque en 1228-1230.

La conduite des arbitres de prime abord nous surprend. Ils ne se mettent nullement en souci de chercher la raison de cette co-existence de chartes contradictoires. Loin de là. Ils simplifient leur travail, laissent de côté les actes de 1200, 1202 et déclarent ne pas les prendre en considération. Ils ne retiennent que celui de 1169, et d'une âme tranquille et sereine condamnent l'évêque.

Voici l'explication la plus plausible que nous ayons trouvée.

A la mort du dernier des descendants de Charlemagne, les ambitions des grands officiers favorisèrent le morcellement du vaste empire. En 987, la France se divisa en plusieurs états : quels furent les droits des Capétiens sur le Midi de la France? En réalité nous ne voyons aucun acte d'autorité posé par les trois premiers rois de cette race. A cette époque, X° et XI° siècles, la famille de Rouergue-Toulouse refaisait à son profit ce que faisait dans le Nord la famille des Capétiens. Or dans les actes de 1199, 1200 et 1202 en faveur d'Aubeterre, nous saisissons sur le fait, nous semble-t-il, la formation du pouvoir des puissants comtes de Toulouse.

A l'avènement des Capétiens substituant leurs droits usurpateurs aux droits des Carolingiens, et incapables dans leur Ile de France de faire respecter leurs droits dans le Midi, les comtes de cette partie de l'empire Carolingien durent se déclarer indépendants. Tous les petits seigneurs, à mesure qu'ils s'écartaient par la distance du chef-lieu des comtés, en firent autant vis-à-vis des comtes. Dès lors, les seigneurs d'Aubeterre et ceux d'Assas se crurent indépendants et prétendirent posséder leur terre et leur ville en franc-alleu. Les petits comtes de Melgueil, dont aucun ne fut éminent, ne purent se faire respecter ; témoin les difficultés qu'ils eurent avec leur puissant voisin le seigneur de Montpellier, difficultés qui expliquent l'acte de donation que Pierre fit en 1085 de son comté au pape. En même temps le pouvoir des comtes de Toulouse grandit sans cesse, ils commandent de la Garonne au Rhône, débordent même en Provence, mais n'osent s'attaquer au petit comté de Melgueil protégé par le Pape. En habile politique le comte de Toulouse épouse l'héritière de Melgueil.

Mauvais voisin pour les petits seigneurs, qui, afin de mieux conserver leurs biens s'empressent de reconnaître les tenir en fiefs du comte de Toulouse devenu comte de Melgueil.

Le seigneur d'Assas avait déjà agi de la sorte envers la comtesse de Melgueil, Béatrix, en 1167. A cette époque elle était femme du seigneur d'Alais et pensait à marier sa fille à Raymond VI de Toulouse. Elle donna au seigneur d'Assas (1167) non seulement le château d'Assas mais encore « *quidquid habeo et habere debeo ego sive unquam comes de Melgorio habuit* » sur la paroisse de Saint-André. Qu'on remarque bien ces mots : *quidquid habere debeo*.

Le seigneur d'Aubeterre ne dut pas faire beaucoup de cas de ces actes ; et nous ne voyons pas que pendant près de 60 ans le seigneur d'Assas ait fait usage non plus de ces chartes pour Saint-André-d'Aubeterre. Peu importe. Elles existent et les seigneurs les gardent précieusement, sûrs de leurs droits.

Alors le seigneur d'Aubeterre, voyant Raymond VI comte de Melgueil, et comprenant combien son voisin d'Assas aurait un solide appui pour faire valoir ses droits, se réclama de la protection du comte de Melgueil-Toulouse. Ils passent les actes de 1199, 1200, 1202 qui vont à l'encontre des droits établis par les chartes de 1167 et 1169. Le comte de Toulouse-Melgueil le sait, puisqu'il ajoute aux actes 1199, 1200 une clause intentionnellement dirigée contre ceux de 1167 et 1169. Il semble indiquer par là au seigneur d'Assas qu'il considère comme nuls et non avenus les droits qui lui viennent des chartes précitées.

— 44 —

Raymond de Toulouse ne craint pas le seigneur d'Assas. Celui-ci d'ailleurs ne réclame pas.

C'est de la politique. L'essentiel pour le comte de Toulouse était que le seigneur d'Aubeterre payât bien la sauvegarde. Et ces chartes de 1199, 1200, 1202 en faveur du seigneur d'Aubeterre ne valaient rien contre les seigneurs d'Assas. C'est ce qui explique la sentence des arbitres jugeant sur place et avec les idées de leur temps. (Cf. Abbé DURAND, *Histoire de la paroisse et seigneurie d'Assas*, Montpellier, 1908).

Les seigneurs d'Assas, par l'heureuse issue du procès intenté à l'évêque de Maguelone, ayant fait prévaloir leurs droits de suzeraineté sur Aubeterre et Teyran contre ceux du prélat, voulurent parachever l'œuvre, et délimiter exactement leur situation à l'égard des seigneurs d'Aubeterre, avec lesquels ils se trouvaient en désaccord.

Une charte du *Cartulaire de Maguelone* nous fait part des difficultés entre les deux seigneurs, du choix de l'évêque de Maguelone comme arbitre, et des décisions prises par le prélat et acceptées des parties litigantes.

Nous tenons à mettre sous les yeux du lecteur le texte inédit de cette charte, où sont minutieusement précisés les droits respectifs des deux seigneurs sur Aubeterre-Teyran.

Serie hujus presentis et publici instrumenti omnibus et singulis, tam presentibus quam futuris, sit manifestum atque notorium, quod controversia vertebatur inter Rostagnum de Arsacio patrem et Rostagnetum ejus filium ex una parte; et dominam Adzalaciam, uxorem quondam Guillermi de Albaterra, et Almeradum de Clareto, curatorem Bernardi Petri, filii ejusdem Adzalacie et quondam Guillermi de Albaterra; et ipsum Bernardum Petri, auctoritate sui curatoris predicti, ex altera; super possessionem et proprietatem castri de Teirano et ville de Albaterra, et eorum pertinencium, et super dominio seu dominacione, et senhioria, et jurisdiccione, ac districtu eorumdem; et super firmanciis, justiciis, bannis et aliis juribus ad dominacionem, et senhioriam, et jurisdiccionem, ac districtum dicti castri de Teirano et de villa de Albaterra tocius parrochie Sancti Andree de Albaterra pertinentibus.

Pour finir la dispute, les parties font un compromis devant l'évêque, comte de Melgueil et de Montferrand, choisi comme arbitre, et s'engagent à verser la somme de 1.000 sols melgoires au cas où elles ne se soumettraient pas à l'arbitrage. L'évêque prononce le jugement.

Scilicet quod dicta Adzalacia et Bernardus Petri, ejus filius, et eorum successores, et liberi ipsius Adzalacie et quondam dicti de Albaterra, qui jus habent in senhioria, et jurisdiccione, vel districtu castri de Teirano et ville de Albaterra, et pertinenciis eorumdem, de cetero habeant et teneant ad feudum a predicto Rostagno de Arsacio et Rostagneto ejus filio, et successoribus eorum qui Arsacium habebunt, dictum castrum de Teirano et villam predictam de Albaterra, et dominacionem, et senhioriam, atque jurisdiccionem, et districtum dicti castri et dicte ville, et tocius parrochie sancti Andree de Albaterra, videlicet in firmanciis, et justiciis, et in hominibus, et feminis infra parrochiam Sancti Andree de Albaterra existentibus; in bannis, et toltis, et collectis, ac quistis, et in albergis, in edificiis fartis et faciendis, in heremis et incultis, in viis, in fluminibus et in ripis eorum, et in omnibus aliis rebus, infra eamdem parrochiam Sancti Andree de Albaterra existentibus; et generaliter in omnibus omnino causis, ad dominacionem, vel senhioriam, et jurisdiccionem, atque districtum dicte castri de Teirano et ville predicte et tocius dicte parrochie pertinentibus, exceptis homicidiis et prodicionibus et sanguine, que ad comitem Melgorii spectant et pertinent, tanquam ad majorem dominum, de quo dictus Rostagnus et Rostagnetus, ejus filius, tenent omnia supra dicta; et pro omnibus supradictis dicta Adzalacia et dictus Bernardus Petri, vel alii liberi dicti Adzalacie, qui jus habent in predictis, vel eorum successores, faciant et facere teneantur dicto Rostagno vel Rostagneto, ejus filio predicto vel successoribus eorum, qui Arsacium habuerint, homagium et recognicionem (mot gratté) dicti feudi; reddant et reddere teneantur similiter eisdem et dictum castrum de Teirano, et omnes forcias, et municiones factas vel faciendas infra dictam parrochiam, quociescumque et quantumcumque dictus Rostagnus vel Rostagnetus, ejus filius, vel successores eorum, qui habuerint Arsacium, hoc voluerint et exegerint bona fide.

Item statuit dictus dominus episcopus atque dixit et precepit, quod dicta Adzalacia et Bernardus Petri, predictus ejus filius, et alii liberi dicti Guillermi de Albaterra, qui jus habent in predictis, faciant et facere teneantur pro omnibus sepefato Rosta gno vel Rostagneto, ejus filio, vel successoribus eorum qui domini Arsacii fuerint, albergum duodecim militibus, videlicet pro castro de Teirano X militibus, et pro villa de Sancti Andree de Albaterra et ejus parrochia duobus militibus annuatim; si comes tamen Melgorii a prefato Rostagno vel successoribus ejusdem albergum exegerit decem militibus, quod eidem comiti dictus Rostagnus et ejusdem successores facere debent annuatim, si ipse hoc exegerit pro eodem feudo supradicto, quod ab ipso comite Melgorii tenent; alias autem nisi in illo anno, in quo dictus comes dictum albergum X militibus a predicto Rostagno vel successoribus ejus exegerit, dicta Adzalacia et Bernardus Petri, ejus filius predictus, vel alii liberi dicti Guillermi de Albaterrà vel successores eorum, dictum albergum X militibus predicto Rostagno vel Rostagneto ejus filio vel eorum successoribus facere non teneantur.

Item dixit et precepit atque statuit dictus dominus episcopus, quod dicta Adzalacia et Bernardus Petri, ejus filius, et alii liberi ipsius Adzalacie et dicti quondam Guillermi de Albaterra, qui jus habent in predictis, faciant guerram et guerram facere teneantur contra quemlibet hominem, excepto comite Melgorii, de castro de Teirano, et de forciis, et aliis municionibus infra dictam parrochiam Sancti Andree de Albaterra constitutis vel constituendis, ad commonicionem dicti Rostagni vel Rostagneti, ejus filii, vel eorum successorum dominorum Arsacii futurorum, quantumcumque ipsimet de castro de Arsacio facient guerram. Si autem dictam guerram facere nollent dicta Adzalacia, vel Bernardus Petri, vel alii liberi quondam dicti Guillermi de Albaterrà, vel successores eorum, tunc castrum de Teirano predictum, et alias forcias et municiones, infra dictam parrochiam constitutas, vel constituendas, predicto Rostagno vel Rostagneto, ejus filio, vel successoribus eorum, dominis Arsacii futuris hoc reddere teneantur; et, finita guerra, dictus Rostagnus et Rostagnetus, vel successores eorum, predictum castrum de Teirano et forcias et municiones supradictas, prefate Adzalacie et Bernardo Petri vel aliis liberis dicti Guillermi de Albaterra, jus ibidem habentibus, restituere teneantur.

Item dixit et statuit dictus dominus episcopus, quod quantumcumque fiet reddicio vel restitucio dicti castri de Teirano, vel forciarum, vel municionum predittarum, omnes res et jura utriusque partis remaneant salva et intacta pariter et secura.

Item dixit et statuit dictus dominus episcopus ut, si accideret quod successores dicti Rostagni de Arsacio vel Rostagneti, ejus filii, insimul fuerint domini Arsacii, a quibus predicta in feudum, prout dictum est, tenentur, tunc dictum homagium, vel feudi recognicionem, et dicti castri et dictarum forciarum redditionem, et alia servicia predicta possit exigere tantum modo unus de successoribus ipsius Rostagni vel Rostagneti, ejus filii, sub forma predicta. Si tamen omnes predicti Rostagni successores vel Rostagneti, ejus filii, qui similiter in dicta exaccione predictorum unanimiter concordarent, tunc eis omnibus communiter dicta Adzalacia et Bernardus Petri, ejus filius, vel successores eorum, vel alii liberi dicti Guillermi quondam de Albaterra, qui jus habent in predictis, predicta homagium et alia servicia facere teneantur.

Dixit preterea et recitavit prefatus dominus episcopus, quod dicta Adzalacia et Bernardus Petri, ejus filius, vel alii liberi dicti quondam de Guillermi de Albaterra, qui jus habent in predictis, vel successores eorum, possint diruere, vel dirui facere, furnum in villa de Albaterra constructum, et municiones et alia edificia in dicta villa facta, salvo tamen et durante dicto Rostagno et Rostagneto, ejus filio, et eorum successoribus, jure suo in solo et in honoribus, quem vel quod in dicta villa de Albaterra, vel infra parrochiam Sancti Andree de Albaterra, et prius etiam restitutis expensis ad cognicionem duorum magistrorum in dictis edificiis factis dicto Rostagno et Rostagneto, ejus filio, et eorum successoribus, et aliis hominibus, qui ibidem edificaverunt de novo.

Item dixit dictus dominus episcopus quod dicta Adzalacia, et dictus Bernardus Petri, vel successores eorum possint accipere, et asportare, et facere asportari lapides, et tecta, et alia, que sunt in dictis edificiis dicte ville de Albaterra, apud Teiranum ad stare suum reficiendum, vel quidquid voluerint edificandum.

Item dixit et statuit dictus dominus episcopus, quod, de cetero, in dicta villa de Albaterra, vel aliquo loco infra dictam parrochiam Sancti Andree de Albaterra, nulla forcia vel municio edificetur vel construatur, excepto castro de Teirano, nisi fieret de voluntate predicte domine Adzalacie, et Bernardi Petri, vel aliorum liberorum quondam dicti Guillermi de Albaterra, qui habent jus in predictis, et eorum successores.

Preterea dixit et precepit quod predicta Adzalacia et Bernardus Petri donent predictis Rostagno et Rostagneto, ejus filio, trecentos solidos melgorienses ad emendum quoddam stare in castro de Teirano, quod stare habeant Rostagnus et Rostagnetus, ejus filius, et eorum successores, ipsum stare alcius non elevent, vel edificent, vel edificia alciora ibidem faciant quam modo sit edificatum, nec forciam ullam faciant ibidem, vel municionem aliquam, vel aliquid aliud, quod possit vel videatur obesse ipsi castro de Teirano; et dictus Rostagnus et Rostagnetus, ejus filius, et eorum successores, qui domini fuerint Arsacii, habeant illud stare ab omni servicio liberum et immune ac absolutum. Tamen omnes homines de familia dicti Rostagni vel Rostagneti, ejus filii, vel eorum successorum, vel alii, qui in dicto stari manserint, teneantur prestare sacramentum fidelitatis predicte Adzalacie et Bernardo Petri, ejus filio, et successoribus eorum, in eorum curia, cuilibet de ipsis conquerenti respondere, et ejusdem curie jurisdiccioni subjacere; si autem aliquis eorum, qui in dicto stari manserint, vel fuerint, dicte curie esset rebellis, tunc dictus Rostagnus, vel dictus Rostagnetus, vel eorum successores, si ipsi ibidem extiterint, vel alii, qui in dicto stari fuerint, predictum rebellem vel rebelles dicte curie ad commonicionem alicujus nuncii ejusdem curie reddere teneantur. Si autem dictus Rostagnus, vel Rostagnetus, vel eorum successores, vel illi, qui in dicta domo pro ipsis manserint vel fuerint, dictos rebellem, vel rebelles, prout dictum est, reddere nollent, vel etiam, si in dicto stari nullus alius esset preter illum vel illos qui rebelles essent, tunc prefata curia possit, sua propria auctoritate, per suos nuncios, dictos rebellem vel rebelles capere et de dicto stari abstrahere, et de illis facere quod postulaverit ordo juris.

Dixit preterea et precipit dictus dominus episcopus, quod dicta Adzalacia et Bernardus Petri, ejus filius predictus, et successores eorum facere teneantur decoqui libere et absolute et sine fornatica, in suo furno de Teirano, panem ipsi Rostagno, vel Rostagneto, vel successoribus eorum tantum, scilicet quantum opus fuerit familie dicti Rostagni in dicto stari manenti; si autem dicta Adzalacia, vel Bernardus Petri, vel successores eorum hoc facere nollent, tunc dictus Rostagnus, vel Rostagnetus, vel eorum successores possint libere habere, per unum diem in qulaibet septimana, furnum dictum ad decoquendum panem, sufficientem familie dicti Rostagni, vel Rostagneti, vel successorum eorum, qui domini fuerint Arsacii; si tamen dictus furnus non esset necessarius per totam dictam diem ad decoquendum panem prefate familie sufficientem, tunc, pro illa parte diei, in qua dictus furnus non esset necessarius ad hoc, dicta Adzalacia, vel dictus Bernardus, vel alii liberi quondam dicti Guillermi de Albaterra, qui habent jus in predictis, et eorum successores possint uti furno predicto.

Item dixit et statuit dictus dominus episcopus, quod dicta Adzalacia et dictus Bernardus Petri ejus filius solvant et dent, prefatis Rostagno et Rostagneto, ejus filio, supradictos trecentos solidos melgorienses pro emendo dicto stari, et restituant expensas dictorum edificiorum de Albaterra juxta cognicionem duorum magistrorum, sicut dictum est supra, ab hinc usque ad proximum instans festum Sancti Petri de Augusto ; et quod dicti ccc solidi et predicte expense solvantur et restituantur de communi vinceno, vel setzeno, vel duodeno, vel de communi de collecta de Teirano, et de Albaterra, et de parrochia Sancti **Andree** de Albaterra, et pertinencium ejusdem ; et quod dictus Rostagnus et Rostagnetus, ejus filius, et dicta Adzalacia et dictus Bernardus Petri, ejus filius, et alii liberi dicte Adzalacie et quondam dicti Guillermi de Albaterra, qui jus habent in predictis, bonà fide laborent ut predicta, sicut dictum est, scilicet ccc solidi et expense dictorum edificiorum de Albaterra solvantur et restituantur de communi vinceno, vel sexeno, vel duodeno, vel de communi de collecta de Teirano et de Albaterra et tocius parrochie de Albaterra et pertinencium eorumdem.

Preterea de consensu parcium retinuit sibi dictus dominus episcopus potestatem eligendi dictos duos magistros, qui estiment dictas expensas dictorum edificiorum de Albaterra.

Item de consensu parcium sibi retinuit dictus dominus episcopus potestatem eligendi locum in dicto castro de Teirano, ubi ematur dictum stare ad opus dicti Rostagni et Rostagneti ejus filii, prout supra dictum est. Et ita sit pax et finis perpetuus super predictis omnibus inter partes predictas.

..... Et incontinenti dictus Bernardus Petri recognovit dictum feudum prefato Rostagno et Rostagneto, ejus filio, et eis, pro dicto feudo, homagium fecit. Et predicti pater et filius, scilicet Rostagnus et Rostagnetus de Arsacio, prefatum Bernardum Petri, de toto feudo predicto, in corporalem possessionem miserunt, presente dicto domino episcopo, comite Melgorii et Montisferrandi, et precipiente, et hiis omnibus auctoritatem suam et assensum seu decretum prestante.

Recitata est hec composicio, et a partibus laudata, in castro Villenove, anno dominice incarnacionis millesimo ducentesimo tricesimo quarto, scilicet tertio idus januarii.

In presencia et testimonio Bernardi de **Albaterra** canonici Nemosensis..... (*Cartulaire de Maguelone*, registre E, f° 236 v°, à f° 238 r°).

Rostang d'Assas, père, et Rostagnet, son fils, d'une part ; et seigneuresse Adzalacia, veuve de Guillaume d'Aubeterre ; Almerad de Claret, curateur de Bernard de Pierre, fils d'Azalacia et de feu Guillaume d'Aubeterre ; et ce même Bernard de Pierre, autorisé par le curateur, d'autre part; sont en désaccord sur la possession du château de Teyran, du village d'Aubeterre, de leurs appartenances; et sur la domination, la seigneurie, la juridiction, les justices, les bans et autres droits afférents à la seigneurie de ce château et de ce village.

Pour mettre fin à la controverse, les deux parties passent un compromis devant l'évêque de Maguelone, comte de Melgueil et de Montferrand, et s'engagent à verser la somme de mille sols melgoriens, s'ils ne se soumettent pas à la décision arbitrale.

L'évêque prononce le jugement :

1° Adzalacia et Bernard de Pierre et les autres enfants d'Adzalacia et de feu Guillaume d'Aubeterre ont droit sur la seigneurie, juridiction et district du château de Teyran, du village d'Aubeterre et de leurs dépendances.

Ils tiennent en fief des seigneurs d'Assas, qui eux-mêmes les tiennent du comte de Melgueil, le château de Teyran et le village d'Aubeterre; la souveraineté, la seigneurie, la juridiction du château et du village, c'est-à-dire les justices, les hommes et les femmes résidant sur la paroisse, les moissons, les gains, les albergues, les édifices faits ou à faire, les terres cultes et incultes, les routes, les rivières et leurs rives, etc., et, d'une façon générale tout ce qui dépend de la seigneurie de Teyran et d'Aubeterre; sont exceptés les cas de trahison et de meurtre; ils sont réservés au comte de Melgueil comme majeur seigneur.

A cause de cela, Adzalacia et ses successeurs feront et seront tenus de faire hommage et reconnaissance de ce fief à Rostang et à ses successeurs.

2° Ils livreront et seront tenus de livrer le château de Teyran et toutes les fortifications, faites ou à faire dans la paroisse, à Rostang et à Rostagnet toutes les fois qu'ils le demanderont et l'exigeront de bonne foi.

3° Adzalacia et ses héritiers fourniront l'albergue annuelle de douze chevaliers : dix pour le château de Teyran et deux pour Aubeterre, à Rostang d'Assas et à ses successeurs, qui doivent faire tous les ans pareille albergue au comte de Melgueil pour ce même fief qu'à leur tour ils tiennent de lui. Toutefois Adzalacia et les siens serviront cette albergue à Rostang ou à ses héritiers les seules années où le comte de Melgueil l'aura lui-même exigée de ces derniers.

4° Adzalacia et ses héritiers, sur la demande des seigneurs d'Assas, feront la guerre contre tout homme, excepté le comte de Melgueil. Ils seront tenus de la faire avec toutes les forces de Teyran dans la mesure où Rostang et les siens engageront celles de leur château d'Assas.

Si Adzalacia et ses héritiers s'y refusent, ils devront livrer la forteresse de Teyran et le village d'Aubeterre aux seigneurs d'Assas qui, la guerre finie, devront les restituer aux ayants-droit. La restitution faite, les parties reprendront leurs droits respectifs.

5° Dans le cas où les successeurs de Rostang et de Rostagnet seraient co-seigneurs d'Assas, Adzalacia et les siens rendront hommage à l'un d'eux. Et si les co-seigneurs étaient d'accord, les seigneurs de Teyran-Aubeterre leur rendraient hommage à tous en même temps.

6° Le prélat arbitre accorde à la seigneuresse Adzalacia et à ses héritiers le droit de détruire dans Aubeterre le four qui s'y trouve construit, les fortifications et les maisons. Néanmoins les seigneurs d'Assas ne perdront rien de leurs droits, des honneurs leur revenant du village d'Aubeterre, et ils seront dédommagés du prix des maisons. Les dépenses et les dégâts seront évalués par deux experts.

7° Adzalacia et les siens pourront enlever les pierres, les matériaux, tout ce qui est dans Aubeterre, et le faire transporter à Teyran pour l'utiliser à de nouvelles constructions.

8° Ni dans le village, ni dans la paroisse de Saint-André-d'Aubeterre, aucune fortification ne sera élevée, en dehors de celles du château de Teyran, à moins de décision contraire d'Adzalacia et de ses héritiers.

9° Adzalacia et Bernard de Pierre, son fils, donneront au seigneur d'Assas 300 sols melgoriens pour lui faciliter l'achat d'une maison dans l'enceinte de Teyran. Rostang et son fils auront cette maison libre et exempte de toute servitude. Ils auront soin de ne pas exhausser cette maison au-dessus des autres. Ils n'y feront aucun ouvrage fortifié, qui puisse paraître concurrencer le château.

De plus, tous les familiers du seigneur d'Assas, logés dans cette maison, seront tenus de prêter serment de fidélité à la seigneuresse Adzalacia et à ses héritiers, de répondre à chacun de ceux qui les interrogeront et de se soumettre à leur juridiction.

Dans le cas où un des occupants de cette maison de Rostang se révolterait contre cette juridiction, Rostang ou ses successeurs, s'ils habitaient cette maison, ou, à leur défaut, les autres occupants seront tenus de livrer le rebelle sur réquisition d'un employé de la juridiction de Teyran. S'ils se refusent à le livrer ou si, dans cette maison, ne se trouve que le rebelle, alors l'officier pourra, de sa propre autorité, faire ouvrir la maison par ses aides, s'emparer du rebelle et le traiter selon les règles du droit.

10° La seigneuresse Adzalacia et ses héritiers seront dans l'obligation de faire cuire sans aucun droit, dans leur four de Teyran, le pain nécessaire aux familiers de Rostang en résidence dans la maison de Teyran ; si Adzalacia et les siens s'y refusent, Rostang aura droit au four, un jour par semaine, pour la cuisson du pain indispensable aux gens de sa maison. Toutefois si, pour cela, il n'était point nécessaire de toute la journée, Adzalacia et les siens auront la libre disposition du four pour le reste du jour.

11° Adzalacia et ses héritiers donneront 300 sols melgoriens à Rostang d'Assas pour l'achat de la maison en question, et leur rembourseront les dommages subis du fait de la démolition des immeubles d'Aubeterre. Les dépenses seront évaluées au dire d'experts. Adzalacia payera tous ces frais à partir de ce jour à la proche fête de saint Pierre d'août. La seigneuresse d'Aubeterre-Teyran et les siens voudront bien exécuter de bonne foi toutes ces prescriptions.

12° Du consentement des parties, le prélat se réserve le droit de désigner les deux experts, et l'endroit où sera élevée la maison réservée à Rostang, à Rostagnet et à leurs héritiers.

Et l'évêque termine en formulant le désir de voir la cessation de toute difficulté entre les deux parties.

Celles-ci approuvèrent les décisions du prélat. Et aussitôt Bernard de Pierre fit reconnaissance du fief à Rostang et à Rostagnet, son fils, et leur rendit hommage. Rostang et Rostagnet mirent Bernard de Pierre en possession de ce même fief.

Tout se passe en présence et avec l'approbation de l'évêque. L'acte fut fait et signé au château de Villeneuve l'an de l'Incarnation 1234, le 3 des ides de janvier (11 janvier 1235). Un parent du seigneur d'Aubeterre, Bernard d'Aubeterre, chanoine de Nimes, assista comme témoin à l'arbitrage.

Le n° 6 de ce procès donne la date et le vrai motif de la destruction de Saint-André-d'Aubeterre. Le seigneur et les habitants procédèrent volontairement à la démolition de ses immeubles pour en utiliser les matériaux à la construction de demeures nouvelles à Teyran.

Ainsi tombe une tradition, accréditée dans le pays, qui attribuait aux Sarrasins l'anéantissement de cette localité.

CHAPITRE V

**Deux grands maîtres de l'ordre des Hospitaliers.
— Saint Roch. — Les De la Croix.**

I. A partir de 1235 la paroisse Saint-André d'Aubeterre voit sa déchéance s'accroître tous les jours. A la désertion de ses habitants s'ajoute la démolition des murs et des maisons, dont les matériaux, transportés à Teyran, sont utilisés à la construction des nouvelles demeures. On peut dire, à la lettre, que tout Saint-André s'est déplacé et a été transporté à Teyran. La disparition d'Aubeterre fut complète. De nos jours, il est difficile de fixer, avec précision, le plan exact de ce village.

L'église toutefois resta debout jusque vers la fin du XVIIe siècle. A la fin du XIXe, on voyait encore des pans de mur et le tracé de ses fondements. A cette époque elle devint durant plusieurs années, une carrière de pierres toutes taillées où puisèrent largement certains habitants de Teyran pour leurs travaux de construction.

Dès 1235, Teyran et Aubeterre, le premier ayant les habitants, le second possédant l'église, sont à tel point soudés ensemble qu'on les dénomme indistinctement : paroisse de Teyran ou paroisse de Saint-André d'Aubeterre. Dans la seconde moitié du XVIIe siècle, le service paroissial ne se faisant plus, de façon régulière, dans l'ancienne église d'Aubeterre, mais dans la chapelle du château de Teyran, l'appellation, *paroisse de Teyran*, fut d'une manière définitive seule en usage, comme nous le verrons dès la première visite pastorale que l'évêque fit à cette nouvelle église le 5 décembre 1657.

II. En 1298, un des parents des seigneurs de Teyran, fut écuyer de Raymonde de Lunel, veuve de Pons de Montlaur. Elle était une des dernières descendantes des seigneurs de la baronnie de Lunel, cédée à Philippe le Bel en 1296. Comme Raymonde n'avait pas d'enfants, elle donna, en 1298, sa fortune à ses neveux, et légua cent livres tournois à Guillaume d'Aubeterre, en reconnaissance de ses services, au cas où il entrerait en religion dans l'ordre des Templiers ou celui des Hospitaliers. *(Hist. gén. du Languedoc, t. IX, p. 187.)*

L'ordre des Templiers avait, à cette époque, de nombreux intérêts à Saint-André d'Aubeterre. Nous en relevons la trace dans certains titres de reconnaissances ou de ventes de terres, contenus dans le portefeuille de la commanderie de Montpellier, (Bann. Arch. dép.)

Le parchemin n° II signale deux reconnaissances en faveur de la commanderie : 1° en l'année 1278, le 6 des calendes d'avril (27 mars), Pons Alamand, Guiraud Alamand et d'autres Alamand, de Teyran, reconnaissent, à Pierre Allamandin, précepteur de la maison du Temple, tenir de cet ordre, sous le cens de 6 deniers melgoriens, une terre et un bois, situés dans la paroisse de Saint-André d'Aubeterre, et confrontant de deux côtés un bois des Templiers, et d'un autre, le champ « pairoal ». 2° Le même jour, Guillaume Colomb, de Teyran, fait au même précepteur reconnaissance sous le cens de deux sols melgoriens, de deux pièces de terre situées dans la paroisse de Saint-André d'Aubeterre : l'une de ces terres confronte d'un côté le domaine de Guillaume d'Aubeterre, de deux autres, Pons Sabatier, d'un autre, Pierre Vital ; la seconde confronte de deux côtés le domaine de Pons Sabatier et d'un autre celui des Bedos. Ces actes, reçus par Pierre Fabre, le 27 mars 1278, eurent pour témoins : Pierre Alméras, prieur d'Aubeterre, et J. Salvator, prieur de l'église de Bannières.

La famille des Bedos, signalée dans plusieurs actes de cette époque, est la plus ancienne dont il subsiste encore des descendants à Teyran.

Au parchemin n° VI nous lisons qu'à la date ci-dessus, et par l'intermédiaire du même notaire, Pierre Blanquier, de Teyran, vendit au commandeur du Temple, pour la somme de 50 sols, deux pièces de terre, relevant de la directe de la commanderie, sises au quartier de *guerressay*, paroisse de Saint-André d'Aubeterre, et confrontant les terrains de Pierre Richard, Alamand et Pierre Bourgade.

Le parchemin n° IX, dont il a été parlé dans le chapitre III au sujet du franc alleu, contient un acte par lequel Béatrix de Saint-Gervais, veuve de Bertrand de Saint-Gervais, damoiseau et Hugues de Saint-Gervais, son fils, 1° donnent, en libre franc et absolu alleu, à Pierre Allamandin, précepteur du Temple, trois terres, situées dans la paroisse de Saint-André d'Aubeterre, et confrontant d'une part les terrains des vendeurs, et de deux autres, ceux de la commanderie ; 2° lui cèdent les droits censuels, dans l'espèce deux sétiers d'orge, qu'ils ont sur trois pièces de terre de Bernard Bedos, de Teyran. Ces terres, sises dans la paroisse d'Aubeterre confrontent, l'une, la rivière de Salaron (= Salaison) et Bernard Alamand ; l'autre Guillaume de Ladello, de Teyran, et Guillaume Cabal ; la troisième Bernard Alamand et le chemin de Besareng (= Busareng) ; 3° lui cèdent quelques cens sur trois terres dans Teyran. Comme les directes de Teyran ont été échangées avec les auteurs de M. le Président de Bocaud, par acte passé chez Me Jean Louis, notaire d'Arles, il est fait mention de cet acte dans l'acquisition actuelle. Les témoins de cette passation furent Guillaume de Ladello, de Teyran ; Raymond Calvet ; Frère Raymond Delicieux, de la maison du Temple ; Frère Raymond de Asperelis, prêtre. L'acte fut reçu et signé par Me Jean Firmin, le 7 des calendes d'avril (26 mars) 1291.

Le parchemin n° X, également cité au chapitre III, est un acte de vente, reçu le 4 des nones de mai (4 mai) 1293 par le notaire Jean Firmin. Dans cet acte les deux frères Félix et Bernard Blésiers vendent, en franc alleu, pour 30 livres melgoriennes, au commandeur du Temple un pré, situé dans la paroisse de Saint-André d'Aubeterre et confrontant le Salaron (= Salaison), et, de quatre autres côtés, des terrains du commandeur.

Le parchemin n° III, porte acte de vente de terrains, faite un peu plus tard, en 1318, quand l'ordre des Templiers eut été dissous, et que ses biens furent passés entre les mains de celui des Hospitaliers.

Le 4 mars de l'année précitée, Jeanne Negrète, du château de Teyran, vend, à Firmin Dufour, par acte reçu par Bernard Amiel, une terre située dans la paroisse de Saint-André d'Aubeterre, au quartier dénommé *Plan Teyran*; et confrontant d'un côté le domaine de l'acheteur; d'un second, un domaine des Bedos; d'un troisième, un domaine de messire Jean Jourdan, prêtre; et d'un quatrième, la rivière.

La terre, objet de la vente, dépend de la mouvance du commandeur de l'Hôpital de Saint-Jean de Montpellier, sous le cens de cinq deniers payables à la Saint-Michel.

Sur lequel des deux ordres, des Templiers ou des Hospitaliers, Guillaume d'Aubeterre fixa-t-il son choix? Sa préférence se porta-t-elle aux Hospitaliers à cause des liens de parenté qui l'unissaient à certains chefs de cet ordre? Rien ne nous l'indique.

III. En l'année 1308, nous voyons deux de ses parents, deux frères, Guillaume de Villaret et Foulques de Villaret à la tête de cet ordre, qui fut le plus ferme défenseur de la chrétienté contre les Turcs. Ils furent successivement grands maîtres de l'ordre de Saint-Jean de Jérusalem, ou des Hospitaliers, ou de Malte.

Une de leurs sœurs, Jourdaine de Villaret, gouverna le monastère des Hospitaliers de Saint-Jean de Fieux, en Quercy; l'autre fut seigneuresse de Teyran.

Guillaume signala son passage à la direction de cet ordre par le rétablissement de la discipline et le zèle qu'il développa dans les trois provinces de France, d'Auvergne et de Provence. Il mourut en 1308 à Limisso, dans l'île de Chypre, au moment où il formait le projet de s'emparer de Rhodes. Son frère Foulques lui succéda. Il se voua immédiatement à l'œuvre interrompue, et fit part au Pape de son projet.

Clément V, comprenant l'importance de l'entreprise, l'approuve, fait appel à la chrétienté et donne 90.000 florins. Des dames de qualité vendent leurs joyaux pour subvenir aux frais de l'expédition.

Le roi de Sicile et la République de Gênes fournissent des vaisseaux pour le transport des troupes et du matériel.

Le rendez-vous est fixé aux croisés au port de Brindes. Là, le frère Heliwig de Randerjack, grand prieur d'Allemagne, les présente à Foulques. Ils étaient très nombreux. Dans l'impossibilité de les enrôler tous, il fallut faire une sélection.

La flotte met à la voile, côtoye l'Albanie, passe la Morée, l'île de Candie, l'île de Chypre, fait un court arrêt à Macri sur les côtes de la Lycie, et, tout d'un coup, file sur l'île de Rhodes dont elle surprend les habitants.

Les Grecs opposent d'abord une faible résistance.

Foulques débarque ses troupes et met le siège devant Rhodes, la capitale de l'île. Entraînés par le grand maître, les chevaliers s'élancent à l'assaut. La ville résiste. De nouveaux combattants arrivent au secours des assiégés ; ils entourent l'armée de Foulques et la mettent en fâcheuse posture. Les chevaliers sont dans une situation critique, et d'assiégeants deviennent assiégés. Mais de Villaret, par son sang-froid, tire son armée de cette sorte de blocus. Des troupes fraîches lui venant en aide, il sort de ses retranchements et reprend l'offensive. Le combat fut sanglant. Foulques y perdit ses plus intrépides chevaliers, mais les Grecs, débordés de toute part, ne purent tenir et furent taillés en pièces.

Débarrassé d'eux, Foulques reprend avec une énergie nouvelle le siège de Rhodes. Malgré les flèches et les pierres que les assiégés lancent sur eux, Foulques et ses chevaliers montent à l'assaut, et bientôt les étendards chrétiens flottent au sommet des fortifications conquises. Cette victoire eut lieu l'an 1310 en la fête de l'Assomption de la sainte Vierge (1).

Peu après Foulques s'empara du château de Lindo ; en deux ans, toutes les autres forteresses furent en son pouvoir, et Andronic II fut chassé de l'île.

En souvenir de cette glorieuse conquête, si utile à la chrétienté, les nations reconnaissantes donnèrent le nom de Chevaliers de Rhodes aux Hospitaliers de Saint-Jean de Jérusalem.

Foulques ordonne de relever les fortifications. Pendant ce temps, à la tête de la flotte, il conquiert successivement les îles de Nisara, Leros, Calamo, Episcopia, Calchi, Simia, Tilo, Cos et la plus importante de toutes Lango. Dans cette dernière, de Villaret construit un vaste château, le fortifie, et y laisse un chevalier pour en diriger la défense.

Dans le monde chrétien on parla avec admiration des Hospitaliers. Le chef de la catholicité, Clément V, ancien archevêque de Bordeaux, qui avait autorisé la croisade, prodigua aux chevaliers de Rhodes les encouragements et les récompenses.

Vers cette époque, 1312, il condamna les Templiers. La question des richesses de ces chevaliers fut agitée à différentes reprises au concile de Vienne. Plusieurs parlaient de créer un autre ordre pour prendre la succession de celui qui venait d'être dissous. Le Pape jugea inutile cette création. Il fit observer que ces biens, ayant été donnés aux Templiers pour la défense de la Terre Sainte, devaient conserver la même destination et être remis aux Hospitaliers, dont les conquêtes glorieuses les signalaient à l'attention de la chré-

(1) BALUZE, tome I, page 76. *Anno Domini 1310 in festo Assumptionis Beatæ Mariæ exercitus Christianorum cum hospitalariis obtinuerunt civitatem Rhodi. — Ex vita Clementis V.*

tienté. Le grand maître de l'Hôpital, Foulques de Villaret, fut, en conséquence, mis en possession des biens considérables des Templiers, la même année 1312, par arrêt du parlement après la bulle de translation, datée du 2 mai. Le roi de France, Philippe le Bel, accusé cependant de s'être enrichi des dépouilles des Templiers, consentit à ce transfert, comme il paraît par sa lettre au Pape du 24 août 1312. (ROHRBACHER, *Hist. univ. de l'Égl. cathol.*, t. X, pp. 337-341.)

L'acte de prise de possession des biens des Templiers, daté du 17 octobre 1312, porte la signature du grand maître des Hospitaliers, ainsi formulée : *Frère Foulques de Villaret, par la grâce de Dieu et du Saint Siège Apostolique, humble maître de sa sainte maison de Saint-Jean de Jérusalem et gardien des pauvres de J.-C.*

Durant ce laps de temps, les Grecs ne sont pas restés inactifs. Ils ont fait alliance avec Othman ou Ottoman qui, à la tête d'une armée vient à son tour, en 1315, assiéger les Chrétiens dans la ville de Rhodes dont les fortifications sont incomplètement réparées.

Ottoman livre plusieurs assauts infructueux, et lui, heureux jusqu'alors dans ses entreprises, est obligé de lever le siège pour ne pas sacrifier ses derniers soldats.

De Villaret, débarrassé pour longtemps des Grecs et des Sarrasins coalisés, termine les travaux de fortification. Ayant mis l'île à l'abri de toute tentative ennemie, il l'ouvre au commerce.

Foulques perdit de nombreux chevaliers dans la glorieuse conquête de Rhodes et des autres îles de l'archipel. Il récompensa les survivants par l'octroi de bons bénéfices; remplaça les manquants par de nouvelles recrues, dont plusieurs venaient de l'ordre des Templiers récemment dissous.

Des nouveaux arrivants, les uns étaient jaloux des faveurs accordées à ceux qui revenaient de la croisade; les autres étaient envieux de la fortune croissante de l'ordre des Hospitaliers. Ils forment une coalition contre de Villaret. Méconnaissant les mérites acquis et les qualités supérieures du grand maître Foulques de Villaret, oublieux de ses bienfaits, quelques seigneurs essayent de s'emparer de sa personne en gagnant un domestique. La nuit venue, le traître doit ouvrir aux conjurés les portes du palais. De Villaret a vent du complot. Il feint une partie de chasse, et le soir, au lieu de rentrer dans sa demeure, il se retire au château de Lindo. Les conjurés, se voyant déjoués, se réunissent en assemblée, déposent de Villaret de ses hautes fonctions et lui donnent pour successeur Maurice de Pagnac.

Foulques ne veut point terminer sa vie dans une défaite. Il se rend aussitôt auprès du Pape à Avignon pour plaider sa cause. Partout sur son passage il est salué avec les honneurs dûs à son rang. A la cour pontificale, le pape le traite avec égard. Foulques y fait figure de grand capitaine. Par contre, son compétiteur est considéré comme un intrigant.

Jean XXII, successeur de Clément V, réunit les chevaliers de l'ordre. L'avocat de de Pagnac parle longtemps en faveur de son client. Foulques demande simplement si la déposition doit être la récompense de ses travaux et de ses conquêtes. Il est aussitôt acclamé et confirmé dans sa charge. De Pagnac, déçu dans ses ambitions, se retire à Montpellier où il meurt peu après. (VERTOT, *Histoire des Chevaliers de Malte*, Paris, 1778, p. 64 et seq.)

Quelques mois s'étaient à peine écoulés que Foulques, à cause de sa santé minée par de grands travaux, et, peut-être aussi par le chagrin de s'être vu discuté, abdiqua volontairement ses hautes fonctions de grand maître de l'ordre des chevaliers de Rhodes. Le Souverain Pontife, voulant reconnaître ses éminents services, le pourvut d'un grand prieuré.

Foulques de Villaret se retira, en Languedoc, au château de Teyran, propriété d'une de ses sœurs. Loin des tracas et du souci des affaires, dans le recueillement et le silence que l'on goûte avec tant de charme dans la solitude de la campagne, il passa les quatre dernières années de sa vie. Il rendit son âme à Dieu le 1er septembre 1327, comme le porte l'inscription funéraire ci-dessous.

C'est par erreur que De Feller dans son *Dictionnaire historique*, Bouillet, dans son *Dictionnaire d'histoire et de géographie*, le font mourir en 1329.

Selon ses désirs il fut inhumé dans la commanderie du grand Saint-Jean de Montpellier en l'église Sainte-Marie de Lèzes. (*Histoire générale de Languedoc*, tome IX, page 450.

L'endroit de la sépulture de Villaret avait été oublié quand, plusieurs siècles après, un procureur de l'ordre faisant des fouilles dans l'amoncellement des ruines de cette église trouva son tombeau en marbre sur lequel était gravée cette inscription :

ANNO DOMINI 1327, DIE SCILICET PRIMA SEPTEMBRIS

OBIIT NOBILISSIMUS DOMINUS FRATER

FOLQUETUS DE VILLARETO

MAGISTER MAGNI HOSPITALIS SACRÆ DOMUS

SANCTI JOANNIS BAPTISTÆ HIEROSOLIMITANI

CUJUS ANIMA REQUIESCAT IN PACE, AMEN (1).

IV. Quinze jours avant Foulques de Villaret, était mort un bien plus illustre parent des seigneurs de Teyran, saint Roch.

Il naquit à Montpellier, en 1295, du mariage de Jean de la Croix avec Libère, fille des rois de Hongrie. De bonne heure il s'adonna à l'étude, à la piété et aux soins des malades. A l'âge de 20 ans, ayant perdu ses parents, et à

(1) D'Aigrefeuille, *Histoire de Montpellier*, tome III, page 398. (Édition des Bibliophiles).

la tête d'une grande fortune, il donna aux pauvres la partie des biens dont il pouvait librement disposer et laissa le reste à son oncle. Vêtu du costume de pélerin, il partit pour Rome vers 1315. En traversant la Toscane, il apprend que la peste est à Aquapendente. Il y va, soigne les pestiférés et les guérit. Il suit la peste à Cesène, Rimini et enfin à Rome, où il se met au service des pestiférés ; puis il va porter son dévouement dans la Lombardie, sillonne en divers sens la haute Italie et s'arrête à Plaisance où il tombe malade. Alors il se traîne au fond d'un bois, non loin de Sarmato. Dieu ne l'abandonne pas. Le chien d'un gentilhomme, Gothard Palastrelli, découvre sa retraite, et tous les jours lui apporte du pain. Le maître, intrigué du manége de cette bête, la suit et arrive ainsi à la hutte du saint. Touché de la résignation du patient et de sa parole, il se convertit et passe dans la solitude le reste de sa vie. Saint Roch, guéri, reprend le chemin de la patrie. Il arrive en Languedoc. Aux portes de Montpellier, pris pour un espion, il est jeté dans un cachot sur l'ordre du gouverneur, son oncle, qui ne l'a pas reconnu.

Après cinq ans d'emprisonnement il rendit sa belle âme à Dieu, le 16 août 1327.

Dieu permit alors que son serviteur fût reconnu de tous. Son nom, Roch de la Croix, vola de bouche en bouche. Ses parents furent désolés de leur méprise. On lui fit des funérailles magnifiques, et, au rapport de Gariel, on aurait même bâti une chapelle pour abriter ses restes.

Il n'est pas douteux en tout cas que de bonne heure Montpellier ne lui rendit publiquement un culte. Les annales de la cité portent qu'au mois de mars de l'an 1505 Montpellier était de nouveau menacé de la peste. Les consuls décidèrent de faire trois processions. La direction des jeunes filles du cortège fut confiée aux nobles et honorables dames Charlotte, femme de sire Falcon des Faulcons, premier consul de Montpellier ; et Agnette, femme de messire Pierre de Maleripe, l'un des généraux de la Justice et des Aydes. Notons, en passant, que ce Pierre de

Maleripe fut le père de Jehan Malarippa, propriétaire, en 1540 de la métairie de Fontgrand, dénommée plus tard Malrives.

La procession se rendit au couvent des Frères Prêcheurs, où se trouvait une chapelle érigée en l'honneur de saint Roch. Et les Montpelliérains effrayés de l'approche du terrible fléau supplièrent le saint de les en préserver.

Cette manifestation pieuse en l'honneur de saint Roch et cette chapelle sont bien de nature à laisser croire que le culte rendu au saint était déjà de date ancienne (1). (D'Aigrefeuille. *Histoire de Montpellier*, t. I, p. 372.)

Telle est, en quelques traits rapides, la vie de saint Roch. Les habitants de Teyran l'honorent et l'invoquent tout particulièrement.

Il est issu de la famille des de la Croix, dont les membres de la branche cadette furent seigneurs de Teyran. Une légende veut que le saint soit venu au château de son parent, qu'il ait prié à l'église de Saint-André d'Aubeterre. C'est impossible, si Pierre de la Croix, comme semble l'indiquer l'arbre généalogique, fut le premier membre de cette famille à occuper Teyran. Il vivait à la fin du XVe siècle et saint Roch mourut en 1327.

Mais rien ne prouve que ce de la Croix ait été le premier de cette famille à Teyran, s'il est le premier à porter le nom de cette seigneurie. D'autres de la Croix ont pu avant lui posséder ce village et ne pas en porter le titre.

Ceci posé, une visite de saint Roch à Teyran peut paraître vraisemblable. Mais en dépit de nos recherches nous n'avons pu trouver le moindre document pour authentifier la tradition. Nous avons bien lu dans Rohrbacher (édition Gaume, t. X, p. 380), ces lignes pouvant donner corps à la

---

(1) En 1413 était institué à Clermont-l'Hérault une confrérie de Saint-Roch. Les statuts, dont il existe, d'après l'abbé Saumade, un premier exemplaire en langue romane, furent accordés par messire Jean de Lavergne, évêque de Lodève. (L'abbé Saumade, *Saint Roch*, p. 208).

légende : « Saint Roch, sortant de l'Italie, revint dans le Languedoc, sous un habit de pèlerin, et alla se loger dans un village qui avait appartenu à son père, et que lui-même avait cédé à son oncle. » Ce texte est trop imprécis pour permettre à la légende de s'y appuyer. De plus il faut ne pas oublier que les de la Croix avaient de nombreuses possessions. Le manque de précision du texte cité permet dès lors à chacun des villages ayant dépendu de cette famille, de revendiquer ces lignes comme lui étant applicables.

Pour marquer la parenté de notre saint avec les seigneurs de Teyran nous donnons, de l'arbre généalogique des de la Croix, la partie qui nous concerne.

La généalogie de cette famille fut publiée par P. Coffinières dans son ouvrage intitulé : *Saint Roch : Etude Historique sur Montpellier au XIX° siècle*, par P. COFFINIÈRES, avocat près la cour impériale de Montpellier, 1855.

Jean de la Croix

Raimond de la Croix
marié à Mathilde de Courtenay

Estienne de la Croix
marié à une fille du roi de Naples

Jean de la Croix marié à Libère fille des rois de Hongrie	*Guillaume de la Croix* amiral de Majorque marié à Judith de Montmorency
Saint Roch	*Jean de la Croix* marié à Bertrande de Goth

Louis de la Croix
épouse Emingarde de Magni

Jean de la Croix
épouse Jeanne de Stuard

Jean de la Croix

Jean de la Croix

Guillaume de la Croix

premier mariage avec Françoise de Cezelli :

Louis de la Croix baron de Castres continue lignée des aînés	*Geoffroy* de la Croix	*Jean* de la Croix	*Guillelmine* de la Croix

seigr de Montvilla

deuxième mariage avec Jeanne Boussevin :

Pierre de la Croix
écuyer et seigneur de Teyran, viguier de Béziers

Jean de la Croix seigr de Teyran ép. Louise de Sarra	*Antoine de la Croix* seigneur de Montvilla	*Marie de la Croix* épse Chedebien prést de Montpellier

Marie de la Croix
mariée au
présidt de Bouçaud

V. *Armoiries des de la Croix, seigneurs de Teyran.*

La branche aînée des de la Croix avait pour armes une croix d'or sur champ d'azur, en sautoir d'argent, cantonné de 4 fleurs de lis d'or.

Les cadets de cette famille, seigneurs de Teyran, brisent la croix d'un croissant de gueules dans le milieu. (Abbé Saumade : *Saint-Roch*, p. 199).

Nous donnons ci-dessous la reproduction de deux écussons, un peu différents, des de la Croix de Teyran. Voici comment ils furent retrouvés.

1° Pour améliorer les appartements du presbytère, la municipalité chargea des maçons, en 1899, de transformer en appartement la terrasse du château du côté du couchant. Tandis que les ouvriers enlevaient la partie sud du parapet pour donner plus d'espace à la construction nouvelle, et l'appuyer au mur de la mairie, ils eurent la surprise de trouver, encastrée dans le mur de ce parapet, une assez forte pierre sculptée. C'était un écusson des seigneurs de Teyran.

Comme nous assistions à ces travaux, nous plaçâmes cette pierre à l'abri de toute détérioration.

Nous en donnons le fac-simile.

Ces sculptures doivent leur merveilleuse conservation à ce que la pierre où elles sont gravées fut, selon toute apparence, utilisée comme pierre ordinaire lors d'une réparation quelconque au parapet de la terrasse en question. Le côté opposé à l'inscription présentant une surface lisse, l'ouvrier noya dans le mortier et enfonça dans l'épaisseur du mur le côté sculpté, et présenta à l'extérieur le côté non ouvragé qui, à ses yeux, avait l'avantage de ne pas déranger l'alignement du mur.

C'est une pierre ordinaire présentant l'aspect de la pierre de taille dure de nos pays. Sa forme démontre qu'elle a servi de clef de voûte. A l'époque de la démolition d'une partie du château pour la construction de l'église,

Ecusson des de la Croix
(trouvé dans le mur de la terrasse du Château).

elle dût être détachée de quelque salle voûtée, et utilisée ensuite dans la maçonnerie comme une pierre vulgaire.

Elle a 0^{m}56 de long, 0^{m}38 de large et 0^{m}23 d'épaisseur. Le cercle dans lequel l'écusson est sculpté a 0^{m}24 de diamètre.

Les quatre bras destinés à joindre les nervures de la voûte et à les unir à l'écusson ont une longueur de 0^{m}11.

1° Vers le milieu du XIXe siècle, M. Émilien Jeanjean acheta une partie des matériaux provenant de la démolition fortuite et partielle du château. Il utilisa le tout dans la construction d'un magasin, dont les murs à nu montrent de ci de là des pierres portant trace de moulure.

Deux de ces pierres, ayant l'apparence d'anciennes clefs de voûte, attiraient depuis longtemps notre attention. Sur notre désir, M. Lucien Jeanjean, fils du précédent, n'hésita pas à les détacher du mur. Et le 26 novembre 1909, nous eûmes effectivement sous les yeux deux clefs de voûte avec écusson des de la Croix. Malheureusement l'une des deux offrait seulement le contour de l'écusson ; l'autre le montrait en entier et en assez bon état de conservation.

A part ses dimensions plus grandes, cet écusson est de tout point semblable à l'écusson sculpté sur la pierre de l'inscription 1522, comme nous le verrons plus bas.

En voici le fac-similé.

La qualité de la pierre est celle de la catégorie dite *pierre de taille* ; elle est tendre et très-friable.

Comme celle dont nous avons parlé plus haut, elle a quatre bras, de 0^{m}10 de long, destinés à joindre les nervures de la voûte dont elle était la clef.

L'épaisseur de cette pierre est 0^{m}22 ; la largeur 0^{m}27. Elle a 0^{m}42 en diagonale.

L'écusson a 0^{m}16 de large et 0^{m}20 de haut.

M. Lucien Jeanjean s'est dessaisi volontairement de cette pierre en faveur de ses concitoyens. Nous lui en exprimons nos remerciements, et nous donnerons à cette pierre une place spéciale à côté de la précédente.

Sur la pierre portant inscription de 1522 on remarquera un autre exemplaire des armoiries de Teyran. Il est tout minuscule il est vrai, mais assez visible pour montrer des différences sensibles avec le premier des deux dont nous avons donné la reproduction.

VI. L'ordre chronologique des évènements dans notre localité nous amène au règne des Valois. Sous cette deuxième branche capétienne eut lieu la fameuse guerre de Cent Ans de 1337 à 1453.

En 1365 Du Guesclin alla combattre en Espagne pour soutenir Henri de Transtamarre dans ses droits au trône de Castille contre Pierre le Cruel. Il passa par Montpellier entraînant après lui grand nombre de soldats. Guillaume d'Aubeterre, à la tête d'une compagnie, se joignit à l'armée de Du Guesclin, et partit guerroyer en Espagne, comme le porte le texte du *Petit Thalamus* de Montpellier.

An 1365, a XXIX de novembre, intret à Montpellier mosseu Bertrand de Clequin, breton, comte de Longuavila capitani major de totas las companhas de Frances, d'Engles, dalamans, de bretos, de Gascos et de motz autres et y estet entro a III de dezembre, et adoncs sen anet menan las dichas companhas passadas et a passar en Aragon et en Castela et puoys en Granada per traitament e per acort de nostre senhor lo papa Urbau V et de nostre senhor lo rey de Fransa et del emperador de Roma.

Item à IX jorns de dezembre, passet a Montpellier lo senhor dalbaterra capitani duna autra companha. *(Petit Thalamus de Montpellier 1840, p. 370.)*

VII. Teyran appartenait à la juridiction épiscopale et faisait partie de la rectorie de Montpellier.

L'évêque céda à Philippe le Bel tout ce qui était sous la juridiction de la rectorie. Mais le roi de France voulut que ressortissent de la rectorie, comme auparavant, les lieux où l'évêque avait la haute justice. La proposition royale fut acceptée de l'évêque. La rectorie continua d'exercer sa juridiction sur Teyran, Vic, Villeneuve et un grand nombre d'autres villages. Pour toutes ces localités l'évêque institua à Montpellieret un juge d'appeaux. Cet état de choses resta ainsi jusqu'en 1349, date où le comté de Montpellier fut vendu à Philippe de Valois par Jayme II, roi de Majorque.

Comme ancien feudataire de l'évêque, Teyran devait au roi le serment de foi et d'hommage et le service de guerre auquel il était tenu envers l'évêque. (D'AIGREFEUILLE, t. II, p. 361.)

VII. Terminons ce livre I par quelques notes sur les seigneurs de Teyran.

Après Hildinus et Archimberte les familles de Guillaume d'Aubeterre et de Villaret occupèrent le château de Teyran. Les de la Croix vinrent ensuite. A quelle époque? Nous l'ignorons. Nous trouvons un de la Croix seigneur de Teyran, seulement au XVIe siècle. Pour mieux connaitre ce seigneur disons un mot de son aïeul et de son père.

Jean de la Croix, sous Charles VI, fut conseiller et maître de la Chambre des Comptes. Commissaire du roi en Languedoc, il fut chargé, en 1405, avec Pierre de Pérols, de faire entrer les créances royales. Tous deux intentèrent un procès aux habitants de Narbonne.

Le duc de Berry, oncle du roi Charles VI, fut un des quatre tuteurs du jeune prince durant sa minorité. Quand Charles VI eut perdu la raison dans l'accident dont il fut victime lors de sa marche contre le duc de Bretagne, ses oncles reprirent la régence. Le duc de Berry garda pour sa part le gouvernement du Languedoc.

C'est à lui que s'adressèrent les habitants de Narbonne pour obtenir la remise d'une partie de la somme réclamée par les deux commissaires royaux.

Le 23 juin 1405 le duc, cédant en apparence sans rien perdre de ses droits, exigea le versement de la moitié de la dette, et laissa l'autre moitié aux réclamants sous la condition expresse cependant qu'elle serait consacrée par les Narbonnais à la réparation des digues de l'Aude. (*Hist. Gén. de Languedoc*, t. X, pr. col. 1923-1925.)

Le duc de Berry satisfait de la bonne gestion des commissaires, Jean de la Croix et Pierre de Pérols, leur renouvela les pouvoirs le 3 juillet 1409. (*ibid.* t. IX, p. 417, pp. 457, 458.)

En l'année 1473 nous trouvons, sous Louis XI, Guillaume de la Croix, comme président de la Cour des Comptes.

L'aîné des quatre enfants que Guillaume de la Croix eut de son premier mariage avec Françoise de Cezelli, Louis de la Croix, devint à son tour président de la même cour en l'année 1493, sous le règne de Charles VIII. (D'AIGREFEUILLE, *Hist. de Montpellier*, t. II, p. 409.)

Charles VIII ne laissa pas d'enfants. Son cousin, le duc d'Orléans, lui succéda sous le nom de Louis XII en 1498.

Suivant la coutume, à la mort du roi, toutes les places devenaient vacantes. Le successeur, en montant sur le trône, confirmait les officiers dans leurs emplois respectifs et validait de la sorte les opérations faites durant la vacance.

Le 20 juin de la même année, Louis XII, par lettres patentes données à Senlis, maintint donc dans leur charge les officiers royaux de Montpellier.

C'est ainsi que Louis de la Croix resta à la présidence de cette assemblée, dont Raulin Boucaud était procureur et Jean Boucaud huissier.

Quatre ans auparavant, décembre 1494, Marguerite Raymonde avait dit tenir de l'évêque, au nom de ses enfants, le château de Teyran. Elle entrait de la sorte au lieu et place de son mari défunt et devait pour ce motif fournir au prélat l'albergue de dix chevaliers. (*Arch. dép.*, FULLOSI, not. f° 37.)

La redevance des dix chevaliers pour le château de Teyran s'était maintenue à travers les âges. Mais les seigneurs d'Assas avaient dû résilier leurs droits seigneuriaux sur Teyran. Et Marguerite Raymonde, contrairement aux chartes de 1228-1230 et 1235, ne sert plus l'albergue aux seigneurs d'Assas, mais la donne directement à l'évêque de Montpellier.

Le 14 mars 1514, le second des quatre enfants du premier mariage de Guillaume de la Croix, Godefroy ou Geoffroy,

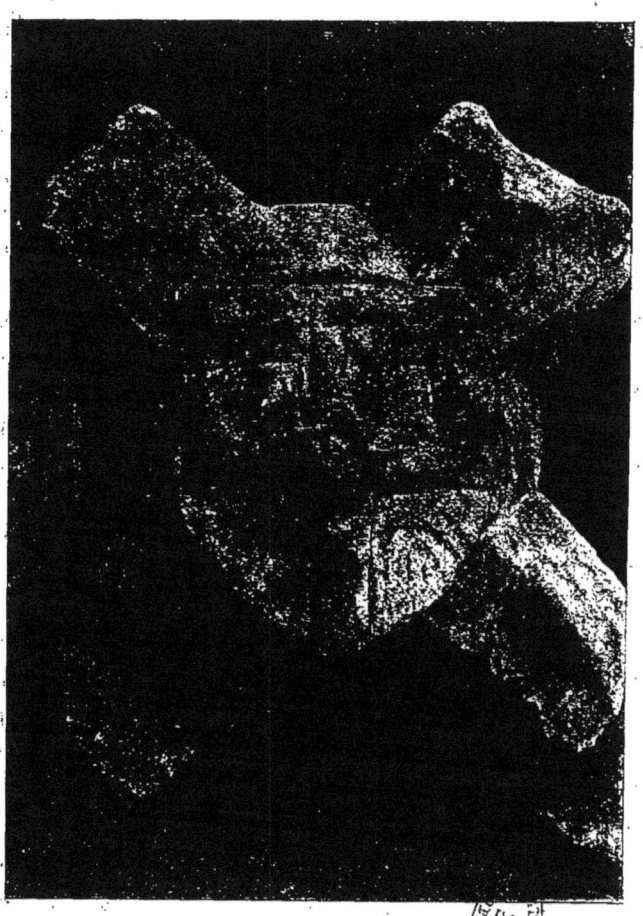

Écusson des de la Croix
(trouvé dans le mur de la maison Émilien Jeanjean).

trésorier des guerres du roi Louis XII, fit un testament par lequel il fondait une chapelle perpétuelle à Notre-Dame des Tables de Montpellier. (D'AIGREFEUILLE, *Hist. de Montpellier*, t. II, p. 389.)

Un de ses frères, Pierre de la Croix, secrétaire du roi, écuyer et seigneur de Teyran, fils du second mariage de Guillaume de la Croix avec Jeanne Boussevin, acheta des terres autour de Teyran pour la somme de 12 livres tournois. Ces acquisitions eurent lieu le 19 mars 1520. (*Arch. dép.*, SAPIENTIS, notaire, 1520, n° 15, f° 2.)

Le 18 juin de la même année ce même seigneur de Teyran, Jacou et Lunel-Viel donna à noble Anthoine de Sala, sous l'usage de 3 deniers tournois, deux pièces de terre sises dans la juridiction de Jacou. La contenance totale de ces terres était de 50 cétérées. (SAPIENTIS, notaire, 1520, n° 15, f° 17.)

Le 17 mai 1522 ce Pierre de la Croix fonda à perpétuité deux messes hebdomadaires.

Une pierre portant l'inscription de cette fondation fut trouvée dans l'ancienne chapelle du château.

Nous en donnons ci-dessous la reproduction.

Le texte de l'inscription est celui-ci :

« L'an 1522 et le 17 de Mai, noble M⁰ Pierre de la Croix seigneur des lieux de Theran et de Lunel-Vieuls, a fondé au présent couvent deux messes a diacre et soubs-diacre dictes perpétuellement en cette chapelle de Notre-Dame toutes les sepmaines, le lundi de *Requiem*, en la fin *Libera me* et les *exaudis*, et le vendredi une aultre grant messe, en la fin la passion basse, et chanteront tous les jours après vespres *Ave Regina cœlorum* en la chapelle.

« Dont pour ce faire le dit de la ✝ donne une maison près du collège des Médecins. Item donne trois carterades pratz asegans à Lattes en corrèges. Item cinq tapis de Flandre et les habillements nécessaires à la dite chapelle. Le tout appert par instrument pris par M⁰ Barthelemy Sapientis notaire réal de Montpellier, les ans et jours que dessus. »

Cette pierre, dite pierre de taille, a 1ᵐ30 de long, sur 0ᵐ60 de large et 0ᵐ17 d'épaisseur.

Au-dessus de l'inscription se trouve une croix avec le Christ. La sculpture en relief est un peu détériorée. Au-dessous du Christ est un écusson minuscule des de la Croix, cité plus haut. A chacun des côtés de la croix sur le même plan nous voyons un personnage dans l'attitude de la prière : c'est la sainte Vierge et l'apôtre saint Jean.

L'artiste en sculptant ces personnages a voulu plutôt fournir une ébauche qu'un travail bien fouillé.

En revanche il a concentré toute son attention et dépensé tout son savoir-faire à bien graver l'inscription, dont les caractères, vieux de près de 400 ans, sont généralement très-nets et dans un état de bonne conservation.

Cette pierre fut trouvée encastrée droit dans le mur du levant de l'église de Teyran à la hauteur approximative d'un mètre. Comme de par ailleurs nous savons que les seigneurs de notre localité s'étaient réservé le droit d'être ensevelis dans le chœur de cette église — ancienne chapelle du château (1) — et qu'en déblayant l'endroit où était cette pierre on trouva, en 1865, des ossements humains ; ce n'est point trop s'aventurer de dire que ces ossements étaient les restes du seigneur dont la pierre porte le nom. Les ossements, soigneusement recueillis et placés dans une caissette, furent portés dans le cimetière, et, sur le désir exprimé par M. Jeanjean-Bonnieu, déposés dans le tombeau de famille que ce dernier venait de construire.

Lors de la désaffectation de l'église de Teyran en 1865 pour son utilisation en sous-sol des écoles et de la mairie, M. Banal, maire, transporta la pierre de l'inscription dans sa propriété au « Mas de Banal. »

M. Rith, devenu acquéreur de cette campagne, garda l'inscription ; quand, à son tour, il eut vendu le mas, il prit cette pierre dans son nouveau domaine à Malrives.

Elle y est encore.

(1) État des paroisses du diocèse de Montpellier, 1684, G IV, n° 15. — 1688, G IV, n° 16.

Inscription 1522 de Pierre de la Croix

Comme nous le verrons, il est fait mention de cette pierre par le prieur Antoine Vincent lors des visites pastorales accomplies à Teyran, en 1657.

M. Vincent fit remarquer à Mgr Charles de Pradel la présence d'une pierre du côté de l'épître dont l'inscription « difficile à déchiffrer » portait la fondation d'une chapellenie.

Le même prieur, recevant Mgr de Pradel en 1677, lui fit au sujet de l'inscription des remarques identiques à celles de 1657.

Cette inscription appartient-elle réellement à une fondation faite en la chapelle du château, ou bien y a-t-elle été apportée d'une autre église, celle des dominicains de Montpellier par exemple ?

Il semblerait que la chapelle de « Notre-Dame de Grâces » de Teyran devrait la revendiquer. La pierre gravée est signalée en cette paroisse en de nombreuses visites pastorales : 1632 ; 5 décembre 1657 ; 26 avril 1677 ; 2 mai 1691 ; 7 octobre 1698 ; 2 novembre 1749 ; 26 septembre 1773. Elle est signalée encore dans l'état des paroisses de Montpellier 1684. G, IV, n° 15 et 1688. G, IV, n° 16.

Cet argument, examiné de près, perd de sa valeur. Les procès-verbaux ci-dessus sont postérieurs de plus d'un siècle à la fondation de 1522. S'ils constatent la présence de l'inscription dans l'église du château de Teyran dès 1632, ils ne témoignent point qu'elle y était depuis 1522, ni qu'elle ait été faite pour cette église.

Nous préférons soutenir qu'elle a été gravée pour un couvent de Montpellier, celui des Dominicains.

L'examen attentif de l'inscription semble bien l'indiquer. 1° En effet les mots : *diacre et sous-diacre... présent couvent... chanteront tous les jours après vêpres Ave Regina cœlorum en la chapelle...* paraissent inapplicables à la petite église du château, où les offices devaient se faire d'une façon espacée à cause de son éloignement de l'église paroissiale, située à Aubeterre ; 2° de plus, ces mots laissent supposer la présence dans l'église d'un certain nombre de prêtres et le chant régulier de l'office ; 3° nous ne voyons pas non plus comment l'auteur de l'inscription aurait pu se tromper au point de faire *couvent* synonyme d'église ; et 4° il n'y a jamais eu de couvent ni dans l'enceinte de Teyran, ni dans son territoire.

Pourquoi plaçons-nous cette inscription plutôt au couvent des Dominicains qu'en tout autre ? 1° parce que dans une visite pastorale, celle de 1749, il est spécifié que les messes de la fondation peuvent être dites « à Teyran ou dans l'église des Dominicains à Montpellier ». Nous voyons là après de nombreuses variantes un retour aux obligations premières. Seule, une corrélation directe entre l'église des Dominicains et l'inscription explique la clause de la visite de 1749.

2° A cause de l'estime particulière que les de la Croix professaient pour cet ordre. Une preuve nous en est donnée par le livre des fondations de messes du couvent des Dominicains de Montpellier, déposé aux archives départementales de l'Hérault. Ce manuscrit, où sont marquées les fondations tant anciennes que modernes, fut composé en trois reprises : en 1700, sur spéciale délégation du pape Clément XI, par M. de Burta, chanoine de l'église abbatiale de Saint-Sernin de Toulouse et grand vicaire de M. l'abbé de cette église ; en 1708, sur la sollicitation du frère Joseph Mayel, provincial de la province toulousaine, par les soins du frère Jean Margoet, religieux du couvent de Toulouse ; et en 1719 par ceux du frère Pierre Bernard Joffre, du même couvent.

Dans ce recueil et dans une feuille annexe nous relevons deux fondations différentes en faveur de cet ordre, faites par un Pierre de la Croix. L'une, passée le 29 août 1514, fut reçue par Louis de Lestrade, notaire apostolique ; l'autre, passée le 16 mars 1516, fut reçue par Jean de Penderia, notaire.

Ces fondations si rapprochées de celle de 1522 ; le nom du fondateur, pareil dans les trois actes ; d'autre part l'arbre généalogique des de la Croix qui nous fournit du moins à cette époque, un seul personnage de ce nom, et ce personnage était le seigneur de Teyran : toutes ces indications nous ont vivement sollicité à identifier la fondateur de 1514 et 1516 avec celui de 1522.

3° De tout temps les seigneurs de Teyran ont témoigné leur attachement à cet ordre religieux. Dans l'église actuelle de Saint-Mathieu, ancienne chapelle des Dominicains — chapelle qu'il ne faut pas identifier, pour l'emplacement, avec celle de 1562 — on peut voir, chapelle de la Vierge, la pierre tombale de Thomas Marie de Bocaud, seigneur de Teyran, décédé le 7 juillet 1788, dont voici l'épitaphe :

ICI REPOSE Messire Thomas Marie de BOCAUD
Chevalier non profès
de l'ordre de Saint-Jean de Jérusalem

DÉCÉDÉ LE VII JUILLET MDCCLXXXVIII AGÉ DE LXV ANS

digne de mémoire par les qualités de son âme douce et bienfaisante remplie d'honneur et de religion, d'une piété austère et d'une noble simplicité, cher à ses concitoyens auxquels il fut constamment utile, mais digne surtout d'être rappelé au souvenir des fidèles par sa vie édifiante et les vertus chrétiennes qu'il a si bien pratiquées jusqu'à son dernier jour. La tendresse conjugale s'est honorée de lui offrir ce témoignage de respect, d'attachement et de reconnaissance. Priez Dieu pour lui et pour son épouse.

On pourra bien objecter que si la fondation avait été faite, comme nous le soutenons, au couvent des Dominicains, le livre *des fondations de messes*, dont nous venons de parler, en porterait trace. L'objection est d'assez mince importance. Ce registre a été composé au début du XVIIIe siècle d'après les documents qui avaient échappé à la destruction du couvent en 1562. Seules y sont mentionnées les anciennes fondations dont on a retrouvé les actes notariés. C'est ce qui explique d'ailleurs la quantité si minime de fondations anciennes dont il soit fait rappel. L'absence d'inscription sur ce livre de celle de 1522 n'est donc pas une preuve en faveur de l'objection, car tous les documents où il est question de cette fondation constatent « la disparition du titre primitif ».

Ainsi deux visites pastorales, celle de 1632 et celle de 1773, parlent de ce titre ; mais la première ne sait s'il est entre les mains du prieur de Crès ou de Mre de la Croix, viguier ; et la seconde, après avoir dit qu'il est en la possession du prieur de Jacou, le place en même temps, cinq ou six lignes plus bas, en celle de M. de Bocaud.

Ces affirmations contradictoires sont de nulle valeur contre notre affirmation sur la perte de ce titre. Et de plus si à un moment quelconque on l'avait retrouvé, comme de prime abord le laisseraient croire les deux visites ci-dessus, on n'aurait point manqué de préciser, de fixer une fois pour toutes, les obligations, toujours changeantes, de cette fondation et de s'y conformer.

Comment l'inscription, placée au couvent des dominicains, s'est-elle, dans la suite, trouvée à Teyran ? Voici notre explication :

Au XVIe siècle les guerres de religion jetèrent le trouble dans nos régions. A Montpellier les églises et les couvents furent pillés, les tombes violées et les cadavres jetés à la voirie. Avant la destruction du couvent des Dominicains (1) M. de Bocaud, successeur, pour le château de Teyran, de Pierre de la Croix, voulant préserver sa tombe, fit enlever la pierre gravée, recueillit les ossements et secrètement fit transporter le tout à Teyran.

Comme les seigneurs s'étaient réservé le droit d'être ensevelis dans le chœur de l'église, M. de Bocaud y fit creuser une tombe pour recevoir les restes mortels de Pierre de la Croix. Le tombeau fut scellé de la pierre à inscription. Le temps s'écoula.

(1) Détruit par les calvinistes en 1562. (Société arch., t. IV, p. 175.)

Dans la tourmente religieuse disparurent les titres de fondation. Les biens affectés à ces services furent aliénés ou détruits.

De ce fait la situation était changée.

Le corps de Pierre de la Croix reposerait désormais à Teyran. Les biens attachés à la fondation étant perdus, les seigneurs de la localité prirent de nouvelles dispositions. Ils agirent comme si la fondation de 1522 avait été instituée dans l'église du château. Ils traitèrent de gré à gré avec le prieur. Celui-ci dirait pour la fondation un certain nombre de messes. Et en échange les seigneurs lui firent cession de biens situés dans Teyran. Charges et bénéfices, soumis aux volontés changeantes, se modifièrent à plusieurs reprises. Les visites pastorales en témoignent. Un instant même, en souvenir sans doute des biens primitivement affectés à la fondation, on donna à cette chapelle les revenus d'une maison et d'un four à Montpellier.

Les rares témoins du transport de l'inscription et des cendres de Pierre de la Croix disparurent peu à peu. Et quand plus tard, en 1657, la génération nouvelle, ignorante de la translation, parla de cette inscription, elle crut de très bonne foi que cette pierre était là depuis la date gravée dessus.

Telle est la donnée de notre hypothèse préférée. Un document important, l'acte du notaire Barthélemy Sapientis, 1522, aurait tranché la difficulté dans un sens ou dans l'autre. Malgré nos recherches nous n'avons pu le retrouver.

Si la famille de la Croix unissait aux plus hautes charges de la société une vie profondément chrétienne, la famille de Bocaud (1), qui, depuis fort longtemps, avait des intérêts dans notre paroisse, comme nous l'avons constaté dans un

---

(1) Ce nom est orthographié indifféremment dans les mêmes actes : Boucaud, Baucaud, Bocaud. La forme Bocaud étant la dernière en date nous nous servirons uniquement de celle-ci.

acte de vente de terrain par Béatrix de Saint-Gervais, en 1291, et dont les membres devaient succéder à ceux des de la Croix, comme seigneurs de Teyran, était également animée de sentiments très chrétiens. En 1544, le président de Bocaud fonde une chapellenie pour laquelle il donne une maison à l'église Saint-Denis, dont les biens furent plus tard unis à celle de Notre-Dame des Tables. (D'AIGREFEUILLE, *Hist. de Montpellier*, t. III, p. 381.)

IX. Ajoutons à tout ceci une indication sur les tailles de Teyran au début du XVIe siècle.

Au moment où François Ier signait, en 1526, le traité de Madrid qui lui rendait la liberté, on faisait dans le diocèse de Maguelone l'évaluation des biens contribuables. Le 19 mars 1526, un arrêt des généraux des aides estima les tailles dans le diocèse à la somme globale de 368.103 livres. Le village de Teyran y était compris pour la somme de 2.204 livres. (Dom VAISSETE, *Hist. Gén. de Languedoc*, t. XII, p. 394-395.)

X. Mentionnons aussi quelques prieurs de cette paroisse dans ces temps éloignés.

Pierre Alméras, prieur d'Aubeterre, assiste comme témoin, dans deux reconnaissances de terres, faites en 1278 par Pons Alamand et Guillaume Colomb.

En 1318, un acte de vente de terrain, faite par Jeanne Negrète, dans Saint-André d'Aubeterre, signale le domaine de messire Jean Jourdan, prêtre. Ce dernier était-il prieur, prêtre résidant ou natif de cette paroisse? Nous l'ignorons.

Jacques Raduci, ayant appris la vacance du prieuré de Saint-André d'Aubeterre de Teyran, par la mort du prieur Guillaume Albareti, sollicite et obtient du Souverain Pontife ce prieuré. Le 7 septembre 1415, il présente ses bulles pour en prendre possession. (Georges ARNAUD, notaire, 1417, f° 127.)

Le 12 juillet 1457, Bertrand de Mansis (Dumas) est curé de Teyran. Nous avons vu que les deux termes Teyran et Aubeterre s'employaient indifféremment pour la désignation de la paroisse dont l'église était à Aubeterre. Bertrand assiste à la publication du testament d'une personne de Saint-Vincent de Barbeyrargues. (Marcel ROBAUD, notaire, 1457, n° 22, f° 28).

Le 2 juin 1481, Guillaume Balemanni, bachelier en l'un et l'autre droit, protonotaire du Saint-Siège et prieur de Saint-André d'Aubeterre de Teyran, résigne son prieuré.

L'évêque à qui appartient la collation de ce prieuré, le donne à Pons André qui en prend possession. Il est intronisé par Antoine Corbele, curé de Teyran. Il prend aussi possession de la chapelle de Notre-Dame de Teyran « *eidem annexe infra eamdem ecclesiam* ». (MARINI, not., f° 158). Le vocable de cette chapelle est donc indépendant de la fondation de Notre-Dame. L'église du château portait déjà ce titre quand y fut placée l'inscription de 1522. La similitude des noms de la chapellenie et de l'église ne permet donc pas d'y voir une relation de cause à effet.

LIVRE II

Du Protestantisme à la Révolution

CHAPITRE PREMIER

Les De Bocaud, seigneurs de Teyran. — Les désordres protestants.

Vers la fin du XVI° siècle, la famille de Bocaud, qui donna tant de ses membres à la magistrature, succéda aux de la Croix dans la seigneurie de Teyran.

Le président de Bocaud se maria avec Marie de la Croix, fille de Jean de la Croix, seigneur de Teyran, et de Louise de Sarra, son épouse.

Ce Jean de la Croix était le frère d'Antoine de la Croix, seigneur de Montvilla, et de Marie de la Croix qui épousa Chef-de-Bien, président à Montpellier.

Tous les trois étaient les enfants de Pierre de la Croix, écuyer, seigneur de Teyran, viguier de Montpellier, mentionné dans l'inscription de 1522.

Dans les *Chroniques de Languedoc*, tome IV°, page 9, nous trouvons une communication de M. de la Roque sur l'armorial de la cour des comptes, aides et finances de Montpellier, extrait des registres de la Bibliothèque Nationale, et où le blason du président de Bocaud est ainsi décrit : d'azur à trois glands tigés et feuillés posés deux et un, surmontés d'une étoile, le tout d'or.

Dans la seconde moitié du XVI° siècle, éclatèrent les guerres de religion ; de 1560 à 1629 la France fut désolée par des émeutes sanglantes. Un mot suffit à caractériser le protestantisme : à cause de son principe de libre examen, de la suprématie de l'esprit privé, il est le temple de la raison individuelle,

Le choc des guerres religieuses se fit sentir en nos régions méridionales. Les protestants s'emparèrent de la plupart des villes et des villages.

Maîtres de Montpellier, ils privaient les catholiques de toute liberté. Ceux-ci étaient les plus nombreux ; mais comme les moyens violents leur répugnaient, ils se gardaient bien de troubler les protestants dans leurs réunions et leurs assemblées. Aussi, au moment de la fête de Pâques, furent-ils obligés à se rendre à Castries, Vendargues et Teyran. Ces localités étaient alors la propriété de la maison de Castries. Le culte religieux y avait été sauvegardé grâce à la piété que les membres de cette famille n'ont jamais cessé de témoigner à la religion.

Les catholiques montpelliérains, échappant un instant à la contrainte protestante, se rendirent avec joie dans ces trois villages pour y accomplir leur devoir pascal. (D'AIGREFEUILLE, *Hist. de Montp.*, t. I, p. 443.)

Les protestants détruisirent l'église Saint Firmin de Montpellier en 1562.

Cette église avait plusieurs chapellenies, et parmi elles était celle de Notre Dame, fondée par Bernard Cabanier, prieur de Teyran. (D'AIGREFEUILLE, *Hist. de Montp.*, t. III, p. 375.)

La même année les protestants, par l'intermédiaire des consuls de Montpellier, mirent en arrentement les biens des prieurés dont ils s'étaient rendus maîtres. Le 7 décembre 1562 le consul François Maigret, dans la maison consulaire, fixa la mise à prix du bail pour Teyran à 150 livres.

Un nommé Montagnac l'afferma 215 livres. Le lendemain, 8 décembre, il y eut surenchère. Il fut affermé 314 livres 15 sols 8 deniers par Chandon. (Arch. dép. *Livre de vente du temporel*, G. VI, n° 32, f° 24.)

En l'année 1590, dans le rôle du département fait pour l'aliénation du temporel du clergé de Montpellier sur les ecclésiastiques, Teyran fournit la cotisation, portée à 65 écus. (Arch. dép., *Livre de vente du temporel*, G. n° 33.)

Sur ces entrefaites Henri Ier, duc de Montmorency, chargé du gouvernement du Languedoc, convoqua à Montagnac les États royalistes afin d'obtenir des subsides pour permettre à Henri IV la lutte contre les derniers ligueurs. La tenue de cette assemblée, commencée le 3 octobre 1592, prit fin le 23 du même mois. Les réunions se firent dans la maison du sieur de Connas. Elles furent présidées par l'évêque de Montpellier, assisté des évêques de Nimes, Agde, Saint-Pons. Le duc et son fils, le comte d'Offemont, demandèrent les sommes ordinaires et le maintien de certains impôts pour frais de guerre. (Dom VAISSETE, *Hist. Gén. de Languedoc*, t. XI, p. 828.)

Jaloux de leur indépendance les États ne voulurent pas ouvrir leur porte à Jean de Bocaud, procureur général de la cour des aides de Montpellier et député de cette ville, en raison de sa qualité d'officier du roi.

Pierre de Bocaud fut élu premier président de la cour des aides en 1605 Il se lia d'amitié avec le célèbre jurisconsulte Nicolas Claude Peiresse, attiré d'Italie par Henri IV et professeur à Montpellier vers cette époque. En 1606 Peiresse lui dédia son grand ouvrage sur les constitutions impériales, sur les pandectes, sur le code et sur les décrétales. (D'AIGREFEUILLE, *Hist. de Montpellier*, t. III, 2me partie, livre XIIme.)

Après l'assassinat de Henri IV, la reine-mère dans le dessein d'enlever aux protestants tout prétexte de révolte écouta leurs doléances et donna des ordres pour satisfaire leurs désirs formulés dans l'assemblée de Saumur.

A cette fin, elle envoya des commissaires dans les provinces ainsi que le portent les manuscrits de Brienne n° 216. Le bas Languedoc et le Vivarais furent confiés aux soins de Caumartin et des présidents de Vignoles et de Bocaud.

Les protestants obtinrent, le 2 juin 1611, la permission de garder encore durant cinq années les places précédemment cédées pour leur sûreté.

Toutes ces concessions de la reine-mère témoignent bien de son désir d'apaiser le conflit religieux et d'entretenir la paix dans le royaume. (Dom VAISSETE, *Hist. Gén. de Languedoc*, t. XI, p. 911.)

MM. de Caumartin, conseiller d'État, et de Bocaud, président aux aides de Montpellier, reçurent, en 1612, les plaintes des protestants de Saint-Bauzille-de-Putois. Ces religionnaires demandaient, conformément aux prescriptions de l'édit de Nantes, le libre exercice de leur religion et la jouissance de leur temple.

Au courant de cette démarche, l'évêque de Montpellier envoya au prince de Conti, gouverneur de la province, et au sieur de Bezons, intendant, l'ordre de faire abattre le temple de Saint-Bauzille-de-Putois.

Deux faits justifiaient les droits de l'évêque et sa décision :

1° Saint-Bauzille faisait partie de l'ancien domaine épiscopal. L'évêque, il est vrai, l'avait aliéné au baron de la Roquette pour les subventions faites au roi. Mais plus tard une déclaration royale remit l'évêque en possession de cette propriété.

2° Les quelques protestants de Saint-Bauzille, mettant à profit les troubles causés par leurs coreligionnaires à la mort de Henri IV, avaient demandé le rétablissement de la R. P. R. aux deux commissaires envoyés par Marie de Médicis.

M. de Caumartin et M. de Bocaud rendirent à ce sujet une ordonnance le 26 avril 1612.

Cette ordonnance portait obligation pour M. le baron de la Roquette, catholique, et pour les habitants de Saint-Bauzille, faisant partie de la R. P. R., de démontrer par actes et par témoins, par devant Mes Isaac Joubert et David Varanda, conseillers au siège présidial de Montpellier, si l'exercice de la R. P. R. avait eu lieu à Saint-Bauzille au temps et en la forme prescrits par l'édit de Nantes.

Le 1er mai l'enquête commence et se poursuit les jours suivants ; vingt-et-un témoins sont entendus. Leurs dépositions sont toutes unanimes en ceci :

1° Saint-Bauzille appartient à l'évêque de Montpellier, bien qu'au moment de l'édit de Nantes il fut en la possession du baron de la Roquette, gentilhomme catholique,

2° En aucun temps il n'y a eu, dans cette localité d'autre culte public, que celui de la religion catholique, apostolique et romaine.

3° En 1575 un tout petit nombre de protestants s'assemblèrent, il est vrai, dans une chambre et y chantèrent des psaumes. Mais cette unique tentative d'exercice de la R. P. R. ne fut jamais plus renouvelée devant le soulèvement général dont elle fut la cause dans le pays.

4° Les religionnaires de Saint-Bauzille-de-Putois se sont jusqu'à ce jour rendus à Ganges pour leurs exercices cultuels.

Les vingt-et-un témoins signèrent l'enquête. La conclusion des commissaires royaux était tout indiquée. Néanmoins, dans un but de conciliation, MM. de Caumartin et de Bocaud ne prirent aucune décision immédiate.

Le conseil d'État intervint par l'arrêt du 5 septembre 1612. (*Chroniques de Languedoc*, t. V, p. 50.)

D'après cet arrêt dit « de grâce, sans tirer à conséquence » le roi permettait aux ministres de Ganges de se rendre à Saint-Bauzille pour faciliter aux protestants l'exercice de leur religion.

Les habitants de Saint-Bauzille, étonnés de la décision royale, résolurent de s'opposer à la mise en exécution d'un arrêt dont une méprise regrettable pouvait seule expliquer l'existence.

Le 24 mai 1613, ils s'assemblèrent et, dans une nouvelle délibération, mirent en évidence les points suivants :

1° Il n'y a jamais eu permission du roi de bâtir un temple.

2° L'exercice de la R. P. R. n'y a jamais été public.

3° L'arrêt de 1612 a été donné par subreption, les pièces des catholiques n'ayant pas été vues.

4° L'arrêt a été donné par grâce.

5° L'évêque, seigneur de Saint-Bauzille, n'a pas été entendu. Se basant sur l'édit de Nantes le prélat a ordonné aux religionnaires la cessation de l'exercice de leur culte.

La lutte ne cessa pas immédiatement. Toutefois les catholiques finirent par obtenir gain de cause.

A Montpellier, le 15 décembre 1621, le jour même de la mort du connétable de Luynes, chef de l'armée royale, l'assemblée du cercle ordonna la destruction des églises et des couvents. Dans la nuit du 16 au 17 décembre les calvinistes rasèrent de nombreuses églises. Se portant aux plus graves excès, ils exhumèrent les cadavres et en dispersèrent les ossements.

Les magistrats, dans leur impuissance à réprimer de telles violences, engagèrent les catholiques à soustraire les prêtres et les religieux à la fureur des protestants et à les placer en lieu sûr.

Les ordres incendiaires du cercle furent exécutés dans presque toutes les localités du bas Languedoc. Teyran, Aubais et Fontanès furent peut-être les seuls villages préservés dans cette nouvelle tourmente religieuse grâce à l'intervention énergique et à l'heureuse influence des présidents de Bocaud et Rochemaure et du sieur de Combas. (Dom VAISSETE, *Hist. Gén. de Languedoc*, t. XI, p. 958.)

CHAPITRE II

Visites pastorales de Fenouillet, Bosquet et Pradel.

Au lendemain des troubles religieux, les évêques eurent à réparer de nombreux dégâts. Un grand nombre d'églises avaient été complètement brûlées, ou détruites en partie, avec leurs archives. La discipline était ébranlée, la vie paroissiale désorganisée.

Fenouillet employa au relèvement du diocèse de Montpellier la même énergie dont, pas un instant, il ne cessa de donner des preuves dans la lutte contre les hérétiques. Si son caractère, d'une fermeté très accentuée, trouva la contradiction, il ne l'empêcha point de travailler efficacement au bien général de ses diocésains.

Comme un pasteur vigilant, il parcourut les paroisses, éclaira et dirigea le zèle des prêtres et des fidèles, fit reconstruire les églises démolies, et, par des ordonnances prises à la suite de toute visite, il précisa méticuleusement à chaque localité les devoirs spéciaux résultant de l'état où elle se trouvait.

Dans ses tournées pastorales, l'évêque était accompagné d'un secrétaire chargé de consigner par écrit le compte rendu exact des visites, que le prélat authentiquait par l'apposition de sa signature.

Les successeurs de Fenouillet, durant le XVIIe siècle et le XVIIIe, firent de même.

Les comptes rendus des visites pastorales de 1632 à 1780, réunis en volumes, forment 21 gros registres aux archives départementales.

Cette collection est d'une valeur inappréciable pour l'histoire religieuse du diocèse à cette époque. Mais ces manuscrits, étant pour la plupart inédits, il serait prudent de les imprimer au fur et à mesure afin d'empêcher leur perte, toujours possible, et ne pas la rendre irréparable.

Pour notre part nous donnerons un exemplaire de la visite faite par chaque prélat à Teyran. De 1632 à 1780 sept évêques, venant dans notre paroisse, les uns une seule fois, les autres à plusieurs reprises, y firent en tout douze visites.

Fenouillet visite en 1632 l'église de Saint-André-d'Aubeterre. Sans reproduire intégralement le texte, nous en donnons toutes les parties essentielles, tâchant même de conserver à la phrase sa forme archaïque.

...Nous serions partis pour aller visiter l'église et prieuré Saint-André-d'Aubeterre de Teyran; où étant, avons été reçu en procession par M. Charles Bourguet, prieur de la dite église et accompagné de Léon Dumas, François Bedos, François Marty, consuls du dit lieu, Pierre Bedos, Fulcrand Sadoule et autres, avec lesquels avons visité la dite église ; avons de plus fait les cérémonies et oraisons accoutumées ; et ensuite avons dit aux habitants le sujet pour lequel nous étions venus au dit lieu, à savoir donner le saint-sacrement de confirmation à ceux qui ne l'avaient pas reçu, et procéder à la visite de l'état de la dite église, et inventaire des ornements qui sont dans cette église.

Avons incontinent administré le sacrement de confirmation, visité l'état de la dite église et inventorié les ornements qui sont en icelle comme suit :

L'autel est bâti d'une grande pierre avec sa pierre sacrée; trois nappes moyenne valeur, une nappe vieille; un devant d'autel doublé de toile rouge; un rétable peint, un crucifix, Notre-Dame, St André et autres figures, garni de son cadre voilé de noir et de degrés peints ; deux calices avec leur patène; l'encensoir, reliquaire et un lampier ; deux chandeliers en laiton; deux chandeliers de bois doré ; une croix sur l'autel aussi dorée; une croix processionnelle de laiton ; un registre ; deux missels imprimés de Lyon in-folio, moyenne valeur ; autre missel in-4° vieux ; un rituel de Paul V ; un calice avec patène d'argent, un corporalier incarnat et blanc garni de deux corporaux ; deux voiles de calice, l'un de taffetas blanc garni d'une dentelle d'or fin et une croix de clinquant aussi d'or ; deux chasubles damasquinées, une de damas blanc, moyenne valeur, l'autre incarnat et blanc neuve ; deux autres avec leur amict ; un vase en cuivre pour contenir l'eau baptismale ; un fanal aussi en cuivre ; deux rayons ; deux clochettes pour l'élévation, un pluvial de droguet à fleur incarnat.

La nef et presbytère de l'église sont boisés et couverts de tuile. Il y pleut en divers endroits.

Au fond de la dite église, une fenêtre avec une cloche pesant deux quintaux ; un clocher en pierre à l'entrée du presbytère ; la dite église est pavée.

Et avons ordonné et ordonnons que dans le mois le prieur fera faire un clocher à la dite église et monter la cloche, accommoder le couvert des fonts baptismaux de pierre fermant à clef, acheter un ciboire et salut d'argent, établir le bassin du purgatoire, un fanal, un voile à l'autel et un parement à icelui doublé de noir. S'il n'obéit pas, on saisira le revenu.

Deuxièmement avons enjoint aux habitants de rétablir le bassin du purgatoire et, au dit effet, d'élire un bassinier, lequel sera tenu de rendre compte de l'argent perçu annuellement au dit prieur, auquel nous enjoignons de célébrer la messe tous les lundis pour les morts et aller donner l'absolution au cimetière, faire la doctrine chrétienne tous les dimanches à 1 heure après midi, à peine de prison.

Le dit procureur fiscal a dit qu'audit lieu il y a un hopital duquel dépendent plusieurs biens que lesdits consuls ont laissé dépérir ; il demande qu'ils rendent compte des recettes. Les consuls répondent que les biens dépendant de l'hopital, étant de fort peu de revenu, ont été baillés en arrentement à des particuliers, habitants du dit lieu, pour les tailles tant seulement, lesquels n'en peuvent rendre compte à cause des grandes charges qu'ils s'imposent annuellement.

L'évêque maintient l'ordonnance du procureur fiscal.

Le procureur fiscal a dit avoir appris qu'il y a dans cette église une chapelle fondée en l'honneur de Notre-Dame, tous les biens de laquelle en dépendant ont été aliénés et sont à présent jouis par la dame de Boucaud, seigneuresse du dit lieu. Il requiert en conséquence d'enjoindre aux consuls de déclarer s'ils savent quelles personnes ont la fondation de la dite chapelle. Les habitants disent avoir ouï dire que le prieur de Crès a la fondation de la susdite chapelle ; ce que entendu par M. Crespin, prêtre, étant à notre suite, a soutenu au contraire que le sieur de la Croix, ci-devant viguier en notre temporalité, a la dite fondation.

C'est la première et dernière visite pastorale connue faite à Saint-André-d'Aubeterre. Son église un peu délabrée au sortir des guerres de religion, tombera insensiblement en ruine et cessera bientôt de servir au culte. Elle est totalement disparue aujourd'hui. Orientée face au sud, elle avait vingt mètres de long sur neuf mètres de large suivant le tracé des fondations.

Mgr de Fenouillet ordonna bien des réparations et en particulier la construction du clocher ; mais les habitants, soit pénurie d'argent, soit crainte d'une trop grande dépense ne mirent pas à exécution les ordres de l'évêque. Peut-être même le vrai motif de leur décision était-il dans le secret désir d'abandonner d'une façon définitive une église trop éloignée du centre des habitations. Depuis longtemps les gens s'étaient retirés à Teyran. Et si, en 1632, il restait encore des habitations à Aubeterre, elles devaient être fort peu nombreuses. La masse de la population était obligée, pour assister aux offices religieux, de se déplacer et de faire le trajet assez long de Teyran à l'église. On comprend dès lors le manque d'empressement des intéressés à faire à cet édifice les réparations nécessaires. D'autre part ils escomptaient sans doute la générosité du seigneur de Teyran, qui s'empresserait de mettre à leur disposition la chapelle du château au cas où l'église paroissiale deviendrait inutilisable. Cette cession en effet eut lieu qui semble justifier cette hypothèse.

Les objets du culte signalés dans l'inventaire sont d'une quantité assez restreinte. Et seule la cuvette de cuivre rouge pour les eaux baptismales est parvenue jusqu'à nous.

L'évêque ordonna au prieur la célébration, tous les lundis, d'une messe pour les âmes du purgatoire, suivie de l'absoute au cimetière. La pieuse pratique de la messe du lundi est toujours en honneur dans la paroisse. Si alors l'absoute au cimetière était un complément à la messe c'était en raison de sa proximité. Il était attenant à l'église.

Le procureur fiscal signala l'existence d'un hôpital à Saint-André-d'Aubeterre-Teyran et la négligence des consuls à la conservation de ses biens. Cet hôpital était de date très ancienne. On en trouve trace dans un acte de la fin du XVᵉ siècle. Dans le notaire *Asteri*, 1491, n° 48, folio 186 (arch. dép.), nous relevons en effet, le 13 octobre 1497, la vente d'un jardin, sis au portail de Teyran, et confrontant le chemin qui de l'hôpital conduisait à l'église paroissiale Saint-André-d'Aubeterre ...*cum itinere tendente de hospitali dicti loci versus ecclesiam parrochialem dicti loci.*

Le procureur parla aussi de la fondation de la chapelle Notre-Dame, probablement celle de 1522. Le titre de fondation était disparu. Les biens attachés à cette chapellenie étaient possédés par la seigneuresse de Teyran.

Le prélat ordonna la recherche du titre.

Tel est, relativement à Saint-André-d'Aubeterre, le compte rendu de la seule visite pastorale de Fenouillet arrivée à notre connaissance. Ce prélat, nous le savons aujourd'hui, parcourut à trois reprises différentes, 1612, 1632, 1643, toutes les paroisses de son diocèse. Seulement des registres où les visites étaient écrites, un seul nous est parvenu, celui de 1632; les deux autres auraient disparu.

7

Leur trace toutefois a été relevée.

Les procès-verbaux de 1632 font en divers endroits mention de la visite 1612. Celle de 1643 est signalée par M. Vézian *Histoire de Valergues* dans la *Revue Historique du diocèse*, n° du 15 octobre 1909, page 185.

La visite relatée après celle de 1632 est de Bosquet en 1657. Entre les deux, des événements se sont produits qui ont modifié la situation.

L'église d'Aubeterre, à demi ruinée, a été délaissée. Celle du château a été gracieusement mise à la disposition de la population. C'est là où M. Vincent, prêtre, natif de la paroisse, reçoit, comme prieur de Teyran, l'évêque successeur de Fenouillet. Dans cette visite il est fait mention de 95 communiants. Ce chiffre indique suffisamment la petitesse du village. L'inventaire du mobilier cultuel est, à peu de choses près, la reproduction de celui de 1632 fait à Aubeterre. Les habitants avaient donc transporté dans leur nouvelle chapelle les objets du culte de l'église abandonnée. Nous retrouvons le tableau de Saint-André, patron de la paroisse, dont nous suivons la trace jusqu'à la Révolution pour la perdre ensuite.

La cloche de l'église de Saint-André-d'Aubeterre a été apportée dans la chapelle du château affectée au service paroissial. L'évêque l'y trouve inutilisée dans un coin. Il ordonne pour elle la construction d'un campanile au-dessus de la porte d'entrée.

Dans cette visite il est parlé pour la première fois d'une inscription relative à la fondation de la chapelle de Notre-Dame. C'est l'inscription déjà mentionnée de 1522.

En rapprochant les textes de 1632 et de 1657, où il en est fait mention, nous trouvons une preuve qui appuie celle donnée plus haut et nous permet d'attribuer à Fenouillet une visite pastorale du diocèse postérieurement à 1632. Dans la visite faite à cette date (1632), le procureur de l'évêque signale l'existence d'une fondation (celle de 1522) dont le titre disparu est, d'après les habitants, entre les mains du prieur du Crès ; d'après l'abbé Crespin, il est au contraire entre celles du sieur de La Croix, viguier. Le prélat, en l'absence du titre de fondation, ne porte aucune ordonnance réglant le service de cette chapelle. Or, dans le procès-verbal de 1657, nous lisons que les habitants de Teyran n'ont ni le titre de fondation, ni les ordonnances de Fenouillet réglant le service de la chapellenie.

Les procès-verbaux de 1632 qui ne portent point d'ordonnance relative à la fondation et ceux de 1657, mentionnant une ordonnance de Fenouillet à ce sujet, ne se peuvent concilier que si nous admettons une visite de ce prélat à Aubeterre-Teyran après celle de 1632.

C'est dans cette visite (1643, d'après M. Vézian) que Fenouillet aurait réglé le service de cette fondation de 1522, non en se basant sur le titre primitif perdu en 1562, mais après arrangement à l'amiable avec les héritiers du fondateur.

Et c'est à cette ordonnance que ferait allusion le compte rendu de 1657.

La visite de 1657 nous renseigne sur la valeur du bénéfice de Teyran. Il valait 400 écus. Le prieur n'avait pas de logement. Son avoir avait été aliéné lors de la vente du temporel par les protestants. Il fournissait annuellement à l'évêque une redevance de 24 sétiers de blé et à M. Fages une pension de 350 livres.

Bosquet à la fin de sa visite porta une ordonnance où il détailla aux habitants et au prieur leurs obligations respectives concernant la vie paroissiale. Deux points principaux attirent notre attention. Le prieur devra recouvrer les biens aliénés de l'église. Les consuls auront soin de faire choix, aux environs du village, d'un terrain convenable pour un cimetière. Les habitants de Teyran avaient délaissé leur église de Saint-André-d'Aubeterre à cause de son éloignement. Comme le cimetière était attenant à cette église, ils voulurent, pour le même motif, ne plus l'utiliser. Approuvé par l'évêque, leur dessein, après bien des vicissitudes, fut réalisé seulement au lendemain de la Révolution.

Voici le texte de la visite pastorale de Bosquet.

L'an 1657 et le 5 décembre, Mgr venant de Jacou, étant arrivé au lieu de Teyran, a été reçu par M. Antoine Honoré L. Vincens, prêtre, natif du dit lieu, prieur de la dite paroisse, les consuls et habitants du dit lieu ; où après avoir donné le sacrement de confirmation à 50 personnes, et celui de l'eucharistie à 70, ou environ, et fait les autres choses comme cy dessus, a procédé à la visite de la dite église et de ses ornements comme s'ensuit.

L'église est couverte d'un plancher de bois et de tuiles ; l'autel est de pierre, où s'est trouvé une petite pierre sacrée ; trois nappes, deux desquelles sont bonnes ; un gradin de bois ; un tableau avec son cadre, où il y a un crucifix, une vierge, un st André, qui est le patron de l'église, et un ciel de toile peinte.

Du costé de l'epitre est une petite sacristie, où il y a un calice d'argent doré, une chasuble de ligature blanche et rouge, une aube, amict et cordon, trois corporaux, deux palles, six purificatoires, un voile de calice rouge, un noir, un bon missel, un devant d'autel, un autre de toile peinte, et un autre de toile d'Arménie, deux chandeliers de leston, une croix processionnelle de leston, une cuvette de cuivre pour les eaux baptismales.

Il y a dans l'église une chaire de pierre sans ciel, et une cloche sans clocher.

Le dit prieur a dit qu'il y a une chapelle à l'honneur de Notre-Dame, dont on n'a point la fondation, ni les ordonnances de Mgr de Fenouillet qui en règlent le service. Et à même temps a veu dans l'église un vieille inscription qui marque la fondation d'icelle.

De plus a dit qu'il y a un hospital qui a quelques terres ; qu'il y a dans la paroisse 95 communiants. Qu'il y a un bassin de l'œuvre, un des esclaves et un du purgatoire ; que le benefice vaut environ 400 ecus ; qu'il faict pension à l'Évesque de Montpellier de 24 cestiers de tousselle ; qu'il faict une pension à M. Fages de trois cens cinquante livres ; qu'il y a un jardin et une olivète de la dominicaine aliénée par la vente du temporel ; qu'il n'y a point de maison claustrale ; que l'ancienne église paroissiale est ruinée, qu'il en reste les murailles, que le cimetière est joignant icelle, lequel estang loin du dit lieu et incommode, les habitants désirent d'en avoir un autre plus proche du dit lieu de Teyran.

Sur la réquisition de M. Timothée Tournery, procureur fiscal, monseigneur a ordonné que le dit prieur baillera dans l'an à la dite paroisse les choses qui s'ensuivent. C'est à scavoir un soleil et un ciboire d'argent; un devant d'autel de ligature de diverses couleurs, et un autre de camelot noir; une nappe d'autel; quatre petits essuy mains pour icelui; une pierre sacrée de grandeur convenable; trois chasubles et trois bourses à corporaux de camelot, scavoir une verte, une noire et une violette; trois voiles de calice de taffetas scavoir un blanc, un vert et un violet; un corporal; une aube; un amict et un cordon; une nape de communion; un fanal de fer-blanc et un ciel à la chaire.

Davantage a été ordonné que le dit prieur fera faire des fonts baptismaux de pierre, couverts de bois en forme de dôme fermant à clef, bastir un clocher où sera mise la cloche, qui est dans la dite église et une maison claustrale, le charroy des matériaux et manœuvre de laquelle les dits habitants fourniront; qu'il dira tous les lundis la messe pour les trépassés de la dite paroisse, sauf qu'il y eust empechement, auquel cas elle sera transférée en un autre jour de la sepmaine, dont il avertira le peuple au trône du dimanche précedent, auquel jour de lundi le bassinier du purgatoire lui baillera ce qu'il aura questé; que le procureur de l'hospital et autres bassiniers rendront annuellement compte devant le dit prieur, et présents ceux qui de droit y doivent assister; que les terres et biens appartenant à l'hospital seront affermés pour la rente d'iceux estre employée au soulagement des pauvres catholiques seulement; que le dit prieur remettra dans quinzaine la fondation, titres, ordonnance de feu M. de Fenouillet, et autres documents concernant la chapelle de Notre-Dame pour, iceux veus, être ordonné ce que de raison; qu'il recouvrera le bien de l'église qui est aliéné; et que les dits consuls et habitants assigneront un lieu propre et commode pour servir de cimetière, lequel estant clos et fermé de murailles, sera bénit par Monseigneur, ou par ses ordres, et y feront ériger une grande croix de pierre au milieu.

La lecture de cette visite pastorale donne l'impression du soin attentif de Mgr de Bosquet à ne laisser rien en souffrance. Les détails de toutes choses sont minutieusement examinés. Aussi le prieur de Teyran reçoit-il l'imposition de nombreuses charges.

En 1664 eut lieu à Teyran un fait important : le dressement d'un nouveau compoix.

Depuis longtemps des réclamations s'élevaient contre le compoix en vigueur. On demandait d'y apporter des modifications pour une meilleure répartition des impôts.

Dès l'année 1649, le seigneur et le baile de Teyran, en conformité des désirs de la communauté, apportèrent des retouches à ce compoix. M. de Guilleminet, propriétaire de Malrives, désapprouva l'initiative de messire de Bocaud et par acte passé devant témoins, chez Mᵉ Sabatier, notaire à Montpellier, formula auprès de Bedos, consul de Teyran, une plainte et l'injonction d'avoir à ne pas tenir compte de la réformation du compoix.

Nous avons entre les mains la pièce originale tirée des archives de Malrives et que nous reproduisons :

L'an mVIᵉ quarante neuf et le XXVIIᵉ jour du moys de juin, avant midy, dans Montpellier, devant moy, notaire et tesmoings bas nommés, a esté en personne présent Bedos, consul la presante année du lieu de Teyran, lequel sur lexposition et requisition qui luy a esté faite par Mʳ Pierre de Guilhemynet, secretaire et greffier des Estatz Generaulx de Languedoc a dict et declaré estre véritable qu'au moys de may dernier led. Bedos, estant venu dire aud. Sʳ de Guilhemynet que Monsieur de Teyran faisoyt procéder a ses recognaissances aud. lieu, et qu'il luy avoyt dict qu'il seroyt bon de fere refformer la minutte du compoix de Teyran sur laquelle le département des tailles se faict annuellement, à cauze qu'il y avoyt plusieurs chozes à diminuer pour quelques particuliers, et à augmenter en d'aultres moyens, qu'il y avoyt des pièces quy ny estoyent pas comprinzes; sur quoy led. Bedos auroyt respondu aud. sʳ de Teyran qu'il en advertiroyt led. de Guilhemynet comme ung des principaulx tailhables dud. lieu ; et qu'estant apprès venu aud. Montpellier et treuvé led. sʳ de Guilhemynet, indisposé dans son lict, et luy auroyt rapporté ce dessus; et led. sʳ Guilhemynet auroyt chargé led. Bedos de prier de sa part led. sieur de Teyran de ne vouloir rien toucher sur lad. minutte de compoix que le dit sieur de Guilhemynet ny feust, parce qu'il avoyt les actes et memoires, a raison de ce, quy estoyent très importants alad. communauté, tendant au soulagement dicelle. Et que led. Bedos auroyt faict et dict aud. sʳ de Teyran tout ce dont led. sʳ de Guilhemynet l'avait chargé, suivant qu'il a témoigné cy-dessus; au préjudice de quoy led. sr de Teyran, sans conférer avec led. sr de Guilhemynet, et en l'absence dicelluy pendant sa maladie, a refforme lad. minutte de compoix laquelle refformation ne peult estre que prejudiciable alad. communauté comme faicte sans [   ] et consentement des principaulx habitans et con.peziables de Teyran par Me Lauret, notaire, que led. sr de Teyran a choisy pour fere ses recognaissances, en laquelle led. Bedos, consul ne vouleut assister ny en aulcune deslibération de lad. communaulté pour ce que le présent lieu a il ouy dire qu'on ly avoyt compris; mais cella n'est pas veritable ny qu'il y ayt heu aulcune convoquation de communaulté, assemblé pour cella et que le tout a esté faict par led. sr de Teyran et par led. Lauret son notaire avec Massel Salager, son bailhe, et Foulcraud Sadoul, son rentier.

De laquelle susd. déclaration led. sr de Guilhemynet, illec présent, a requis acte a moy dict notaire pour luy servir et à lad. communaulté de Teyran, ainsi qu'il appartiendra et neantmoings a protesté contre led. Bedos, consul, de tout ce qu'il peult et doibt protester, en cas il se servira de lad. prethandue minutte corrigée aux despartement des tailhes ny aultrement, en aulcune façon et manière que ce soyt, et mesme de le prendre a partye formelle.

Et led. Bedos a dict qu'il ne se servira aulcurement de lad. minutte jusques à ce qu'elle ayt esté refformée ou approuvée par le Conseil général de la communaulté led. sr de Guilhemynet duement appelé Dequoy led. sr de Guilhemynet a aussi requis acte à moy dict notaire.

Faict dans la maison du sr Guilhemynet, presens. Vincens Aurdibert, habitant de Montpellier et Gabriel Boissiere delad. ville signés avec led sr de Guilhemynet led. Bedos na vouleu signer quoy qu'il en ayt esté requis par plusieurs façons et de moy Pierre Sabatier, notaire royal de Montpellier.

Guilleminet, requérant,
Boissière.
V. A. marque dud. Audibert.
Sabatier.

Qui eut gain de cause de Messire de Bocaud ou de M. de Guilleminet? Les motifs d'illégalité mis en avant par celui-ci en faveur de sa thèse furent-ils assez puissants pour démolir l'œuvre, jugée nécessaire, du seigneur de Teyran. Aucun document n'est là qui nous renseigne.

Dans tous les cas, une quinzaine d'années après, le compoix de Teyran, du consentement de tous les intéressés fut en entier remanié et fait à neuf.

Ce compoix, aux archives communales, forme un gros registre de 325 folios. Les premiers folios portent la suscription suivante :

..... S'est présenté Louis Espagnac, consul de Teyran, qui a obtenu arrêt de la Cour de Nosseigneurs des comptes aides et finances pour dresser compoix sur lequel à l'advenir les impositions seront faites.
1663, 1 feburier aud. an, M⟨r⟩ Massel Salager et Louis Espagnac, consuls, av mis aux enchères la faction dicelluy la délivrance a été faite à nomé Guillaume de Langlade, N⟨re⟩ royal et arpenteur de Pignan, comme dernier moins disant.
Ce Compoix fait par de Langlade et Touzeller, arpenteurs, assistés de M⟨r⟩ Louis Arthoine de Langlade, de la baronnie de Montlaur, avec Sadoul et Salager, indicateurs. L'an 1664 et le 23 mars par devant nous Pierre Randon, docteur et advocat, juge en la cour ordinaire du lieu de Teyran, dans nostre maison d'habitation à Montpellier, 9 heures du matin.

Entre temps le marquis de Castries, à la tête de dix compagnies, était allé, à l'aide des armées de Louis XIV commandées par Schomberg, contre l'Espagne. De retour, le marquis mourut en son château de Castries le 22 août 1674. Voulant donner à l'illustre défunt une preuve de leur estime les consuls de Montpellier et, à leur tête le seigneur de Teyran, firent célébrer en son honneur, au nom de la ville, de solennelles funérailles dans l'église de Notre-Dame des Tables. (D'AIGREFEUILLE, t. II, p. 172).

Trois ans après, le 16 avril 1677, le successeur de Bosquet sur le siège de Montpelier Mgr de Pradel, son neveu, vint en visite pastorale dans notre localité. Sa Grandeur fut reçue par les consuls et le prieur Laurent Vincent. Agé de soixante ans ce prêtre dirigeait la paroisse depuis vingt-quatre années.

Comme l'extension de la vie communale avait valu aux consuls des signes distinctifs de leur charge, peu à peu s'était établi pour eux l'usage de porter le chaperon dans les cérémonies publiques. Aussi à cette réception de l'évêque voyons-nous les consuls Jean Dumas et Etienne Fermaud revêtus pour la première fois de leurs insignes consulaires.

Processionnellement, Monseigneur est accompagné à l'église. La cérémonie commence et se déroule dans sa forme liturgique habituelle. Cinquante personnes communient ; trente reçoivent le sacrement de confirmation. Le prélat fait ensuite la visite de l'église et de ses ornements.

La toiture de l'édifice religieux est soutenue par deux arcs de pierre en assez mauvais état. L'un des deux est étançonné par une poutre.

La sacristie, de dimensions très modestes, est située du côté de l'épitre.

Depuis la dernière visite pastorale le prieur Vincent, en exécution de l'ordonnance épiscopale, a fait édifier un petit clocheton au-dessus de la porte de l'église. La cloche de deux quintaux, dont il a déjà été parlé, s'y balance gracieusement.

Le bénéfice, dont l'évêque de Montpellier est le collateur, vaut neuf cents livres.

Les charges du prieur sont relativement lourdes : 24 sétiers de blé à l'évêque ; 300 livres de pension à M. Fages ; 100 livres de décimes ; 80 livres de don gratuit.

Les biens du bénéfice, à la connaissance du prieur, sont : une grande olivette devant l'église Saint-André d'Aubeterre, et un jardin sur les rives du Salaison.

Selon le compoix de 1664 le prieur possède en plus une aire, dite l'aire de la claustre Lors les murs de Teyran, confrontant : du levant, le chemin de Vendargues ; du couchant et du nord, Jean Sales ; du marin, Guillaume Sadoul, et d'une contenance de un carton six destres.

Il n'y a toujours pas de maison curiale.

Pour la première fois il est fait mention des croix du territoire de Teyran.

Il y en a deux : une en bois, érigée en souvenir d'une mission, *aux trucs des mases*; l'autre en pierre et située aux abords du portail.

Comme confrérie est citée celle du Saint-Sacrement. Pierre Meyssonnié et Guillaume Dumas en sont les prévôts. Elle n'a pas de statuts. Elle possède seulement un livre où sont inscrits les noms des confrères et les élections des prévôts. Malgré nos recherches nous n'avons pu retrouver ce registre.

Le chiffre de la population est sensiblement le même depuis la dernière venue de l'évêque dans le pays.

Le prieur, parlant de l'église de Saint-André d'Aubeterre, signale à Monseigneur l'heureux privilège dont jouit cette église. Elle guérit du haut-mal. Les épileptiques qui vont y prier s'en retournent soulagés.

Nous aurions aimé trouver au moins un des registres où devaient être relatées les guérisons ou les améliorations notables des malades. Nos recherches sur ce point sont restées infructueuses.

Le prélat se rendit au cimetière, attenant à cette église, pour faire une absoute. Il vit par lui-même combien le rendait incommode son éloignement du village. Devant l'inexécution de l'ordonnance de son oncle enjoignant aux habitants et aux consuls de choisir un terrain à proximité de Teyran et de l'affecter au cimetière paroissial, Mgr de Pradel renouvelle, à ce sujet, les prescriptions de son prédécesseur et de plus jette l'interdit sur l'ancien cimetière d'Aubeterre.

La défense d'utiliser ce cimetière dura un certain temps. Elle fut retirée ensuite. A diverses reprises cette mesure prohibitive fut ainsi portée et rapportée.

On est fâcheusement impressionné de constater le peu de résultat obtenu par cette mesure toujours grave. Aux périodes d'interdit les habitants préférèrent enfouir leurs morts dans les champs, les jardins, les magasins même, plutôt que mettre à exécution les ordonnances épiscopales.

La population voulait-elle, par cette force d'inertie, lasser la volonté des évêques, ou bien était-elle réellement dans l'impossibilité matérielle de se pourvoir d'un terrain propice à la construction d'un cimetière? Quoiqu'il en soit cette situation défectueuse dura près d'un siècle et demi. Dans les registres de catholicité, parvenus jusqu'à nous, nous relevons des ensevelissements en maint endroit dont rien aujourd'hui ne marque la place.

Depuis la visite pastorale de 1657 le prieur a obtenu des renseignements sur la fondation de la chapellenie de Notre-Dame. Il en indique les revenus et les charges dont nous suivrons les discordances à travers les visites pastorales. Ces variations sont dues sans doute à la perte du titre primitif de la fondation. La chapelle a une maison à Teyran, des redevances seigneuriales sur une maison et un four à Montpellier près des murs. Le tout donne un revenu de neuf livres.

Pour cela le prieur dit une messe par mois.

Au sujet de l'hôpital M. Honoré Vincent le dit situé près du portail de Teyran du côté de Montpellier. Cet hôpital au bas du village était formé du seul rez-de-chaussée. L'immeuble existe encore aujourd'hui; mais surélevé d'un étage, il est devenu maison particulière de belle apparence.

Les consuls de Teyran administraient les biens de cet hôpital dont l'avoir consistait en un champ de deux cétérées aux *mayous*; un champ d'une cétérée aux *lauzières*; un champ de deux cétérées à la *fouillade*; un autre champ d'une cétérée au même tènement; un coin de terre d'un carton au pont; un autre coin de terre de quatorze destres, aux *hortaux*; une terre à *la Rouquette* d'une cétérée.

Le revenu net de ces terres valait deux livres cinq sols.

A la fin de sa visite, Mgr de Pradel, sur les réquisitions de M. Fulcrand Audibert, son procureur fiscal, formula des ordonnances. Parmi toute sorte d'obligations il imposa au prieur celle de faire construire des fonts baptismaux et d'apporter ses soins à l'enseignement chrétien. Le prélat prescrivit sagement de retirer du chœur le confessionnal et de le transporter au fond de l'édifice religieux; de recouvrer les biens aliénés de l'église et les papiers concernant la fondation de Notre-Dame. Les consuls devront rendre compte de leur gestion administrative de l'hôpital et, de concert avec le prieur, distribuer les revenus aux catholiques nécessiteux.

Voici, de la visite de Mgr de Pradel, le compte rendu in-extenso tiré du *Registre de la Première visite*, tome II, page 439.

Le 26 avril 1637, Monseigneur partit de Montpellier où il avait séjourné le jour précédent, dimanche de *Quasi modo* pour faire l'office et la clôture du Jubilé par un *Te Deum* qui fut chanté solennellement en musique dans l'Eglise cathédrale St Pierre du dit Montpellier, et arriva le même jour à Teyran à 9 heures du matin où après s'être revêtu d'amict, d'estolle, de pluvial, de la mitre et de la croix pastorale, aurait esté reçu, selon les cérémonies du pontifical romain, par M. Laurans Vincens, prestre du diocèse de Montpellier, et prieur du dit lieu depuis 24 ans, agé de 60 ans, assisté de Jean Dumas, Estienne Fermaud, consuls, revestus de leur chaperon, portant le poele, de Jehan Sadoul, Marcé Salager et des autres habitants du dit lieu et serait allé processionnellement sous le daix à l'église paroissielle du dit lieu, où estant arrivé, il serait allé au maistre autel; et, après avoir chanté l'oraison du patron de la dite église et donné la bénédiction au peuple, il fit l'absoute pour les morts à l'église et au cimetière. Au retour duquel s'estant revestu des ornements il aurait célébré la sainte messe à la fin de laquelle il communia 50 personnes et ensuite donna la confirmation à 30; et ensuite de son action de grâces procéda à la visite de la dite église et de ses ornements comme s'ensuit :

L'autel est de maçonnerie orné d'une pierre sacrée, de trois nappes demi usées, d'un devant d'autel de ligature rouge, blanche et verte, tout neuf; d'un tabernacle de bois, couvert de papier; de 4 chandeliers, savoir : 2 de laiton et 2 d'estain; d'un *Tejunor* avec les cartes de l'évangile de St Jean et du *lacalo*; d'un petit crucifix en relief; d'un tableau de Notre Seigneur en croix avec les figures de la Vierge et de St André enchâssé dans une corniche de bois peint; d'un surciel de toile peinte sans marchepied. L'église est couverte de bois; elle est pavée. Il y a deux arcs de pierre qui soutiennent le couvert, lesquels ont besoin de réparation et dont il y en a un qui est soustenu sur un pied de bois.

La porte de la dite église est bonne et ferme à clef, à costé de laquelle il y a un benistier de pierre fixe.

Une petite muraille, à hauteur d'appui, sépare la nef du presbitere, au dedans duquel il y a des sieges de pierre pour les prestres. Dans le dit presbitere il y a deux armoires dans la muraille, et celui qui est du côté de l'évangile ferme à clef; où il s'est trouvé un calice d'argent doré au dedans avec sa patène sans dorure; des chismières d'estain garnies des Saintes Huiles; et dans celui qui est du côté de l'espitre s'est trouvé une cuvette de cuivre estamé au dedans contenant les eaux baptismales.

Du coté de l'évangile est un confessional de bois à deux places en bon estat; et plus bas est une chaire à prescher sans surciel ni siège ni parement. Il y a un petit lampier d'estain, un pulpitre de bois pour les livres de chant et un chandelier de bois pour le cierge de l'élévation.

Le presbitère est éclairé par une fenestre garnie d'un chassis de toile. Du coté de l'épitre est une petite sacristie voutée; elle n'est pas pavée; dans laquelle il y a une table pour préparer les ornements; elle est éclairée par une fenestre qui n'est pas vitrée, et n'a point de chassis. Il y a une autre fenestre qui regarde dans l'eglise, et il n'y a point de porte pour fermer la dite sacristie; et sur la table se sont trouvez les ornements suivant savoir : 3 corporaux dans une bourse à corporaux de damasquin usée, un devant dautel et un autre de cuir doré; trois chasubles avec leurs estoles et manipules savoir : deux de ligature, l'une neufve et l'autre usée, et une de satin noir en bon etat; deux aubes; deux missels; une pierre sacrée; 6 nappes; trois lavabo; deux coussins pour le missel; une croix processionnelle de leton; un encensoir de leton avec la navette et cuillère au dedans de même; un pluvial de ligature demi usé; six purificatoires; une pale; une boette de fer blanc pour les hosties et de burettes de verre.

Sur la porte de l'église est un petit clocher avec une cloche pesant deux quintaux.

De plus dans le susdit tabernacle s'est trouvé un soleil d'argent avec son pied de même.

Interrogé le prieur quel est le patron de lad. église, a respondu que c'est St André dont célèbre la feste le [30 novembre].

Interrogé qui est le prieur du bénéfice de la dite paroisse a respondu qu'il en est parveu, et que le seigneur evesque de Montpellier en est le collateur lorsque le bénéfice vient à vaquer; lequel fait 24 cestier de touzelle de pansion au seigneur evesque de Montpellier.

Interrogé dequel revenu est le dit bénéfice a repondu qu'il

vant 900 livres et qnoutre la pansion susdite de 24 cestiers touzelle, il paye 360 livres de pansion à M. Fages, 100 livres de décimes et 80 livres de don gratuit.

Interrogé s'il y a du bien de la dominicature a repondu qu'il y en a, savoir : une grande olivette devant l'église champestre de S¹ André et un jardin le long du Salaison, qui ont esté aliénés, dont M. le president Boucaud jouit, ne scachant pas s'il y en a davantage qui ait esté aliené.

Interrogez les habitants quels sont les confronts de la dixmerie du benefice ont répondu quelle confronte du levant Vendargues, du couchant Assas, du midy Gusargues et de marin Lecrez.

Interrogez sil y a de croix dans le terroir de la paroisse, ont respondu qu'il y en a deux, scavoir : celle de la mission qui est de bois *aux trucs des mases* et l'autre de pierre qui est à la porte du lieu.

Interrogé le dit prieur s'il y a une maison claustralle, a respondu quil ni en a point, et quil loge dans une maison qui apartient à un de ses neveus.

Interrogé s'il y a des confrairies establies dans la paroisse, a respondu qu'il y a celle du S¹ Sacrement dont Pierre Meyssonié et Guillaume Dumas sont prévosts. Ils n'ont point des statuts. Ils ont exhibé un livre relié contenant les noms des confrères et les actes des elections des prevosts de la dite confrairie

Interrogé sil y a de bassins, a respondu qu'il y en a trois, scavoir : du sainct sacrement, du purgatoire et des esclaves

Interrogé combien il y a de communiants et s'il y a des huguenots, a respondu qu'il y a cent communiants, et une famille hérétique, où il y a six personnes et qu'il n'y a point de masages.

Il y a une église champestre à un port de mousquet du lieu du costé du couchant; elle est appelée S¹ André d'Albeterre. Les habitants ont dit que c'estait autrefois la paroisse et que le vilage estait là, et que ceux qui sont attaqués du haut mal, vont a la dite eglise et s'y trouvent soulagés; ladite eglise menace ruine, et il y a une porte fermant à clef.

Autour de la dite église est le cimelière de la paroisse, et il y a un autre cimelière des pauvres à 40 pas loin du grand; ils sont bien clos de murailles sans croix en iceux.

Interrogé le dit prieur s'il y a de chapelles fondées dans la dite église a respondu qu'il y en a une en l'honneur de nostre dame, dont le prieur a dit estre pourveu. Lequel a dit que le bien de la chapelle consiste en une maison dans le lieu, et des usages sur une maison et four a la ville de Montpellier, sistues au parestroit depandant de la dite chapelle. Le prieur a dit que le tout ne porte que 9 livres de revenu qui consistent en usages, qu'il dit une messe chaque mois; et il y a une pierre du costé de l'epitre du maistre autel, sur laquelle sont escrits beaucoup de mots qu'on a peine à dechifrer. On dit que la fondation de la dite chapelle est contenue dans les écritures qui sont gravées sur la pierre.

Il y a un hospital proche la porte du lieu du coté de Montpellier, lequel consiste en un membre bas en bon estat. Il ne s'est point trouvé de meuble en icelluy. Les consuls en sont procureurs et le bien d'icelluy consiste en un champ de deux cesterées aux *mayous*; un champ d'une cesterée aux *lausières*; un champ de deux cesterées à la *fouillade*, un autre champ d'une cesterée dans le même tènement, et un coin de terre d'un carton au pont et un autre de 11 dextres aux *hortaux*, lesquelles terres ne portent que deux livres cinq solz de rantes quittes.

ORDONNANCE

Charles de Pradel, par la grâce de Dieu et du sainct siège apostolique, evesque de Montpellier, etc.. Nous, procedant à la visite de l'église paroissielle St André du lieu de Teyran le 26 avril 1677, après avoir ouï M. Laurans Vincent, prieur du dit lieu, M. Jean Dumas et Estienne Fermaud, consuls, et les autres habitants du dit lieu comme il est plus amplement contenu dans nostre procès verbal de visite, et M. Fulcrand Audibert, nostre procureur fiscal, sur les réquisitions duquel avons ordonné et ordonnons que le dit sieur Vincent, prieur du dit lieu, fournira à la dite église paroissielle du dit lieu de Teyran toutes les choses necessaires a icelle comme s'ensuit, s'avoir : faira construire des fonts baptismaux de pierre, couverts de bois, en forme de dôme, fermant à clef, dans lesquels il mettra la cuvette de cuivre qui contient les eaux baptismales, et une burette de verre pour les verser; de plus faira faire un tabernacle de bois peint au dehors et doublé au dedans de quelque estofe de soye honeste, dans lequel il mettra un ciboire d'argent, doré au dedans, qu'il faira faire, ou la réserve sera toute l'année, et à cet effet le dit prieur fournira l'huile nécessaire pour faire bruler la lampe pendant toute l'année; davantage faira mettre une vitre au soleil qui est dans la dite église, dorer le dedans de la patène; et fournira un devant d'autel de camelot noir; un marchepied de bois; une chasuble de camelot noir avec son estole et manipule; trois bourses et corporaux scavoir : une

verte d'un coté et rouge de l'autre, une blanche d'un coté et
violette de l'autre, et une noire ; 2 voiles de taffetas scavoir : un
vert et un violet ; une aube avec son amict et cordon ; un surciel,
un siege et un parement de ligature pour la chaire a prescher ;
un graduel et un pulpitre de bois pour les livres de chant ; et
ordonnons que le confessionnal sera mis hors du presbittère, et
que le dit prieur faira agrandir la marche de l'autel sur laquelle
il faira mettre un marchepied de bois. De plus, nous ordonnons
que ledit prieur chapellain de la chapelle de Nostre Dame,
fondée dans la dite eglise, nous remettra les titres, fondations,
actes et documents apartenant a la dite chapelle, comme aussi
pareillement l'ordonnance de feu Monseigneur de Fenouillet,
donnée au subjet de la dite chapelle, pour, iceux veus, estre
ordonné ce que de raison ; et cependant continuera de dire une
messe chaque mois pour le service de la chapelle a l'intention
du fondateur ; qu'il recouvrera incessamment les biens apartenant
a l'eglise qui a esté aliéné ; et fournira une pierre sacrée
plus grande que celle qui est dans la dite eglise ; que les consuls
et habitants fairont raccomoder les arcs qui soutiennent le couvert
de la nef, enduire et blanchir les murailles dicelle, et
mettre un chassis de toile a la fenestre qui est au fonds ; qu'ils
assigneront un lieu propre et commode, lequel ils feront clore
de murailles, mettre une porte fermant a clef a l'entrée dicelluy
et dresser une croix de pierre au milieu pour icelluy lieu estre
par nous, ou par tel prestre que nous commettrons, bénit et fait
cimettiere ; et attendu que les dits habitants n'ont pas obéi a
l'ordonnance de visite de feu Monseigneur de Losquet, nostre
très honoré oncle, du 5ᵉ decembre 1657, nous interdisons le
cimettière de Sᵗ André d'Albeterre ; et de plus defandons aux
filles de la paroisse qui portent les cierges aux processions, ou
qui alument pandant les offices, dentrer dans le presbittère,
mais de se placer dans la nef proche la muraille qui la sépare
dans le chœur ; en outre nous ordonnons que l'election des
prevosts de la confrairie du Sainct Sacrement, des bassiniers,
sera faitte en presance du dit prieur et de ceux qui de droit y
doivent assister, devant lequel pareillement, excepté le bassinier
des esclaves, ils randront compte annuellement huit jours
après estre sortis de charge, presans de mesme ceux qui de
droit y doivent assister, et que les consulz, qui sont procureurs
des biens de lhospital, randront compte annuellement devant
ledit prieur de leur administration, et distribueront l'argent
provenant des biens du dit hospital aux pauvres catholiques du
lieu en presance et du consantement du dit prieur. davantage
nous ordonnons que le dit prieur faira la doctrine chrestienne

tous les dimanches pandant l'année, et tous les jours pandant le caresme; et que le bassinier du purgatoire baillera le lundy largent qu'il aura questé pandant la semaine au prieur, auquel jour le dit prieur sera obligé de dire une messe de morts pour les ames de la parroisse, et en cas le dit jour soit occupé par l'office de l'église, la dira un autre jour de la semaine dont il advertira le peuple au prosne le dimanche precedant.

Château de Malrives.

CHAPITRE III

Malrives

Derrière le premier rideau de collines, dites Montbeire, plan d'Aïlas, la Boissière, Bagnères, au nord et dans le territoire de Teyran se trouve Malrives.

Il est assis sur les bords de la Cadoule, et les arbres du parc et d'un bois de pins lui servent d'encadrement.

C'est une propriété d'environ 250 hectares. Originairement elle était considérée comme métairie. Dans la suite le nom de château lui fut appliqué, depuis surtout les constructions importantes exécutées, vers 1885, sur les ordres d'un de ses propriétaires, M. Clodon.

Une belle route, dont le premier tronçon est construit, qui doit mettre en communication le chemin de Teyran-Sommières et celui de Castries, la traverse dans toute sa longueur (1).

Grâce aux archives du château, mises gracieusement à notre disposition par la propriétaire actuelle, Mme Rith, nous avons pu reconstituer l'histoire de ce domaine.

A première vue l'étymologie de Malrives paraît venir de deux mots latins *mala ripa* mauvaise rive.

Un fait corrobore cette version. La Cadoule, tranquille d'ordinaire et point boudeuse, devient dès l'abondance des pluies, furieuse et voisine gênante pour cette campagne.

---

(1) Le second tronçon vient d'être construit. La route est donc aujourd'hui complètement achevée.

Le *mala ripa* aurait ainsi sa naturelle et plausible explication. Par extension le *mala ripa* aurait été appliqué à la métairie. Telle serait l'origine du nom de Malrives.

Nous n'adoptons pas cette explication étymologique et voici nos motifs :

1° L'acte d'inféodation de Ferrières du 2 juin 1556, à Messire Etienne Du Moys, cite celui-ci comme propriétaire de Fontgrand sur les bords de la Cadoule.

2° Ce Fontgrand, dans la désignation des confronts de Ferrières, occupe exactement la place du Malrives d'aujourd'hui.

3° Le Fontgrand de messire Du Moys, dont nous suivons la transmission successive, est la propriété dénommée de nos jours Malrives.

4° L'acte d'achat de cette métairie, du 1er février 1540, la désigne au début sous le nom de mas de Fontgrand, appartenant à messire Jehan de Malerippe, de Montpellier.

5° A la fin de l'acte Fontgrand porte la simple appellation *mas de messire de Malerippe*.

6° Peu à peu le vocable Fontgrand disparaît et laisse la place à celui de *mas de messire de Malerippe*.

7° Insensiblement on finit par supprimer *messire de.....* et le mas de *messire de Malerippe* devient le *mas de Malerippe*.

D'où notre conclusion :

Malrives, dont la forme orthographique a varié en *Malaripa, Malerippe, Malarippa, Maleripe, Malleribe*, tire son nom du premier propriétaire qui nous soit connu, Messire Jehan de Malerippe, de Montpellier, et non des rives plus ou moins hospitalières de la Cadoule.

On objectera peut-être contre cette conclusion l'usage où étaient les propriétaires de prendre le nom de leur domaine.

L'existence à Montpellier d'une famille de Malerippe,

ayant possédé la métairie en question, semble tout d'abord favoriser l'objection en laissant supposer que cette famille, comme dans la plupart des cas, aurait marqué sa noblesse par l'adjonction du titre de cette propriété au nom patronymique. Mais alors la propriété aurait porté le nom de Malerippe bien avant la famille ainsi appelée. Les faits et les dates disent le contraire. Le domaine, dont il s'agit, porta toujours le nom de Fontgrand. Celui de Malrives lui fut appliqué seulement dans la seconde moitié du XVIIe siècle, tandis que la famille de Malerippe est signalée dès le début du XVIe siècle et en 1540 cessa de posséder ce domaine. Pas de doute à ce sujet.

En 1503, sous Louis XII, nous trouvons à Montpellier Pierre de Malaripa (D'AIGREFEUILLE, t. I, p. 409). En 1505, Agnette de Malcrippe (D'AIGREFEUILLE, t. I, p. 372), femme de Messire Pierre de Maleripe, l'un des généraux de la justice des aides, fut, comme nous l'avons vu précédemment, chargée de la direction des jeunes filles dans la procession pour obtenir de Dieu la préservation de la peste menaçante.

Le 1er février 1540, par devant Me Pierre Denemans, notaire, Guillaume Arquier, jadis chanoine de l'église cathédrale de Montpellier, administrateur des biens de Damoiselle Marguerite de Barrière, acheta des revenus de ces biens, le mas de Fontgrand, terres cultes et incultes à Messire Jehan de Malerippe et le paya 200 livres tournois.

Comme l'acte d'achat du mas de Messire de Malerippe porte le nom d'Arquier, celui-ci, dans le dessein de prévenir toute difficulté entre ses héritiers et la personne pour qui l'acquisition a été faite, reconnaît, par acte notarié du 29 mars 1566, son rôle dans l'achat, et se désiste purement et simplement, en faveur de la vraie propriétaire du mas de messire de Malerippe, demoiselle Marguerite de Barrière, présentement veuve d'Etienne du Moys.....

Guillaume Arquier, en considération de ce qu'ayant heu l'administration des biens de demoiselle Marguerite de Barrière, a employé l'année mil cinq cent quarante la somme de deux cents livres tournoys provenant des rantes et revenus de la dite de Barrière à l'achapt dung mas appelé Fontgrand qu'a esté de feu messire Jehan de Malerippe de Montpellier, et de ses terres cultes et incultes et autres droicts et apartenances du dict mas, assis au terroir et juridiction du lieu de Teyran..... Dit qu'il n'a jamais joy dudit mas, comme veritablement il ne pouvait ne l'ayant acquis de ses deniers, mais de la dite de Barrière, laquelle en a été et est dame possederesse despuys le temps du dict achapt..... Parquoy iceluy Arquier de son gré, pure, franche et liberalle volunté pour lui et les siens a ladvenir a dict decclarre avoir acquis ledit mas de messire de Malerippe..... des deniers de la dite de Barrière..... Le dict Arquier sest devestu et despoullé de tout droict et en a investu et mis en possession la dicte damoiselle de Barriere absante maistre Raulin du Moys son fils presant et pour elle. (Archives de Malrives. Parchemin 0^m35 de largeur sur 0^m65 de longueur, du 29 mars 1566.)

Cet acte de reconnaissance est passé au mas de Marguerite de Barrière, veuve Du Moys. La veuve est absente, son fils, Raullin Du Moys la remplace. Les témoins sont : noble Guillaume Bonneau, seigneur de la Clotte ; Messire Etienne Rigon, procureur en la cour des aides ; et Guillaume Courtand, marchand à Montpellier. Tous signent à la minute avec Guillaume Torrenc, notaire royal à Montpellier.

Jamais Arquier n'a fait acte de propriétaire sur cette métairie. La veuve Du Moys, au contraire, comme s'était son droit, y a constamment agi comme telle en apportant au domaine de continuelles améliorations.

Une des plus importantes est l'acquisition de Ferrières, 2 juin 1556.

Cette métairie, sur la rive gauche de la Cadoule, détachée autrefois du marquisat de Montferrand et inféodée par l'évêque de Montpellier aux commandeurs du Saint-Esprit, était alors une dépendance de la Commanderie du Saint-Esprit de Montpellier. Le commandeur général n'y pouvait faire les travaux et les réparations nécessaires à cause des nombreuses obligations de la Commanderie : entretien et nourriture des religieux, entretien de la religion, nourriture des enfants exposés, payement des décimes. D'un autre côté l'hôpital de la Commanderie à Montpellier avait, en ce moment, besoin de réparations urgentes. Et la Commanderie n'avait plus d'argent. Le commandeur proposa, comme un moyen de sortir d'embarras, l'acceptation des offres de Messire Etienne Du Moys, conseiller du roi et receveur général des finances en Languedoc et généralité de Montpellier et de lui sous-inféoder la métairie.

Reproduction partielle de l'acte d'inféodation de Ferrières à Malrives 1556.

Homme de bien et disposé en faveur de la commanderie, Étienne Du Moys, était décidé à donner une albergue raisonnable de Ferrières, si les religieux du Saint-Esprit voulaient le lui remettre en fief noble et honoré avec approbation du Pape et du roi, naturel seigneur.

Saichent tous présens et advenir que l'an de l'Incarnation [de] Nostre Seigneur Jhesu Crist, mil cinq cent cinquante six, et le second jour du moys de juing, regnant notre sainct pere le pape Paul quatriesme, et très crestien prince Henry, par la grace de Dieu roy de France, en la cité de Montpellier et dans l'église de la commanderie generale du Sainct Esprit, hors les murs du dict Montpellier, a sept heures du matin assembles capitulairement a son de cloche, ainsi quest de coustume, venerables et religieuses personnes frere Jehan de Calvet, licencie es droicts, commandeur de la dicte commanderie du Sainct Esperit de Montpellier, et general de la religion du dict Saint Esperit deça les monts ; et frere Guillaume de Sommiers, commandeur de la commanderie du dict Sainct Esperit en la ville de Milhau en Rouergue ; et Jehan Sartoris, claustriers en la dicte commanderie generalle du dict Montpellier, ausquels religieux et chappitre susdit ledict de Calvet a dict et expose que a la dicte commanderie generalle dudict Montpellier; appartient, et a icelle est uny et deppendant ung membre dict et appelle la tour, jasse et deves de Ferrières avec ses appartenances, au diocèse du dict Montpellier, confrontant avec les terres et lymites des lieux de Castries, Sainct Dreseris, de Gusargues, de Figaret, et avec la mesterie de Fontgrand, la riviere de la Cadolle, au mylieu; laquelle tour de Ferrières et bastimens dicelle sen vont a ruyne, a faulte de reparations que ne peult faire ledit commandeur ny religion pour estre chargés dau'tres grands charges, tant du nourrissement desdits religieux, entretenement de la religion, nourrissement des enfants expausés en la dicte religion, paiement des decymes, que aultres charges; et laquelle tour et ses déppendances par le passé sarrentayt peu; et apresent et au dernier arrentement la arrenté quatre vingts dix livres tournois, comme il appert par les bails et actes faicts, receus par moy Guillaume Solier, notaire royal soubsigné.

Et d'aultant quil est grandement necessaire pour l'entretenement des bastimens, y faire promptement reparacions, joint aussi quil convient faire reparacions a l'hospital de ladicte commanderie de Montpellier laquelle apresent na point dargent acause des grands charges et sterillités.

Et considerant que tant que la dicte tour de Ferrieres sera et demeurera es mains dudict commandeur et commanderie, l'arrentement ne pourra augmenter le pris dicelluy et ou adviendrait que ledict pris dudict arrentement diminuast, redonderait au tres grand desadventasge, incommodité et inutillité de ladicte commanderie, religion et religieux susdicts.

Cest quil y a, set presenté noble personne maistre Estienne Du Moys conseiller du roy..... homme de bien, quy a eu et a tousjours bon voulloir aladicte religion, lequel seigneur Du Moys a dict et remonstré audict general commandeur, religion et chappitre susdict, que le dict commandeur dudict Sainct Esperit, avec ses religieux et chappitre, lui voullait bailler en fief noble honoré ladicte tour et deves soubz certaine albergue, quils verront et accorderont raisonnable, avec le bon voulloir, plaisir et consentement de notre Sainct Pere le Pape et du, roy nostre prince et naturel seigneur, ledict Du Moys, pour lui et ses successeurs a l'advenir, a offert la prendre en rière fief noble et honoré, et soubz lalbergue de cinquante religieux, reduicts et estimes a cent livres tournois, chaque annee, paiable audict commandeur et commanderie generalle dudict Sainct Esperit, moitié a la feste de la Croix de may, et laultre moitie a la feste de la Magdaleyne ; et aussi ledict Du Moys offrait bailler et donner pour la nouvelle entree ung marc dargent pour convertir et employer aux reparacions necessaires de lhospital de ladicte commanderie..... et davantaige a chascune entree de nonvel commandeur general et maistre de ladicte commanderie du Saint Esperit deça les montz, venant audict Montpellier, a promis luy prester foy, hommage et serement de fidelité, et luy donner ung per de gandz daucargue, de lestimation de cinq solz tournois, oultre les dits albergue, foy et hommage susdictz ; et oultre tenir et reconnaistre ladicte pièce dudict commandeur general de Montpellier en la quallité que dessus ; et advenant alienation et transport, ledict commandeur general en prendra le droict de laudz et ventes quest grand profflct, commodité et utillité audict commandeur et a ladicte commanderie ; et encores ledict Du Moys et ses successeurs a ladvenir seront tenus faire les reparacions necessaires a ladicte tour de Ferrieres et bastimens dicelle, et faire faire les fossez qui apresent sont necessaires, et le tout bien entretenir, meliorer et augmenter comme bon mesnaiger et pere de famille, et ny la deteriorer en aulcune maniere.

Laquelle presentacion et offre les dicts commandeur et religieux auraient trouvee bonne au grand prosfict, commodité, utillité de la commanderie ; et auront promis audict Du Moys luy en faire et passer bail et instrument de rière fief en la forme et qualité que dessus, et faire ratiflier au chappitre general prochain tenant audict Montpellier, en tout et surtout reserve le bon voulloir et plaisir de nostre dict Sainct Pere le Pape et du roy nostre seigneur.

Est ce que ledict frere Jehan de Calvet, du voulloir, consentement, et en presence lesdicts religieux claustriers, faisant la plus grand et la plus saine partie des religieux de la dicte commanderie, et de tout le chappitre, assembles cappitulairement comme dict est, ayant esgard au profflct de la dicte commanderie pour euls, leurs successeurs, reserve faite du bon voulloir de nostre Sainct Père le Pape et du roy, sil est besoing et requis, de leur bon gre, pure et liberalle volunté, sans dol, fraud, ny deception aulcung, tout ensemblement et ledict de Calvet en ce que luy concerne, a baille, cedde, remis, delaisse et transporte, et, par la teneur des presentes, et par titre de rière fief franc, noble, et honore, baille, cedde, remect et transporte desapresent atousjours perpetuellement audict noble maistre Estienne Du Moys, pour luy, ses hoirs et successeurs, et pour ceux, qui de luy auront droict et cause au temps advenir, cest assavoir ladicte tour, jasse, devois, garrigues, herbages, terres cultes et incultes dudict Ferrières et ses appartenances quelzconques, deppendant de la dicte commanderie, confrontant, tenant et joignant avec les terres ou terroirs desdicts lieux de Castries, Sainct Dresery, Gusargues, Figaret, et avec les terres de la mesterie de Fontgrand, appartenant audict Du Moys, la riviere et fleuve de la Cadolle au mylieu..... Et renoncant a tout droict canon et civil..... sur les saincts evangilles manuellement touchés, requerant acte estre detenu et expedie par moy dict notaire royal soubzsigné.....

Faict et passé au lieu que dessus en presence de maistre Jehan Domergue, Estienne Roque, Anthoine Bosquet, Vincent Boissier, Pierre Boyer, boullangier, Jehan de Deux Herbes, marchant, et Claude Bonhome, clerc, habitans audict Montpellier, tesmoings. Et moy dict Guillaume Solier, notaire royal et public, habitant audict Montpellier, secretaire de ladicte religion subzsigné Solier. Et les mesmes ledict frere de Calvet en presence de ses religieux claustriers et le dict Du Moys..... faict au lieu et presens ceulx que dessus, mil cinq cens cinquante six et le second jour du moys de juing. (Archives Malrives, parchemin, largeur, 0,50, longueur, 1,33.

Le pape Paul IV ratifia l'inféodation par sa bulle du 10 septembre 1556.

L'adjonction de Ferrières à Fontgrand forma le domaine de Malrives. Des acquisitions postérieures vinrent encore s'y ajouter, et lui donner l'importance actuelle.

En exécution d'une des clauses du contrat de 1556, Pierre de Valence, successeur de Jehan de Calvet, reçut, en 1563, l'hommage de Raullin Du Moys, fils d'Etienne Du Moys, et lui confirma l'inféodation.

Ce Raullin Du Moys, seigneur de Ferrières, fut témoin et signa au contrat de mariage de Mathurin de Tremollet de Bucelly de la Valette, et de Suzanne de Rondelet, le 3 février 1584.

Suzanne de Rondelet était la fille de Guillaume de Rondelet, docteur régent, chancelier en la faculté de médecine de Montpellier, et de dame Tifféne de La Croix.

La famille Du Moys, en toute circonstance, s'acquitta de

ses obligations à l'égard de la commanderie du Saint-Esprit au sujet de Ferrières. En 1600, Etienne Du Moys, fils de Raullin, rendit hommage au nouveau commandeur Barthélemy Bonnet. En 1601, Mourgues; en 1621, Jean Bonnet, commandeurs, reçurent aussi l'hommage d'Etienne Du Moys.

A la mort d'Étienne, le domaine échut à une de ses filles, Catherine Du Moys, mariée à Pierre de Guilleminet, greffier pour le roi aux États Généraux du Languedoc.

Qu'il nous soit permis d'ouvrir une parenthèse.

Un document inédit publié par Mlle L. Guiraud dans la *Revue Historique du diocèse*, 1re année, page 332, mentionne ce Pierre de Guilleminet au sujet de la reconstruction de l'église de Notre-Dame des Tables, détruite lors des guerres de religion

On voulut la relever de ses ruines.

Le 23 septembre 1601, le chapitre de Saint-Pierre et les notabilités du monde catholique se réunirent dans l'église de la Canourgue de Montpellier, à l'effet de prendre les dispositions nécessaires pour mener à bonne fin cette entreprise.

La question financière fut tranchée de la manière suivante :

Le chapitre prenait à sa charge les deux tiers de la dépense, quelle qu'elle fut. L'autre tiers incomberait aux catholiques. Afin de faciliter la répartition de la quotité à fournir par chaque fidèle, on désigna, pour chacun des six quartiers de la ville un indicateur, dont la mission était de faire connaître le nombre et la situation de fortune des catholiques de son sixain.

Les comptes rendus de tous les sixains devraient être ensuite remis entre les mains des sieurs De Grille, De Chefdebien, conseillers généraux de la cour des aides; De Griffy et De Mariotte, maîtres de la chambre des comptes; Rochemore et Talamandier, magistrats.

En possession de ces rôles, ces messieurs auraient alors, suivant le nombre des catholiques et en tenant compte de la situation respective des fortunes, à faire la taxation de la quote-part individuelle pour atteindre le total du tiers des dépenses.

Pierre de Guilleminet fut, en compagnie de Sarremejan et de Trebollet, chargé d'établir l'état du sixain de Saint-Paul.

Ceci dit, reprenons l'énumération des actes de vasselage des héritiers de Du Moys à l'égard des commandeurs du Saint-Esprit au sujet de Ferrières.

Le 23 novembre 1623, le commandeur de Latran ratifia les actes de ses prédécesseurs au sujet de l'inféodation de cette métairie. Pierre de Guilleminet lui paya l'albergue, et, fléchissant les genoux, mit les mains jointes entre celles de Latran, et lui promit d'être un bon et fidèle vassal ; de conserver et d'améliorer le bien de Ferrières ; de payer annuellement l'albergue de cent livres : une moitié à la Sainte-Croix de mai, et l'autre, à la fête de Sainte-Madeleine ; de donner une paire de gants d'une valeur de cinq sols à chaque entrée et mutation de commandeur ; et enfin de rendre hommage de fidélité toutes les fois qu'il en serait requis.

De Latran accepta. Il trouva Pierre de Guilleminet fidèle aux clauses du contrat de 1556, et lui en donna acte dans la maison d'habitation du sieur Jean Gaillard, près du palais de Montpellier, en présence de MM. Jean de Valobscure, conseiller du roi, de Jean Gaillard et Jacques Rausille.

Cet acte fut signé des parties, des témoins et de Pierre Sabatier, notaire royal, de Montpellier. (Contrat de ratification, 1623, archives Malrives).

Pierre de Guilleminet s'acquitta du même devoir envers le commandeur Daubry, en 1652. Vers cette époque il acquit du seigneur de Teyran, trois pièces de terre se joignant « aux plans de Malaribe, confrontant du levant le chemin de l'aval à Montferran et Mauguio, couchant, vent droit et marin les patus communs et soi-même », d'une contenance de trois sétérées. (Compoix. Arch. munic. de Teyran).

Son fils, Étienne de Guilleminet, rendit hommage à Gautier, devenu commandeur en 1660.

Deux ans après, Étienne, dans un arrangement de famille, céda la propriété à sa tante Jeanne Du Moys, et veuve de Pierre de Madronnet, conseiller du roi et juge au présidial de Montpellier.

De Guilleminet, par acte notarié du 18 décembre de la même année se porta garant de Ferrières. Cette métairie dépendait de celle de Malrives. Les deux réunies étaient évaluées 15.000 livres.

Les terres de Ferrières forment six portions, dit Étienne de Guilleminet, et je m'en porte garant; cinq m'appartiennent, la sixième est à Jeanne Du Moys. Au cas où une éviction viendrait donc à se produire, au sujet de cette métairie, chacun des deux intéressés rentrerait en possession de sa part.

Étienne remit en même temps entre les mains de sa tante et de son neveu:

1° l'acte d'inféodation de Ferrières du 2 juin 1556.

2° Un contrat de reconnaissance de Raullin du Moys, en faveur du commandeur du Saint-Esprit au sujet de Ferrières, reçu par Jean Solier, notaire, le 10 décembre 1563.

3° Un acte de procuration faite par frère Jean Gastineau, commandeur général du Saint-Esprit, à Charles de Vallance, autorisant la réduction de l'albergue pour Ferrières de 100 livres à 60.

4° Un autre contrat de reconnaissance d'Étienne Du Moys en faveur de la commanderie du Saint-Esprit, pour l'albergue de 100 livres, reçu par Anthoine Fages, notaire à Montpellier, le 22 juin 1615.

5° Un autre contrat, semblable au précédent, du 7 mai 1616.

La veuve de Madronnet et son fils donnèrent à de Guilleminet décharge de toutes ces pièces.

Étant d'accord ils signèrent l'acte, passé dans la maison de la veuve de Madronnet, avec les témoins : M. Henry Dengueran, conseiller du roi, M. François de Ricard, sieur de Saussan, conseiller du roi, et le notaire Bompar, de Montpellier.

Jeanne Du Moys, en possession de Ferrières, rendit hommage, en 1664, au commandeur Alexandre des Escures.

L'an 1669, se produisit un événement qui eut sa répercussion sur Malrives.

La source de Fontgrand, aujourd'hui du domaine de Figaret, en amont du chemin de Montlaur, appartenait à cette époque à Mgr de Bosquet, évêque de Montpellier.

Le prélat l'inféoda, le 13 juin 1669, au sieur Devaux, moyennant la redevance de six paires de gants. Devaux dût servir dans la circonstance de simple intermédiaire ; car deux mois après il fit la cession de ses droits sur la source à Gaspard de La Croix, marquis de Castries.

Le marquis ne pouvait amener les eaux de Fontgrand à son château sans traverser les terres de la dame Du Moys. Il demanda l'autorisation. Jeanne Du Moys n'opposa point de difficulté. Elle permit tous les travaux nécessaires à la construction d'une rigole, dans son terroir, pour l'adduction de l'eau à Castries. Gaspard de La Croix prit seulement l'engagement de réparer les dégâts, occasionnés par les fouilles et les constructions à faire, et d'accorder des dommages à la propriétaire actuelle, ou à ses successeurs, au cas où ils auraient à souffrir des préjudices du fait de la canalisation.

L'acte, passé par devant Bompar, notaire à Montpellier, fut signé de Jeanne Du Moys, du marquis de Castries, d'Audiffret et du notaire, le 15 août 1669. (Archives Malrives).

Nous avons eu entre les mains, non pas l'acte lui-même, mais une copie, relevée le 26 juillet 1830, par Péridier, notaire.

Le marquis de Castries, gouverneur de Montpellier,

donna aussitôt après l'ordre de construire l'aqueduc. Les plans en furent dressés par Riquet. Dans l'exécution du canal du Midi, celui-ci avait eu de grandes difficultés à surmonter.

Comme le cardinal de Bonzy, archevêque de Narbonne et oncle du marquis de Castries, l'avait soutenu de son influente protection, Riquet lui témoigna sa reconnaissance en procurant des eaux au château de Castries, où le prélat aimait à séjourner.

L'aqueduc a une longueur totale de 6,822 mètres. La rigole mesure 0^m66 sur 0^m66. Tantôt enfoncée, tantôt à niveau du sol, elle est parfois supportée par des arceaux de 1^m95 d'épaisseur, de 9^m75 d'ouverture à la base, et dont la hauteur, variable à cause de l'inégalité du terrain, atteint généralement 19^m49. (CREUZÉ DE LESSER, *Statistique de l'Hérault*, 1824, p. 320.

A cette époque était ouvert le grand procès entre Campan des Escures et Rousseau de Basoche, deux compétiteurs à la direction de la commanderie du Saint-Esprit.

Un séquestre avait été nommé pour prendre en main les intérêts de la compagnie. Les biens perdirent de leur valeur. Le fief de Ferrières produisait seulement 40 écus. (D'AIGREFEUILLE, t. III, p. 491).

Le 18 septembre 1669, à la requête de frère Roques Barthélemy de Gramont, le sénéchal de Montpellier porta une ordonnance en faveur de Campan des Escures.

Bonaventure Rousseau de Basoche, évêque de Césarée, plaida sa cause devant le roi. Louis XIV cassa et annula l'ordonnance du sénéchal. Elle contrevenait à la juridiction royale et aux privilèges de l'ordre du Saint-Esprit.

Il accorda main-levée à Rousseau pour entrer dans les droits et les biens de l'ordre. Tous les revenus, les fermages seront désormais versés entre ses mains. Il condamna de Gramont pour s'être attribué la qualité de procureur, et lui interdit toute immixtion dans les affaires de la commanderie, sauf permission de Rousseau.

Suivant l'arrêt du roi, de Basoche est et doit être reconnu comme chef général et supérieur de l'ordre. Toute opposition sera portée, non au sénéchal de Montpellier, mais au conseil du roi, sous peine de nullité, de cassation des procédures et d'une amende de 2.000 livres.

De Gramort avait perçu des revenus en son nom et à celui d'Alexandre des Escures. Il sera obligé de les rendre à Rousseau. Les biens de l'ordre appartenaient à ce dernier depuis sa prise de possession, par l'intermédiaire de frère Guillaume Lenneville, d'après l'arrêt du conseil du 16 novembre 1669.

L'arrêt du conseil du roi, rendu à la suite de la requête de Rousseau, du 23 janvier 1670, maintint donc celui-ci à la tête de l'Ordre du Saint-Esprit de Montpellier. Les officiers et les religieux de cet Ordre furent obligés de reconnaître de Basoche comme seul maître et de lui obéir.

L'arrêt fut donné à Paris le 3 février 1670.

Dès la cassation par le roi de l'ordonnance du sénéchal, le 3 octobre 1669, Rousseau avait constitué un procureur général et spécial, Mre Jean Satgier, avocat et banquier, demeurant à Montpellier, pour la perception des revenus de la commanderie de l'année 1669. Satgier fut maintenu dans sa procuration.

Le 26 février 1670, Pierre Ricard, huissier en la cour de Montpellier, sur requête de Rousseau, contresignée de Satgier, notifia l'arrêt à Jeanne Du Moys. Il lui fit commandement de verser la somme due à l'Ordre entre les mains de Jean Satgier; et la menaça de poursuites de la part de Louys Lefebure le jeune, procureur du roi, au cas où elle ne remplirait pas les conditions prescrites.

La dame Du Moys reconnut avoir la jouissance de Ferrières inféodé à sa famille depuis 114 ans, sous l'albergue de 100 livres. Elle a toujours versé cette somme et la versera à l'avenir à Rousseau de Basoche. Comme à ses prédécesseurs elle lui rendra hommage.

Tenant sa promesse, la veuve de Madronnet rendit hommage du fief de Ferrières, en 1670, à Bonaventure de

Basoche, évêque de Césarée, commandeur du Saint-Esprit. Elle donna l'albergue de 100 livres. Dès 1675, elle paya le 8ᵉ denier des biens ecclésiastiques en vertu de la déclaration du roi du mois de novembre de la même année.

A la mort de Jeanne Du Moys, Ferrières et Malrives passèrent aux mains de son fils, Étienne de Madronnet, et de son gendre, Jacques Marcha, avocat. Tous deux rendirent l'hommage, en 1681, à Giles Macé, sieur de la Bosne, procureur de MM. de l'Ordre de Saint-Lazare, auquel avait été réuni l'Ordre du Saint-Esprit. Ils versèrent l'albergue de 100 livres jusqu'au 1ᵉʳ janvier 1683.

En 1683, les généraux de l'Ordre de Saint-Lazare, se basant sur l'édit de Louis XIV, donné au mois de décembre 1672, qui casse et révoque toutes les inféodations et baux amphitéotiques passés des biens de l'Ordre, firent assigner de Madronnet et Marcha devant le juge-mage de Montpellier, en désistement de Ferrières, inféodé à noble Étienne Du Moys, le 2 juin 1556, par Jean de Calvet, commandeur du Saint-Esprit.

De Madronnet et Marcha attaquèrent leur garant, de Guilleminet. Celui-ci présenta un mémoire pour les défendre et montrer ses titres à la propriété de Ferrières.

Il chargea M. Boissier d'attirer l'attention de M. Bertelot de Belloy, receveur général des finances de Flandre et de Hainault, sur : 1° l'ancienneté de la possession du sieur de Guilleminet ou de ses auteurs. Elle date de 127 ans. Il ne peut être dépossédé. La prescription étant acquise dans 40 ans contre l'Église.

2° La validité de son titre, sans dol ni fraude, il donne un avantage à l'Église par l'augmentation du revenu.

3° La ratification du Pape fortifie l'inféodation.

4° Le consentement de tous les commandeurs du Saint-Esprit et leur ratification.

5° Le consentement de MM. de Saint-Lazare, par la réception de l'hommage, en la personne de leur procureur

M. de la Bosne, et du payement de l'albergue pendant neuf années. Ils ont ainsi donné un acquiescement formel à l'aliénation de la propriété.

5° Le payement du 8ᵉ denier des biens écclésiastiques. Ceci indique le consentement implicite du roi à cette aliénation.

Toutes ces raisons justifient les droits de propriété de Mʳ de Guilleminet.

De leur côté, MM. de Madronnet et Marcha firent valoir les mêmes motifs, le 14 octobre 1683, chez M. Castaing, notaire, et conclurent au mal fondé de la demande en résiliation du sieur de Bertelot.

Les faits invoqués par de Guilleminet, de Madronnet et Marcha ébranlèrent la résistance des défenseurs de l'Ordre de Saint-Lazare. D'un commun accord, on décida de faire expertiser la valeur de Ferrières.

Farant, agent de l'Ordre, visita la métairie. Le sieur Guidon en fit autant. Tous deux trouvèrent insuffisante l'albergue de 100 livres. Pour ne point léser de Madronnet et Marcha dans leurs droits acquis, les défenseurs de Saint-Lazare eurent recours à une transaction. Ils proposèrent aux intéressés de les laisser en repos s'ils consentaient à payer 20 livres de plus par an.

De Guilleminet, le garant, témoigna du dépit de se voir condamné à une augmentation de redevance. Il aurait accepté la cession de Ferrières, s'il n'avait craint des difficultés au sujet de ce bien, entré dans un partage de famille ; mais redoutant des complications et un nouveau procès, il adhéra à la transaction proposée, et consentit au payement total de 120 livres par année.

De Madronnet et Marcha verseront donc la somme de 120 livres au bureau de l'Ordre de Saint-Lazare à Montpellier, moitié à la fête de la Croix de Mai, et moitié à la fête de la Madeleine. Et ceci sans détriment des autres clauses de l'inféodation. Ils acquitteront de plus la somme de 10 livres pour frais de poursuite devant le jugement.

De MM. de Madronnet et Marcha, la propriété de Malrives échut à M. Jean Marie Emmanuel de Bosquat. D'après l'armorial de la cour des comptes, aides et finances de Montpellier, les armes de cette famille étaient *de gueule à l'arbre d'argent surmonté d'une fleur de lis d'or.* (*Chroniques du Languedoc*, t. IV, p. 11).

M. de Bosquat contribua pour une large part à l'agrandissement de Malrives.

Sur la cote d'un titre d'achat est signalée, le 15 décembre 1774, l'inféodation de « 14 cétérées 3 cartons six dextres » de patus, près de la source de Fontgrand, faite par M. de Bocaud à M. de Bosquat.

Le 5 février 1777, chez M° Vézian, notaire à Montpellier, M. de Bocaud, seigneur de Teyran, donne à M. de Bosquat, « à nouvel achat et emphytéose perpétuelle 20 cétérées de terre des patus et Garrigues de Teyran, confrontant du levant l'aire et terres de Malrives, chemin entre deux, vent droit et midi les terres de Bosquat, et du couchant les patus de Teyran. »

Le 18 septembre de la même année, avant midi, à Montpellier, M. Thomas Marie de Bocaud, chevalier non profès de l'Ordre de Saint-Jean de Jérusalem, seigneur de Teyran, Jacou, Clapiers, donne en achat et emphytéose perpétuelle à Messire Jean Marie Emmanuel de Bosquat, conseiller en la cour des comptes, aides et finances de Montpellier, deux sétérées de patus du territoire de Teyran « confrontant du vent droit et Narbonnet les dits patus, et des autres parts, la Condamine, dite de Fontgrand, appartenant à M. de Bosquat, sous la seigneurie, justice haute, moyenne et basse, droit de lodz et autres droits seigneuriaux du dit seigneur de Bocaud, et dont la censive annuelle de quatre douzaines avoine sera payable et portable annuellement au Château de Teyran, le jour et fête de Saint-Pierre, premier août. Le dit de Bosquat reconnait et confesse les tenir de la directe seigneurie, droits seigneuriaux. » L'acte fut passé en l'hôtel du seigneur de Bocaud, et reçu par Vézian, notaire, le 18 septembre 1777.

A la mort de M. Jean Marie Emmanuel de Bosquat, son fils Henri de Bosquat, prit la direction du domaine.

Le 8 mars 1806, celui-ci acheta à M. Rivière, de Teyran, une pièce de terre de 60 ares au tènement de Malrives, et confrontant du levant le chemin de Mauguio à Montferrand, et du vent droit le chemin de Teyran à Sommières.

M. Henri de Bosquat, conseiller à la cour royale, mourut le 3 septembre 1827, et laissa Malrives aux mains de ses trois filles : Mme de Saint-Maur ; Mme de Masclary ; Mme de Boussairolles.

Le 1er février 1836, ces dames achetèrent à M. Rivière François, marchand de mules à Teyran, une pièce de terre (champ, vigne et herme), presque enclavée dans leur propriété, au « tènement des Clapisses », section C, n°s 48, 49, 50.

En 1863, les héritières de M. Henri de Bosquat vendirent Malrives à M. Boudou de la Roquette. L'héritier de M. Boudou de la Roquette fut son fils, Jean de la Roquette.

Ce dernier vendit le domaine à M. Émile Claudon, de Béziers, le 20 décembre 1880. C'est M. Claudon, comme nous l'avons déjà dit, qui travailla à l'embellissement de Malrives, par les plantations du parc et la construction du petit château. Les circonstances ne lui permirent pas d'en jouir longtemps. Au mois de juillet 1888, le domaine échut à M. Adolphe Rith. Celui-ci mourut à la fin décembre 1898, et depuis c'est Mme veuve Rith qui le dirige.

Malrives n'a point changé d'aspect dans ses derniers 25 ans ; seul, Ferrières a cessé d'être « Tour jasse », pour devenir agréable pavillon de chasse.

CHAPITRE IV

Visites pastorales des évêques Pradel et Bosquet

D'après Creuzé de Lesser, dans sa *Statistique de l'Hérault*, 1824, page 417, l'Hôpital Général de Montpellier, construit en 1662 par ordonnance de Louis XIV, reçut les malades par lettres patentes de mai 1678, et fut chargé de l'administration des hôpitaux établis dans la plupart des paroisses rurales.

Aussi, dans l'*État des paroisses du diocèse de Montpellier*, 1684, G. IV, n° 15, et 1688, G. IV, n° 16, voyons-nous la gestion de l'hôpital de Teyran, tenu jusque là par les prévôts de la confrérie du Saint-Sacrement, passer aux mains des directeurs de l'Hôpital Général de Montpellier. Le local et les biens-fonds de cet hôpital durent être insensiblement aliénés. Et si la visite pastorale de 1626 les signale comme abandonnés, les autres visites postérieures n'en font plus mention.

Le registre n° 15 fournit des renseignements sur notre localité.

L'église dont se servent les habitants appartient au seigneur de Bocaud. L'ancienne église paroissiale, éloignée du village, est délaissée. Les oiseaux nocturnes en font leur séjour favori. Toutefois les teyrannais ont conservé la tradition de s'y rendre en foule le jour de la fête de Saint-André pour la célébration des offices. Ce pieux usage devrait être aboli à cause de l'état de délabrement où se trouve cet édifice, et des accidents survenus et toujours à redouter.

L'inventaire des ornements n'offre rien de particulier.

.Ce mémoire nous donne un détail sur le prieur Honoré Vincent. Agé de 68 ans, il est docteur en droit. Il a fait ses études à Montpellier, et n'est allé dans aucun Séminaire.

Le revenu de Teyran, où, depuis douze ans, il n'y a pas eu de mission, vaut 1040 livres.

Le prieur continue à servir une pension de 300 livres à M. Fages, chanoine d'Aiguesmortes, et 24 setiers de blé à l'évêque.

Il est parlé de la chapellenie de Notre-Dame, dont le patron est M. de Bocaud. Le prieur en est chapelain. Il dit 48 messes pour un revenu de 9 livres, tirées des redevances sur une maison à Montpellier et une maison à Teyran.

Les officiers de la communauté sont : Jean Dumas, baile ; Marcel Salager, procureur juridictionnel des habitants ; M. Viraquel, juge ; Pierre Dumas, greffier.

Il n'y a point de marguilliers.

Le cimetière, situé près de l'ancienne église paroissiale, a des murs peu élevés. Une claie lui sert de porte.

De tout temps les seigneurs de Teyran ont usé du droit de se faire ensevelir dans le chœur de la chapelle du château. Près de l'autel et contre le mur, on trouve des traces de leurs sépultures.

L'hôpital, faute d'entretien, tombe en ruine. Il dépend de l'administration de l'Hôpital Général.

Le procès verbal de l'*État des Paroisses* de 1684 signale en terminant la métairie de Bannières, entre Teyran et Castries, et sa jolie église.

Le tout appartient à la commanderie de Launac. Suivant un acte passé chez Me Fages, notaire, trésorier et secrétaire du chapitre de la commanderie, le prieur de Teyran et le commandeur se sont respectivement astreints : le premier, à l'administration des sacrements aux habitants de Bannières, le second à verser pour le service une pension au prieur.

Le 13 mai 1686, Mgr de Pradel, arrivant de Jacou, vint

à Teyran pour la seconde fois. Comme depuis 1672 il n'y avait pas eu de mission dans cette paroisse, le prélat avait invité le prieur à prévenir la population qu'il y en serait prêché une du 5 mai au 13. Mgr effectivement envoya des missionnaires.

Ils se mirent aussitôt à l'œuvre. Les exercices de la mission furent bien suivis.

Le 13, à 7 heures du matin, Monseigneur, venant d'Assas, arriva à Teyran pour la clôture de la mission.

Il fut reçu à la porte de l'église par le prieur Vincent, assisté des missionnaires, de Jean Dumas, baile ; des consuls Louis Boyer, Pierre Meyssonnier et des habitants.

L'évêque témoigna sa satisfaction de trouver l'église en meilleur état qu'en 1677. Les fonts baptismaux ne sont pas encore construits, mais un grand nombre de réparations utiles ont été exécutées. Le prieur a fait l'acquisition de la majeure partie des ornements selon les prescriptions de la dernière ordonnance. Et les habitants ont fait ériger, à leurs frais, une croix au cimetière.

Le bénéfice vaut 1.000 livres.

Il y a 83 communiants, et deux Nouveaux Convertis.

Marcel Salager est le prévôt de la confrérie du Saint-Sacrement, établie depuis longtemps dans la paroisse.

Soucieux de l'instruction et du développement intellectuel des enfants, Monseigneur presse vivement la population de se procurer un maître d'école.

Les habitants demandent à l'évêque d'engager le prieur à faire venir un confesseur aux principales fêtes de l'année. De la sorte Honoré Vincent, en raison de son grand âge, se ressentirait moins de la fatigue.

Ils demandent de plus la faveur de l'exposition du Saint-Sacrement durant l'octave de la Fête-Dieu, et le jour de saint André, patron de la paroisse. Et ils seraient heureux si le prieur acceptait de faire la procession tous les dimanches, de la Croix de mai à celle de septembre, s'il voulait se procurer un clerc et dire la sainte messe pendant tout le carême.

Ensuite le prélat, revêtu des ornements pontificaux, célébra le saint sacrific.

A l'issue de la messe, le père Fressinaud, un des missionnaires, adressa au peuple une dernière exhortation. Le sermon fini, Monseigneur donna la communion à un nombre bien restreint de personnes, 20, et le sacrement de confirmation à 30. Il annonça la concession de 40 jours d'indulgence à tous les chrétiens, présents à sa visite et à la clôture de la mission.

La bénédiction du Très Saint Sacrement couronna la cérémonie.

A la suite de cette visite, Mgr de Pradel porta des ordonnances sur les réquisitions de son promoteur, M. Claude Serres. Il signale au prieur les ornements dont l'acquisition est la plus pressante. M. Vincent aura à se procurer les livres de chant nécessaires. Il placera dans le chœur des sièges en bois pour les prêtres et supprimera ceux en pierre. Il ornera la sacristie d'un crucifix, et fera mettre un parement et un abat-voix à la chaire.

L'évêque invite encore le prieur à faire sonner l'*Angelus* aux heures habituelles ; à se procurer une armoire pour enfermer les ornements, un tapis pour l'autel, un autre pour la table de la sacristie ; à faire venir aux grandes fêtes un religieux approuvé pour l'aider à confesser ; et à laisser la réserve dans le tabernacle.

A cause de la présence du Saint-Sacrement dans l'église, une lampe brûlera jour et nuit. Le prieur, de moitié avec les habitants, fournira l'huile nécessaire.

Tous les lundis, ou un autre jour, si le lundi n'est pas libre, le prieur dira la messe des morts pour les défunts de la paroisse.

Suivant la relation consignée au registre de la 3me visite, (1687-1688), le 23 février 1688 Monseigneur de Pradel est en visite pastorale à Teyran, pour la troisième fois.

Il est reçu à la porte de l'église par les consuls, les habitants et le nouveau prieur, M. Quissac François.

Le 10 janvier de cette année, Vincent Honoré, après

une direction de 35 ans, avait résigné ses fonctions en sa faveur.

M. Quissac, âgé de 26 ans, est originaire du diocèse de Nimes. Monseigneur, en entrant dans l'église, se montre content de voir les fonts baptismaux établis en conformité de ses ordres. Il interroge les enfants sur le catéchisme, et donne des images à ceux dont les réponses sont satisfaisantes. Il célèbre le saint sacrifice, donne la communion à 14 personnes, et le sacrement de confirmation à 3.

Après une allocution adressée aux fidèles, il fait publier les indulgences, et termine par la bénédiction du Très-Saint Sacrement.

Sur réquisition de son promoteur, M. Claude Serres, Monseigneur porte des ordonnances. Il engage le nouveau prieur à se préoccuper de la fourniture à l'église de certains ornements; à faire vitrer la fenêtre du chœur, crépir les murs, réparer la toiture et paver le sanctuaire. Le prieur devra faire disparaître la muraille à hauteur d'appui entre la nef et le chœur et la remplacer par une balustrade de bois pour la sainte communion. Et les habitants voudront bien prendre à leur charge la réfection de la porte d'entrée de l'église, le pavage de la nef, la réparation des murs et l'achat d'une porte au cimetière.

L'état des paroisses du diocèse, 1688, registre G, IV, n° 16, renferme d'autres indications en complément de cette visite pastorale.

L'ancien prieur démissionnaire, M. Vincent, réside à Teyran. Il est chapelain de la fondation de Notre-Dame. Le revenu de cette chapelle n'a pas varié. Il est de 9 livres. Son avoir s'est modifié, il consiste en un pailler et une écurie. L'obligation des 48 messes persiste.

Les prêtres ont leur tombeau dans la nef, et les seigneurs, dans le chœur.

La sacristie est humide à cause de son trop grand enfoncement dans la terre et d'une aération insuffisante.

Le prieur laisse le ciboire dans le tabernacle, mais garde chez lui le calice et l'ostensoir.

L'injonction faite par l'évêque aux habitants de construire un mur, et une porte au cimetière paraît bien légitime vu l'état précaire de l'un et de l'autre : le mur est en pierre sèche, et, en guise de fermeture, il y a des ronces.

Les prévôts de la confrérie du Saint-Sacrement, établie dans la paroisse par Mgr de Bosquet, sont Guillaume Dumas et Mathieu Goubert.

On n'apporte pas toute la solennité voulue à la célébration de la fête patronale.

Le bénéfice est de mince importance. Il vaut tout au plus 700 livres. De ce revenu, M. Quissac tire 300 livres pour M. Fages, chanoine d'Aiguesmortes; 300 livres pour M. Vincent, l'ex-prieur retiré à Teyran, et 24 sétiers de blé pour l'évêque.

Tous les seconds dimanches du mois, le prieur expose le Saint-Sacrement à la grand'messe et aux vêpres.

Sur le territoire de Teyran sont élevées sept croix : la grande de la mission et deux autres petites. Ces trois sont en bois. Les quatre autres sont en pierre. L'emplacement d'aucune de ces croix n'est désigné. Celle dite *de la mission* doit être la croix signalée aux *trucs des mases* dans la visite pastorale de 1677.

Les habitants n'ont pu encore se procurer ni maître ni maîtresse d'école. Pour les tirer d'embarras l'évêque a lui-même fait choix d'un sujet et le leur présente. C'est Guillaume Guiral, clerc tonsuré du diocèse de Rodez. Son école sera mixte, et les 30 enfants de Teyran, garçons et filles, recevront de lui l'instruction.

Il y a deux sages-femmes dans le pays : Mathieu Sadoule, femme de Pierre Rey, âgée de 50 ans, et Antoinette Guiraud, veuve Auger, 80 ans. Depuis de longues années elles remplissent leurs fonctions.

Le seigneur de Teyran est M. le président de Bocaud.

Les officiers sont : Jean Dumas, baile ; Marcel Salager, procureur.

Les consuls : Guillaume Sadoul et Laurent Figuier.

A cette date, 1688, la population de notre localité était formée de 29 familles.

D'après le registre de la quatrième visite pastorale (1689, 90, 91, p. 421), le 2 mai 1691, Mgr de Pradel fait à Teyran une quatrième et dernière visite. Quelques jours auparavant il avait eu soin d'expédier au prieur un mandement, dont ce dernier devait donner lecture, le dimanche suivant, au prône de la messe paroissiale, afin de prévenir les fidèles et les préparer à cette nouvelle venue de l'évêque.

Au jour fixé, le prélat part de Jacou vers 9 heures du matin et arrive dans la paroisse à 10 heures.

Revêtu du rochet et du camail, il entre dans l'église au milieu de chants liturgiques. Il examine les fonts baptismaux et les trouve en état. Il passe ensuite aux ornements. M. Quissac, depuis la visite de 1688, a fait l'acquisition de certains ornements, d'une balustrade peinte en imitation marbre, d'une chaire à prêcher en plâtre, d'un marchepied de bois à l'autel et d'un meuble pour enfermer les linges d'église.

L'inventaire terminé, Mgr interroge les enfants sur le catéchisme. Il constate leur instruction, et leur distribue à tous des chapelets et des images.

Il confère ensuite le sacrement de confirmation à six enfants spécialement préparés pour le recevoir, et termine la cérémonie par la bénédiction du Très-Saint Sacrement.

Diverses autres indications sont couchées sur le procès verbal de visite.

M. Quissac, âgé de 29 ans, natif d'Aiguebelle, diocèse de Nimes, est prieur depuis 3 ans.

Le bénéfice est affermé 800 livres et paie 113 livres de décimes.

On ne prêche ni carême, ni quinzaine. Et le village est actuellement privé de maître d'école.

La population est formée de 30 familles. Il y a 70 communiants et 20 enfants. On compte 6 nouveaux catholiques. On désignait ainsi les chrétiens qui, du protestantisme, s'étaient convertis au catholicisme. Cette dénomination les différenciait des catholiques restés toujours fidèles à leur foi, et appelés par opposition anciens catholiques.

La fondation de Notre-Dame est mentionnée. L'ex-prieur, M. Vincent, en est chapelain. Son revenu n'a pas varié. Il est de 9 livres. Il provient d'un « four dit *crema* » de Montpellier et d'une maison dans le lieu. Les charges diminuées sont de 40 messes. Cette fondation est mentionnée dans une inscription gravée sur une pierre placée dans le chœur de l'église.

Mgr témoigne sa sollicitude aux pauvres de la paroisse. Craignant de les voir laissés à l'abandon, il désigne Jeanne Bedos et Guillaume Sadoul pour en prendre soin.

Le prélat formule ensuite des ordonnances. Il spécifie l'obligation où sont les intéressés d'exécuter entièrement, en leur forme et teneur, les prescriptions des trois ordonnances précédentes, corollaires de ses visites pastorales.

De plus, par cette quatrième ordonnance, le prieur devra pourvoir l'église des objets ci-dessous : un pavillon blanc pour le ciboire ; un pavillon violet pour les chrémières ; un abat-voix à la chaire ; un tableau neuf ; un rétable doré ; un tabernacle tout doré ; un lambris peint pour le chœur ; un pied d'argent au ciboire ; deux chasubles de soie, une rouge et une verte ; un entablement et un revêtement de bois à l'autel pour éviter l'humidité ; deux voiles de calice, un rouge et un noir ; quatre devants d'autel ; un missel ; un graduel ; un antiphonaire ; un psautier ; un rituel ; un lutrin en bois de noyer ; deux chandeliers en laiton ; un confessionnal neuf ; un crucifix plus grand à l'autel ; à la sacristie une porte avec une bonne serrure ; un fanal ; un dais pour le Saint-Sacrement ; deux nappes d'autel et une de communion ; deux coussins pour le missel ; un tapis pour l'autel ; une armoire pour les saintes huiles.

Le prieur fera en outre blanchir le chœur et, dans son enseignement catéchistique, il devra se servir uniquement du catéchisme imprimé dans le diocèse, et revêtu de l'approbation de l'évêque.

Les habitants placeront au cimetière une porte fermant à clef. Ils devront avoir un maître d'école pour l'instruction de leurs enfants, et ils construiront une maison curiale.

Monseigneur, après les cérémonies de l'église, prolonge son séjour à Teyran où il déjeûne.

Après son repas il se rend à Assas.

Le 7 octobre 1698 eut lieu la septième visite pastorale. Mgr Charles Joachim de Colbert parti de Castries à une heure matinale il arriva à Teyran vers huit heures. La population, prévenue par le prieur, plusieurs dimanches avant, de la venue du premier pasteur du diocèse, s'est assemblée dans l'église pour l'attendre, le mauvais temps l'ayant empêchée de se rendre au-devant de Sa Grandeur. Deux prêtres, Pierre Caussel, chapelain de l'hôpital général de Montpellier, et Antoine Péronnet, hebdomadier à la cathédrale, envoyés par l'évêque pour la prédication d'une mission dans cette paroisse, assistent à la réception, placés à côté de M. François Quissac.

L'évêque, à la porte du château, se revêt des habits pontificaux. Le prieur lui présente le crucifix à baiser, l'encens à bénir. Encensé, le prélat prend place sous le dais et s'avance vers l'église.

La cérémonie se déroule dans sa forme liturgique habituelle.

Les prières pour les défunts sont faites à l'église et non au cimetière. L'inclémence du temps ne permet pas de s'y rendre.

Le prélat procède ensuite à la visite détaillée de l'église. Il reçoit du prieur un mémoire où est avec soin consigné l'état de la paroisse.

Nous avons pris la liberté de corriger deux mots dans le texte primitif. Certainement l'*État de paroisse* fut remis par le curé à Monseigneur et non par Monseigneur au curé. C'est un lapsus du copiste. Il y a eu interversion de mots. Le contexte du numéro 7 le prouve.

Cet *État de paroisse* ajoute peu de renseignements à ceux déjà connus. Le prieur a ses charges décimes en augmentation : elles sont de 148 livres. Il donne toujours 24 sétiers de blé à l'évêque. Mais la pension à fournir à

M. Fages, chanoine d'Alais, est de 200 livres au lieu de 300.

L'ancien prieur, Honoré Vincent, auquel il servait une rente de 55 écus, devait être mort à cette époque. Il n'en est plus fait mention.

Francois Quissac paye 110 livres pour l'impôt de capitation. Ce prieur, âgé de 36 ans, natif d'Aiguebeles, paroisse de Brouzet, s'est préparé aux ordres dans le séminaire de Nimes, son diocèse.

La messe de paroisse se dit en hiver à 8 heures, en été à 7 heures. Tous les dimanches et les jours de fête il y a prône, explication de l'évangile, catéchisme, vêpres.

On fait les processions aux jours indiqués dans le rituel. Et il y a exposition du Saint-Sacrement pendant l'octave de la Fête-Dieu, les seconds dimanches de mois et le jour de Saint-André, patron de la paroisse.

Le nouveau chapelain de la fondation Notre-Dame est un membre de la famille des seigneurs de Teyran, M. l'abbé de Bocaud.

Le service des messes est descendu au nombre de douze par an. Le revenu de la chapellenie est de 9 livres et les charges de 5. Pour la première fois il est parlé de charges afférentes à cette fondation. Elles durent être établies sans doute pour compenser la diminution sensible des messes à célébrer. M. le Président de Bocaud dut accepter de restreindre le chiffre des messes de cette chapelle, dont il était le patron, à la condition toutefois de grever d'autant son revenu.

L'officialité de Teyran était ainsi composée : juge, M⁕ Vilaqueil, avocat; greffier et maire, M. Dumas; consuls, M. Jacques Estor et M. Pierre Teissonnier; baile, M. Jean Dumas.

Les impôts de la paroisse, formée de 28 familles, s'élèvent à la somme de 3.000 livres.

Il y a une école mixte pour les 15 enfants du village. Le maître d'école reçoit un traitement de 40 livres. L'évêque trouve insuffisante cette rémunération, et la porte à 120 **livres.**

La relation de l'*État de paroisse*, après avoir donné les dimensions de l'église, fait l'énumération des objets cultuels.

Il y a dans la sacristie trois registres de catholicité en bon état. Le petit clocher de l'église est trop bas et la cloche aurait besoin d'être refondue.

La communauté n'a point de maison presbytérale, mais elle s'impose 15 livres pour payer un logement au curé.

Cet *État de paroisse* est signé du curé et des deux missionnaires.

Mgr de Colbert enjoint aux consuls de clôturer en entier le cimetière, d'y placer une porte. Si, dans trois mois, ces réparations ne sont pas terminées, l'évêque mettra le cimetière en interdit. Cette mesure ne sera pas prise au cas où l'inexécution des travaux proviendrait de la construction d'un autre cimetière plus rapproché du lieu.

Dans son ordonnance, le prélat indique au prieur les objets dont il devra pourvoir l'église et certains devoirs sur lesquels plus particulièrement il devra porter son attention.

Voici d'ailleurs in-extenso le texte de cette visite. Registre : *Visites et ordonnances de Montpellier 1698 à 1699.*

L'an mil six cent quatre vingt dix huit, et le 7e jour du mois d'octobre, nous serions partis de Castries et arrivés à Teyran environ les 8 heures du matin, et nous avons trouvé les officiers consuls et habitants assemblés dans l'église à cause de la pluie, qui avaient été avertis de notre visite par la publication de notre mandement, faite au prone pendant trois dimanches consécutifs, et par le sieur Pierre Caussel, prêtre chapelain de l'Hôpital Général de Montpellier, et le sieur Antoine Peronnet, pretre hebdomadier de notre eglise cathedrale, missionnaires par nous envoyés au dit lieu. Nous etant revetu de nos habits pontificaux à la porte du château, le sr François Quissac, prieur, nous aurait présenté le crucifix à baiser, fait bénir l'encens et nous aurait encensé ; après quoi nous aurions esté en procession dans l'église sous le dais, où nous avons fait les prières accoutumées avec les cérémonies ordinaires marquées dans le pontifical, et la prière pour les morts dans l'église, n'ayant pu aller au cimetière qui est fort éloigné du dit lieu, à cause du mauvais temps. Ayant ensuite donné la benédiction au peuple, et expliqué les motifs de notre visite, nous y avons procédé comme suit :

1° Nous avons visité le tabernacle qui est de bois doré, dans lequel nous avons trouvé un ciboire rempli d'hosties consacrées et un soleil d'argent sans pied.

2° Nous avons visité les fonts baptismaux qui sont en bon état, et la cuvette de cuivre des eaux baptismales.

3° Les saintes huiles qui sont dans des chrémières d'étain, proche l'autel du costé de l'Evangile.

4° Les registres des baptêmes, mariages et mortuaires, que nous n'avons pas trouvés en bon état.

5° L'autel, qui est orné d'un tableau, et d'un rétable de plâtre sans reliques.

6° Ayant fait notre préparation, nous avons célébré la sainte messe pendant laquelle nous avons communié 12 personnes, et confirmé 13, après leur avoir fait une exhortation sur les dispositions nécessaires pour recevoir ces sacrements avec fruit.

7° Ayant fait appeler le prieur, les officiers, consuls et principaux habitants, nous avons demandé au prieur l'*État de la paroisse* qui nous a remis un mémoire contenant le dit *état* de teneur comme suit :

Mémoire donné à (1) *Monseigneur l'évêque de Montpellier par le* (2) *curé de Teyran pour être instruit de l'état de sa paroisse.*

Le saint, patron de la paroisse : saint André.
Le jour de la fête : 30 novembre.
Le prieur et décimateur : M. François Quissac.
Le revenu du bénéfice va à 800 livres.
Les charges : 148 livres de décimes ; 24 septiers de blé de pension à Mgr l'évêque ; 200 livres de pension à M. Fages, chanoine d'Alais.
Pour la capitation : 110 livres.

(1) L'original porte : *par.*
(2) L'original porte : *au.*

Le dit sieur François Quissac est âgé de 36 ans, natif du lieu d'Aiguebeles, paroisse de Brouzet, diocèse de Nimes.

Il s'est disposé aux ordres dans le séminaire du dit diocèse.

L'heure de la messe de paroisse en hiver se dit à 8 heures, en été à 7 heures.

Le prône et l'explication de l'évangile : tous les dimanches et fêtes.

Le catéchisme pendant toute l'année : les fêtes et dimanches.

Les vêpres, de même.

Les processions : marquées dans le rituel.

Les indulgences : le jour de la fête du patron.

L'exposition du T. S. Sacrement : pendant l'octave de la fête de Dieu, tous les seconds dimanches du mois, et le jour du patron.

Les chapelains : M. l'abbé Boucaud.

Le service des chapelles : 12 messes par an.

Les patrons qui ont droit d'y nommer : M. le Président.

Le revenu : 9 livres ; les charges : 5 livres, ou environ.

Il y a la confrairie du Saint-Sacrement qui a les statuts autorisés par feu Mgr de Bousquet, et confirmés par feu Mgr de Pradel.

Il y a 4 ou 5 pauvres familles.

Le seigneur temporel : M. le président Boucaud, ancien catholique.

Le juge : M. Vilaqueil, advocat.

Le greffier et le maire : M. Dumas.

Les consuls : Me Jacques Estor et M. Pierre Teissonnier.

M. le baille : Jean Dumas.

La somme de la taille imposée : trois mil livres.

Il y a 28 familles anciennes catholiques et environ 80 communiants.

Le maistre d'école n'a que 40 livres, qu'on impose pour lui.

Il y a environ 15 garçons ou filles, qui vont à l'école tous ensemble.

Il y a une sage-femme qui est bien instruite.

L'église a deux cannes et demi de largeur, et 6 cannes 1/2 de longueur.

Il faut faire vitrer la fenestre du fond de l'église et réparer le couvert de la nef.

Il y a un crucifix ; une pierre sacrée entière sans reliques ; 1 tabernacle bois doré, garni en dedans d'étoffe de soie, fermant à clef ; 1 tableau avec un rétable ; 1 ciboire doré en dedans ; 1 calice et la patène ; 1 soleil ; des chremières des saintes huiles à côté de l'autel ; 1 encensoir avec la navette ; 6 chandeliers de l'autel, deux du prieur et 4 du susdit Saint-Sacrement ; 1 éteignoir ; 1 clochette, 1 lampe et 1 croix processionnelle avec un bénitier portatif. Il y a des burettes sans bassin, et des fers pour faire les hosties ; 3 nappes d'autel, deux neuves et l'autre fort usée, et une de la communion, toute neuve ; deux aubes, une bonne et l'autre demi usée, qui sont toutes deux trop courtes. Deux amicts, un bon et l'autre demi usé ; il n'y a qu'un cordon ; 4 corporaux ; 8 purificatoires tout neufs ; 2 palles de calice ; 6 essuie-mains pour l'autel ; il y a une chasuble de ligature qui sert pour le vert et pour le rouge ; il y a la blanche, la noire et la violette. Les voiles rouges et noir sont hors d'usage ; les bourses à corporaux sont bonnes.

Il y a 1 chasuble pour la fête du patron et les grandes solennités.

Il n'y a qu'un devant d'autel de cuir doré et blanc ; 1 chappe de ligature seulement fort courte ; 1 écharpe du Saint-Sacrement ; 1 dais et un drap mortuaire.

Il y a 3 missels ; 1 neuf et les autres demi usés ; 1 canon ou *te igitur* avec les deux cartes ; 1 rituel ; 1 catéchisme du diocèse et le curé a des livres pour les curés, marqués dans les ordonnances synodales.

Il y a 3 registres des baptêmes, mariages et mortuaires qui sont en assez bon état ; 1 marchepied de l'autel ; 1 pupitre sans armoire pour livres de chant ; 1 balustrade pour la communion ; 1 chaire à prêcher ; un confessionnal à 3 places.

Les fonts baptismaux sont en forme de dome, fermés à clef, avec la cuvette de cuivre des eaux baptismales ; la piscine est dans les fonts baptismaux.

Le bénitier est à la porte de l'église ; le clocher est trop bas ; la cloche est rompue, elle serait assez grande pour être entendue de toute la paroisse.

La sacristie ferme à clef, mais elle est trop petite. Il y a dedans une table et une armoire pour les ornements.

Il y a un cimetière qui n'est pas entièrement clos, et qui a une croix au milieu.

Le cimetière est trop éloigné de l'église, et les réparations qu'il y faut faire c'est de le faire entourer de murailles.

Il n'y a point de maison curiale, mais la communauté impose pour cela 15 livres.

Il y a un procès criminel entre deux paroissiens.

Les pécheurs publics : il y a une personne qui s'est mal conduite. On danse tous les dimanches et fêtes.

Il y a 12 ans qu'il n'y a point eu de mission dans la paroisse.

Le présent état de la paroisse de Teyran a été vérifié par nous soussignés, ce 4° octobre 1698.

Signé : QUISSAC, PERONNET et CAUSSEL, prêtres.

8° Nous avons visité les ornements et la sacristie qui est trop petite, et ordonné cy-après ceux que nous avons jugé nécessaires.

9° Nous avons visité la nef dont les murailles doivent être blanchies et les vitres réparées.

10° Nous avons vérifié que le clocher était trop bas, et que la cloche, étant rompue, doit être incessamment refaite.

Sur ce qui nous a été rapporté par les missionnaires, par nous envoyés, qu'il manque une porte de bois au cimetière, et qu'il n'est pas entièrement clos de murailles, avons ordonné qu'à faute de faire faire les dites réparations dans trois mois, le dit cimetière restera interdit, si mieux n'aiment les consuls en faire un autre près du dit lieu.

12° Nous avons représenté aux habitants que la somme de 40 livres n'était pas suffisante pour la subsistance du maître d'école, et qu'il était nécessaire d'imposer 120 livres pour la subsistance et gages du dit maître.

13° Nous avons donné la bénédiction du Saint Sacrement, fait la prière pour les morts, et rendu l'ordonnance comme suit :

ORDONNANCE

Charles Joachim, par la grâce de Dieu, évêque de Montpellier, comte de Mauguio et de Montferrand, marquis de la Marquerose, baron de Sauve, conseiller du roi en ses conseils ; nous, procédant à la visite de l'église paroissiale de Saint-André du lieu de Teyran, le septième jour du mois d'octobre 1698, après avoir ouï le sieur François Quissac, prieur, les officiers, consuls et habitants du dit lieu, sur les requisitions du sieur Claude Serre, chanoine de la Trinité, notre promoteur général, avons ordonné et ordonnons que le Très-Saint Sacrement de l'Eucharistie sera toujours en réserve dans la dite église, et qu'il y aura une lampe, allumée jour et nuit, pour laquelle le sieur Quissac, prieur, fournira les deux tiers de l'huile nécessaire, les habitants ayant offert de fournir l'autre tiers.

De plus, ordonnons que le dit sieur Quissac, prieur, fournira des chremières d'argent, un pied au soleil, quatre chandeliers de leton pour l'autel, un chandelier pour le cierge de l'élévation, un fanal, une robe de soie pour couvrir le ciboire, une nappe de communion, deux aubes, quatre amicts, un cordon, six purificatoires, six petits essuyemains pour l'autel, une chasuble rouge et une verte, les voiles rouge et noir de calice, les devants d'autel violet et noir, trois chapes, une de diverses couleurs, une violette et une noire, deux pavillons pour le tabernacle, un de diverses couleurs, et un autre violet, et un rideau violet pour le tableau, les voiles violets des croix, un tapis d'autel, les graduel, antiphonaire et psautier, un rituel neuf, un triangle pour les offices de la semaine sainte, un cristal au soleil, un bassin pour les burettes et une boëtte pour le viatique.

De plus ordonnons que le prieur fera la prière du soir tous les dimanches et festes après vespres, et les autres jours après le soleil couché, un peu avant la nuit ; qu'il dira la messe pour les morts de la paroisse chaque lundy de l'année, ou un autre jour non empeché, dont il avertira le peuple au prône du dimanche precedant, et fera sonner la cloche la veille.

Donné au dit lieu, dans le cours de notre visite, le jour et an que dessus.

† Charles Joach., év. de Montp^r.

Le 21 juin 1707, nouvelle visite pastorale à Teyran, la huitième en date.

Mgr Colbert, accompagné de son promoteur, M. Jean Cambon, prêtre, bachelier en théologie, curé de Soriech, de son aumônier et secrétaire M. Pierre Cros, prêtre, chanoine de Sainte-Anne de Montpellier, fut reçu par M. Quissac, prieur, et par toute la population.

L'évêque, comme de coutume, fit l'absoute pour les défunts à l'église et au cimetière.

Il interrogea ensuite les enfants sur le catéchisme. Leurs réponses lui parurent peu satisfaisantes. Il les trouva insuffisamment instruits sur la religion, et ne leur donna pas le sacrement de confirmation. Cette décision dut être mortifiante et pour les enfants et pour le prieur.

Au cours de sa visite, Mgr témoigna son contentement de voir en bon état et l'église et les objets cultuels.

Dans son ordonnance néanmoins, il attira l'attention du prieur et des habitants sur certains points spéciaux :

1° le prieur devra faire nettoyer la cuvette des fonts baptismaux, et fournir des chrémières en argent, un devant d'autel en soie pour les fêtes pareil à la chasuble, deux autres devants d'autel un noir et un violet, et un *Te igitur* avec les 2 canons.

2° Désormais le prieur tiendra en double les registres de catholicité ; un exemplaire sera remis au greffier des registres du diocèse, le second restera aux archives de l'église. Et les deux seront côtés et paraphés par M® Fermaud, greffier, conservateur des registres du diocèse.

Cette prudente mesure avait été édictée par Louis XIV, sous le titre X de l'ordonnance d'avril 1667.

Plus tard elle fut confirmée par une déclaration du roi, donnée en 42 articles à Versailles, le 9 avril 1736, que vint appuyer l'arrêt du conseil supérieur de Nimes le 10 août 1773. (Arrêt, décl. Reg. I. 1736-1773. Arch. par.)

3° Le prieur réservera autour de la croix du cimetière un espace de terrain pour la sépulture des enfants baptisés, morts avant d'avoir atteint l'âge de raison.

4° Sont renouvelées les prescriptions de la messe du lundi pour les âmes du purgatoire ; de la prière tous les soirs à l'église ; du prône dominical suivi de la lecture de l'abrégé de la foi et du grand catéchisme du diocèse.

Soucieux de l'instruction religieuse de l'enfance, l'évêque précise ensuite la tenue des catéchismes : 1° tous les dimanches et les jours de fête ; 2° pendant le carême, le lundi, le mercredi, le vendredi ; 3° durant le saint temps de l'*Avent*, le mercredi et le vendredi.

En ce qui concerne les habitants, Mgr les charge : 1° de faire refondre la cloche pour en avoir une nouvelle ; 2° de relever les parties démolies de la muraille du cimetière ; 3° d'installer aux fonts baptismaux un dôme plus décent.

M. l'abbé Jean Cambon veillera à l'exécution de cette

ordonnance, dont le prieur donnera lecture au prône de dimanche.

Le compte rendu de cette visite est dans le registre 1704-1707, le premier de ceux où apparaissent imprimées les formules communes à toutes les paroisses.

Le prieuré-cure de Teyran est, pour la première fois, désigné dans cette visite 1707, comme faisant partie de l'archiprêtré d'Assas.

Les 98 communes du diocèse étaient, à ce moment, divisées en 108 paroisses et groupées en 9 archiprêtrés.

La qualité d'archiprêtre n'était point, comme de nos jours, attachée aux titulaires des plus importantes paroisses.

Ce titre, changeable au gré de l'évêque, était accordé même à de modestes curés, comme celui d'Assas, par exemple.

Les archiprêtres étaient des fondés de pouvoir de l'évêque. En les nommant celui-ci avait sans doute égard à leurs qualités mais il considérait avant tout la position topographique de leur communauté. Et il accordait ce titre à ceux dont le village était au point central d'un groupement de paroisses. Ces prêtres pouvaient ainsi, mieux que tous autres et plus aisément, exercer la juridiction conférée par le titre d'archiprêtre, visiter les localités circonvoisines et y veiller à la parfaite exécution des ordonnances épiscopales. (*Raymond de Durfort*, par Ferdinand SAUREL, p. 35).

CHAPITRE V

Visites pastorales

L'abbé François de Bocaud, descendant des seigneurs de Teyran, reçu docteur en Sorbonne, obtint un des canonicats dont le chapitre avait la collation.

Peu après attaché, en qualité de grand vicaire, à la personne de Jean François Gabriel de Henin Lietard, évêque d'Alais, il fut promu à l'évêché d'Aleth, le 16 octobre 1723. Cette ville, à 6 kilomètres de Limoux dans l'Aude, était siège épiscopal avant la Révolution.

La cérémonie du sacre eut lieu à Paris dans la chapelle de Saint-Sulpice le 11 juin 1724.

Le prélat consécrateur fut l'archevêque de Narbonne, René François de Beauveau. L'évêque de Vabres et celui de Sarlat furent les deux prélats assistants.

Quatre ans après, en 1728, les États du Languedoc firent choix de Mgr de Bocaud pour porter leurs cahiers au roi.

En 1735 la province de Narbonne le délégua à l'assemblée générale du clergé. (D'AIGREFEUILLE, *Histoire de Montpellier*, III, 302).

La visite pastorale du 7 octobre 1698, nous l'avons vu, fait mention d'un abbé de Bocaud, chargé de la chapellenie de Teyran. Est-ce le même abbé devenu plus tard évêque? C'est possible.

D'autre part, nous lisons dans la visite de 1749, que le titulaire de cette fondation était, à cette date encore, un abbé de Bocaud. Cette fois il ne saurait y avoir identité de personne entre l'évêque et ce chapelain. Si c'était le même personnage, le procès-verbal l'aurait, par déférence, désigné sous le titre d'évêque.

Nous croyons plutôt à la présence simultanée dans le sacerdoce de deux membres de cette illustre famille de robe, dont l'un était évêque, et l'autre, abbé, chargé d'acquitter les messes de la fondation Notre-Dame, soit dans l'église de Teyran, soit dans celle des Dominicains à Montpellier.

Ceci nous amène à parler de la neuvième visite pastorale dans notre localité. Mgr Colbert de Croissy, dans son long épiscopat de 42 ans, vint à Teyran seulement deux fois, en 1698 et 1707. De cette dernière date à sa mort, survenue en 1738, les registres ne portent plus trace de visite en nos murs. La plus rapprochée est celle de 1741. Et encore ne fut-elle point faite par l'évêque personnellement, mais par un de ses délégués.

Le 12 octobre de cette année, le successeur de Colbert, Mgr George Lazare Berger de Charancy se trouvait à Jacou en tournée pastorale. Il était accompagné de ses vicaires généraux Lenoir et Duprat, des sieurs Panisse, promoteur, et Canut, secrétaire.

Ne pouvant se rendre lui-même à Teyran, il y envoya un de ses vicaires généraux, l'abbé Lenoir.

Le délégué procéda à l'examen attentif de tout ce qui formait généralement l'objet de ces sortes de visites.

Il trouva l'église en assez piètre entretien. La toiture, le pavage de la nef, la porte, les murailles demandaient une réfection complète. L'édifice entier était dans un état de délabrement voisin de la ruine.

Pour ce motif, le prieur n'y laissait point la réserve.

Le mouton de la cloche, les fonts baptismaux, le confessionnal, le bénitier avaient besoin d'urgentes réparations. Il n'y avait pas de sacristie et pas de local en vue pour en construire une.

L'église possédait 7 registres de catholicité. Le plus ancien partait de 1626. De ces registres, le dernier en date, 1736-1773, est seul arrivé jusqu'à nous. Rien de particulier au sujet des offices paroissiaux.

Le revenu net du bénéfice était de 700 livres.

Il y avait 80 communiants. Trois hommes n'accomplissaient pas, depuis plusieurs années, leur devoir pascal.

La communauté ne possédait ni maître, ni maîtresse d'école.

M. Joseph Maurin était le nouveau prieur. M. Maurin avait-il succédé immédiatement à M. Quissac? Il vint à Teyran au plus tard en 1736, comme le démontre le registre de catholicité le plus ancien en notre possession, et y resta jusqu'en 1760.

A la suite du compte rendu de M. Lenoir, l'évêque prit la suivante ordonnance :

1° Le prieur fournira un pluvial, un dessus d'autel et un dais pour les processions du Saint-Sacrement.

2° Les fidèles effectueront au cimetière et à l'église les réparations nécessaires. Si dans trois mois elles ne sont pas faites, l'église et le cimetière seront en interdit.

Cette ordonnance, signifiée par le promoteur épiscopal aux intéressés, sera lue au prône de dimanche. Et dans le courant de janvier, le curé rendra compte à l'évêque de la manière dont ces diverses prescriptions auront été observées.

Nous voyons pour la première fois le prélat imposer à la communauté la taxation de 20 livres pour l'honoraire de sa visite.

En voici d'ailleurs le procès-verbal dans son texte :

REGISTRE : *Visites pastorales de Mgr George Lazare Berger de Charancy, évêque de Montpellier. Paroisses du diocèse, excepté Montpellier. (19 avril 1740; 15 octobre 1742; page 1152 et sq.)*

Teyran, 12 octobre 1741, nous, George de Charancy, évêque de Montpellier, sommes transporté à Jacou pour visite épiscopale, accompagné des sieurs Lenoir et Duprat, nos vicaires généraux,

du sieur Panisse, notre promoteur, et du sieur Canut, notre secrétaire, et avons deputé led. sieur Lenoir pour aller en la paroisse de Teyran, pour y faire la visite de l'église, examiner l'état des choses saintes, et nous amener les personnes qui doivent être confirmées et le sieur curé et principaux habitants pour conférer des affaires de leur paroisse ; ce qui ayant été exécuté les choses ont été trouvées en l'état marqué aux articles suivants :

Le patron : saint André.

Le toit de la nef doit être refait en entier ; les murailles, réparées ; la porte, de même ; la fenêtre doit être vitrée ; le pavé doit être fait de neuf. Il faut un pluvial. Il n'y a point actuellement de réserve parce que l'église menace ruine, sans cela il y en aurait. Le prieur fournit l'huile. Le dessus des fonts baptismaux doit être réparé. La fermeture doit être mise en état. Il n'y a ni carême, ni quinzaine. Le confessionnal a besoin d'être réparé. Le bénitier qui est à la porte de l'église doit être réparé. Le cimetière doit être clos de murailles. Il y manque une porte avec fermeture. Il n'y a point de sacristie, et il n'est pas possible de trouver du local pour en bâtir une. Il faut un dais.

Il y a sept registres dont le plus ancien est de l'année 1626. Il y en a quelques uns qui sont sans aucune signature. Dans certains il y a des blancs ; il y en a qui sont paraphés. Il y a un double registre, un pour le curé, l'autre pour le greffe. Le bois qui porte la cloche doit être réparé. Il n'y a qu'une messe qui se dit en été à 7 heures, et en hiver à 8. Les vêpres se disent à 2 heures pendant l'hiver, et à 3 heures pendant l'été, et complies tout de suite. Le Saint-Sacrement est exposé tous les seconds dimanches du mois. Il n'y a point d'aumônes fixes.

Nom du prieur et décimateur : Joseph Maurin. Les revenus de la cure vont jusqu'à 700 livres, quittes de toutes charges.

Le patron est saint André. Il n'y a point de secondaire. M. le président de Boucaud est seigneur ; il est ancien catholique et d'une vie exemplaire avec sa famille. Il y a 80 communiants. Il n'y a point de nouveaux convertis. Trois hommes n'ont pas satisfait à leur devoir paschal depuis plusieurs années.

Il y a une confrérie du Saint-Sacrement. Il n'y a ni maître, ni maîtresse d'école. Il n'y a point d'ordonnance de visite dans les papiers de la cure.

LENOIR, vicaire-général,
PANISSE, promoteur

† Georges LAZARE,
évêque de Montpellier

CANUT, prêtre.

ORDONNANCE

Nous, George Lazare, les sieurs curé, officiers, consuls et principaux habitants, ensemble les conclusions de notre promoteur, avons ordonné ce qui suit :

1° Le prieur fournira incessamment un pluvial, un dessus de l'autel et un dais pour porter le Saint-Sacrement.

2° La communauté fera incessamment réparer les murs et le toit de la nef, de même que la porte, la fenêtre et le pavé de la dite nef ; elle fera aussi réparer le dessus des fonts baptismaux, et la fermeture d'iceux avec le confessionnal et le bénitier qui est à la porte de l'église ; elle fera pareillement réparer la cloture du cimetière ; et, faute par ladite communauté de réparer la d. église et la cloture dud. cimetière dans l'espace de trois mois pour tout délai, attendu l'état indécent de lad. église, et le danger de la chute d'icelle, elle demeurera interdite, ainsi que led. cimetière, par défaut de cloture dans led. tems.

Sera notre présente ordonnance signifiée à la diligence de notre promoteur, à toutes les parties intéressées, publiée au prône de la messe de la dite paroisse, et exécutée non obstant toutes oppositions ou appellations quelconques et sans y préjudicier.

Enjoignons aud. curé de nous rendre compte exactement de l'exécution d'icelle dans le mois de janvier prochain, en nous marquant ce qui n'aura pas été exécuté, et les raisons qui en en auront arrêté l'exécution.

Nous nous sommes taxés pour l'honoraire de notre visite à la somme de 20 livres.

Fait et dressé en cours de notre visite le 12 octobre 1741.

† George Lazare,
évêque de Montpellier.

Dans *les villes et paroisses de campagne du diocèse en 1744*, nous lisons (*Cartulaire des rois d'Aragon*, p. 608, Arch. dép. de l'Hérault), une notice fort détaillée, publiée par M. Berthelé, sur la situation matérielle de Teyran.

A cette date, et depuis le début du siècle, la communauté comptait soixante-dix habitants, tous catholiques, et une moyenne annuelle de deux naissances pour deux décès et un mariage.

La localité était desservie par des chemins de traverse. Aucune industrie ne s'y exerçait. Les habitants tiraient du sol leur principal revenu.

Mille sétérées de terres labourables leur donnaient : 600 sétiers de froment ; 400 sétiers de mêlure ; 400 sétiers d'avoine ; 100 sétiers de seigle, orge ; 100 sétiers de divers légumes.

Deux cents sétérées de vigne leur fournissaient 60 muids de vin rouge. La sétérée valait 100 dextres ; la dextre, 18 pans.

Ils récoltaient 15 charges d'huile.

Toutes ces denrées étaient apportées et vendues à Montpellier.

La population se livrait en outre à l'élevage des bêtes à laine, mais plus modérément qu'autrefois. De 1500, le nombre des têtes de bétail était descendu à 700.

La communauté possédait 400 sétérées de terres incultes et 1200 sétérées de garrigues. Les premières, mises en culture, seraient susceptibles de produire du blé, du vin, de l'huile. Des secondes on pourrait tirer un meilleur parti. Il faudrait diviser ces garrigues, et les distribuer aux habitants proportionnellement à leurs compoix respectifs. Le conseil général de la communauté a depuis longtemps pris une délibération dans ce sens. Les frais se réduiraient à ceux du partage. Les particuliers en retireraient de grands avantages. Ils veilleraient à la prospérité de leurs lots et les débarrasseraient des broussailles inutiles, gênantes à la circulation des troupeaux et préjudiciables à leur toison. Bientôt il s'y formerait des pâturages excellents et des bois de coupe de chênes-verts. Si actuellement il n'y en a point, c'est que, les terrains appartenant à l'ensemble des habitants, chacun y agit à sa guise, et personne ne se fait scrupule de détruire les rejetons de ces arbres.

Un autre moyen d'augmenter les revenus du pays, serait de réparer les chaussées et les digues détruites par les inondations afin d'élever le niveau du Salaison, et pouvoir, comme jadis, arroser une superficie de terrain de cent sétérées. De la sorte on obtiendrait de grandes quantités de foins. Et en hiver ces terres seraient de bons pâtis pour les brebis.

La paroisse est un prieuré-cure. Son revenu est de 1200 livres ; ses charges vont à 148 livres 14 sous. Elle appartient à M. de Bocaud. La justice s'y administre et il y a des prisons. En dépit de nos recherches, nous n'avons pu repérer exactement l'emplacement de ces dernières. Quel local leur était réservé ? Était-ce celui d'une des tours ; de la tour SE, par exemple, où l'on vient d'exécuter des travaux tout récents ? Nous ne sommes pas éloigné de l'admettre.

Les impositions s'élevaient à 3.143 livres 12 sous 6 deniers, et la capitation à 100 livres 10 sous.

D'autres détails sont fournis par la dixième visite pastorale. Mgr François Renaud de Villeneuve, dont la vie a été écrite par le chanoine Ferdinand Saurel, fut le successeur de Mgr de Charancy au siège épiscopal de Montpellier.

Il vint une première fois à Teyran le 2 novembre 1749. Deux prêtres l'accompagnaient : M. de Saint-Bonnet, abbé de Saint-Polycarpe, vicaire-général, et M. Canut, chanoine de Saint-Sauveur. Ce dernier remplissait auprès de Mgr de Villeneuve, comme précédemment auprès de Mgr de Charancy, les fonctions de secrétaire.

Reçu par les habitants et le prieur-curé, Joseph Maurin, prêtre du diocèse de Lodève, le prélat examine l'état de l'église et du mobilier. Il constate l'interdiction du cimetière, portée par son prédécesseur, en raison du mauvais état d'entretien où il est laissé. Pour le même motif, l'évêque renouvelle l'interdiction.

En cours de visite, mention est faite d'une maison curiale en bon état. Il ne faudrait point conclure de là à l'existence à Teyran d'une maison spécialement affectée au logement du curé. Non. Cette communauté n'avait jamais pu fournir un immeuble et le réserver à l'usage de claustre, c'est-à-dire de presbytère. Vainement les évêques, dans leurs visites successives, eurent soin d'inciter les habitants à pourvoir le curé d'un presbytère. Cette recommandation resta longtemps lettre morte. Elle fut mise à exécution seulement après la période révolutionnaire. Les mots *maison curiale* sont ici détournés de leur signification habituelle pour désigner le local, momentanément occupé par le curé, et gracieusement offert, dans le château, par le seigneur du lieu.

Il est parlé, dans cette visite, de la fondation Notre-Dame dont l'abbé de Bocaud est chapelain. Ses biens consistent en quelques pièces de terre et une rente de 50 livres, reposant sur tous les biens de M. de Bocaud. Les charges sont d'une messe quotidienne à célébrer à Teyran ou chez les Dominicains à Montpellier. On voit là un spécimen de plus des variations sans nombre dans les obligations de cette fondation 1522. Les héritiers des de La Croix, dans l'impossibilité matérielle de faire exécuter, dans tous leurs détails, leurs volontés, s'en tiennent du moins au principal. Ils assurent au fondateur la célébration d'une messe quotidienne rétribuée par des revenus convenables.

Une chose à souligner en passant. Il paraît bien que M. de Bocaud a eu, au moins un instant, l'intention de remettre dans son cadre, de replacer dans son milieu d'origine cette fondation 1522. Nous trouvons un indice de cette tentative dans cette ligne du procès-verbal : « messe qui doit être dite à Teyran ou dans l'église des Dominicains à Montpellier. » Pour la première fois, les Dominicains sont mentionnés au sujet de cette fondation, et c'est dans leur couvent, si l'on s'en souvient, que l'hypothèse la plus probable nous l'a fait placer.

Au sujet de la propriété de l'église de Teyran, des contestations avaient dû s'élever entre la population et le seigneur. Nous en relevons la trace dans ce procès-verbal, où le procureur juridictionnel souligne à l'évêque l'absence absolue de droits des habitants sur cette église. Ancienne chapelle du château, elle fut mise, volontairement, par M. de Bocaud, à la disposition de la communauté, jusqu'au jour où elle aurait réparé celle de Saint-André, ou en aurait construit une nouvelle. La longue jouissance de cette chapelle, comme église paroissiale, ne peut être invoquée par la communauté, comme titre valable, contre les droits imprescriptibles de M. de Bocaud. Contester au seigneur la propriété de cette chapelle serait, d'une part, retourner contre lui sa propre générosité ; et, d'autre part, la population répondrait par de l'ingratitude aux bontés du seigneur. Elle doit ne pas oublier qu'en des années de misère, peu éloignées, M. de Bocaud la préserva de la ruine, lui vint en aide de toute façon, et lui fournit les semences nécessaires à son entretien.

L'évêque, ayant écouté ces remarques du procureur de Teyran, évita soigneusement de faire connaître sa pensée sur ce point ; et, dans son ordonnance, s'il parla d'une petite réparation à exécuter à l'église, il passa sous silence la question soulevée de propriété. Après avoir attiré l'attention du prieur sur l'entretien défectueux de certains objets cultuels, il termina la visite par le conseil souvent donné aux habitants par ses prédécesseurs, d'appeler auprès d'eux un régent ou une régente d'école pour l'instruction des enfants ; et taxa la paroisse de 20 livres pour frais de visite dont nous publions le procès-verbal, tiré du registre G 4, *Visite du Diocèse de Montpellier*, 1749, page 740. (Arch. du départ.)

Teyran. L'an 1749 et le 2 novembre, Nous, François Renaud de Villeneuve, évêque de Montpellier, etant dans le cours des visites de notre diocèse, nous sommes transportés en la paroisse de Teyran pour y faire notre visite episcopale, accompagnés de M. l'abbé de Saint-Bonnet, prêtre, abbé de Saint-Policarpe, et notre vicaire général, et du sieur Canut, prêtre, chanoine de Saint-Sauveur, et notre secrétaire.

Où étant, avons été reçus en présence de tous les habitants, par M. Joseph Maurin, prêtre du diocèse de Lodève, prieur curé de lad. paroisse.

Patron : saint André.

Il conviendrait que la vitre du sanctuaire feut à chassis mouvant.

Maître autel : en bon état.

Tabernacle : en bon état.

Il y a réserve.

Bancs du clergé : en bon état.

Il n'y a point de parement d'autel noir. Le devant de la chasuble de camelot blanc a besoin d'être décrassé. La chasuble noire a besoin d'être réparée. Les voiles noir et blanc sont hors d'usage. Linges en bon état. Les chremières sont d'étain, mais d'ailleurs fort propres. Le fanal a besoin d'être réparé. La vitre de la fenêtre de la nef a besoin d'être réparée. Chaire en bon état. Confessionnal, bénitier : en bon état.

Fonts baptismaux : en bon état. Sculptures, drap mortuaire en bon état.

Le cimetière est interdit ; la cloture n'étant pas en bon état.

Registres : en bon état.

Maison curiale : en bon état.

Le sieur prieur curé pour le service de la paroisse.

Fondations : point.

Il y a la chapelle fondée de Notre-Dame ; on croit que M. l'abbé de Boucaud en est titulaire ; quelques pièces de terre et une rente de 50 livres, établie sur tous les biens de M. de Boucaud, en font la dotation. Le prieur dit avoir ouy dire qu'elle est chargée d'une messe par jour, qui doit être dite à Teyran ou dans l'église des Dominicains à Montpellier.

Il nous a été représenté par le procureur juridictionnel de Teyran que la communauté n'a aucun droit dans la chapelle où l'on fait les offices de paroisse ; que cette chapelle appartient à M. le président de Boucaud, seigneur de ce lieu ; que la communauté ne doit point contester ce fait, puisqu'il est connu et public que l'église paroissiale était à Saint-André, où est encore le cimetière de la paroisse ; que la chapelle dans laquelle on fait aujourd'hui les offices est attenante au château du seigneur et en dépend ; que le tems qui s'est passé depuis que M. de Boucaud souffre qu'on fasse dans sa chappelle les offices et cérémonies de paroisse, ne saurait acquérir à la communauté un titre de propriété ; qu'on ne peut prescrire sans titre la propriété d'une chapelle en faveur d'une communauté, et cette voye odieuse étant toujours fondée sur une présomption de titre légitime, on ne peut l'opposer à M. le président de Boucaud, puisque ce n'est que par commisération qu'il a permis que l'on se servit de sa chapelle pour y faire les offices de paroisse, jusques à ce que la communauté fut en état de faire relever celle qu'elle avait ou en construire une autre ; que la communauté de Teyran a été pendant longtemps à deux doigts de sa perte ; dans ce temps de misère, qui n'est pas bien reculé, M. de Boucaud l'a soutenue, il a fourni la semence aux habitants pour leur procurer du pain pour vivre, et que c'est par le même motif de charité, qu'il a consenti que la communauté se servit de sa chapelle, de même que de son château, pour servir de logement à M. le Prieur.

Le sieur Maurin, prieur curé, seul decimateur.

Le bénéfice est affermé 1500 livres.

M. de Boucaud, seigneur.

Il n'y a que 100 paroissiens.

Il y a la confrérie du Saint-Sacrement.

Il n'y a ni maître ni maîtresse d'école. Les habitants doivent présenter requête pour demander qu'il leur soit permis d'imposer pour les gages d'une régente qui paraît plus nécessaire qu'un régent.

† L'Évêque de Montpellier.

De Saint-Bonnet, *vic. gén.*

Canut.

Ordonnance

Nous, François Renaud de Villeneuve, évêque de Montpellier, après avoir ouï les sieurs prieur curé, officiers et les habitants de la paroisse, ensemble notre promoteur, et veu le procès verbal de visite cy-devant,

Ordonnons :

Le sieur prieur décimateur fournira un devant d'autel noir, des voiles de soye pour assortir la chasuble blanche et noire dont le devant est hors d'usage, réparer aussi le fanal, fera faire un manche propre et decent pour la croix processionnelle, et se pourvoira incessamment d'une pierre sacrée.

Les habitants feront réparer la vitre de la nef et la cloture du cimetière, si mieux ils n'aiment en faire faire un, qui soit plus à portée de l'église paroissialle ; et cependant confirmons l'interdit de cimetière prononcé par mon prédecesseur, ordonnons que les habitants se pourvoiront devant M^{rs} les Commissaires du Roy et des États pour obtenir la permission d'imposer les gages d'une régente, attendu le grand nombre des jeunes filles qui sont sans instruction dans cette paroisse.

Sera notre présente ordonnance signifiée, à la dilligence de promoteur, à toutes les parties intéressées, publiée au prône de la messe de paroisse, et exécutée, nonobstant toutes les oppositions ou appellations quelconques et sans y préjudicier. Enjoignons au sieur prieur curé de nous rendre compte exactement de l'exécution d'icelle dans le mois prochain, en nous marquant ce qui n'aura pas été exécuté, et les raisons qui en auront arrêté l'exécution.

Nous nous sommes taxés, pour l'honoraire de notre visite, la somme de 20 livres.

Fait et donné aud. lieu de Teyran, au cours de notre visite, ce deuxième novembre mil sept cent quarante neuf.

† L'évêque de Montpellier.

CANUT. *p. ch.*

Cette même année 1750, le Commandeur de l'Ordre de St-Jean de Jérusalem voulut procéder au bornage des terres de Bannières, limitrophes de celles de Teyran. Sur sa demande, le Sénéchal de Montpellier désigna un commissaire, Gaspard Feautrié, docteur et avocat, pour assister aux travaux de délimitation.

Le 1er avril, après convocation, se réunirent sous la présidence du Commissaire : 1° pour Teyran : Joseph Maurin, prieur ; Etienne Chauvet, François Brissac, consuls ; Mathieu Goubert ; Jacques Bedos ; Jean Escuret ; Gabriel Paul ; Guillaume Baderoux, agent de de Bocaud ; Guillaume Desfour, chasseur de de Bocaud ;

2° Ricard, notaire, assisté de Jean de Patrix, procureur-fondé, pour Charles-Eugène-Gabriel de La Croix de Castries, gouverneur de Montpellier ;

3° Les Consuls de Vendargues.

Il fut requis contre Marcha, propriétaire de Malrives, et les Consuls de Castries qui n'avaient point répondu à la convocation.

Le lendemain, 2 avril, maître Ricard, au nom du marquis de Castries, ne vit aucun inconvénient à ce que de nouvelles bornes fussent dressées, à la condition qu'elles fussent conformes à l'acte de bornage de l'année 1291. Il fit remarquer que les bornes, déjà élevées entre la terre de Teyran et celle de la baronnie de Castries, ne doivent pas être touchées, parce qu'elles ont été dressées, non d'après le bornage de 1291, mais simplement pour délimiter le terroir et la juridiction de Castries d'avec ceux de Teyran.

Les habitants de Teyran reconnurent que les terres de leur village étaient séparées de Bannières par les garrigues de cette métairie, qui, en suivant la crête de la colline de ce nom, allaient à peu près des *fourches* de Teyran jusqu'à la vue de Malrives, de la juridiction de Teyran ; ensuite tournaient à l'endroit où il y avait autrefois des pins, et suivaient le chemin qui va en s'abaissant à la Cadoule.

Ils consentirent, à leur tour, à la plantation de bornes pour la délimitation des terres de Bannières de celles de Teyran, à la condition de se conformer à l'acte de 1291.

Ces réserves faites, on désigna un géomètre, Baudon, pour étudier le tracé des limites.

Baudon se mit à l'œuvre. Et les 17, 18, 30 juin, géomètre et intéressés se rendirent sur le terrain pour désigner ensemble les endroits où les termes devaient être placés. Partis des bords de la Cadoule ils marquèrent : la 1re borne à l'embouchure du *valat de Besentagues* ; la 2e, en allant vers le nord, à 57 cannes de la précédente, contre le bord de la Cadoule et sur le chemin de Teyran à Sommières ; la 3e, en remontant et longeant ce chemin, à 250 cannes de la précédente ; la 4e, à 215 cannes plus loin, en s'inclinant un peu au midi contre le chemin de Teyran à Sommières ; la 5e, à 88 cannes de celle-ci, en inclinant encore au midi, au point d'où l'on découvre le château de Teyran, l'église St-André d'Aubeterre, le mas du Pont, le Crès, Doscares.

Ces bornes traçaient au nord la limite des terres de Bannières de celles de Teyran.

Se repliant ensuite vers le midi, inclinant au levant, ils marquèrent : la 6e borne à 183 cannes de la précédente, sur un tas de pierres d'où l'on découvrait Castries, le Crès, Jacou, Teyran, Assas, Ferrières, Malrives, le mas Nau, les arcs de la Clapisse et Bannières ; la 7e, en inclinant un peu au couchant, à 182 cannes de la 6e à l'endroit d'où l'on voyait Castries, le Crès, Jacou, Teyran, Ferrières, le mas Nau, Beaulieu, arcs de la Clapisse, Bannières ; la 8e, en inclinant un peu au couchant et tirant vers le midi, à 350 cannes de la précédente, sur un monceau de pierres d'où se voient Castries, Vendargues, le Crès, Jacou, Clapiers, Teyran, Assas, Ferrières, le mas Nau et Beaulieu ; la 9e, en inclinant un peu au levant, contre le chemin de Bannières à Montpellier, en vue de Teyran, et à 227 cannes de la précédente. A 73 cannes de celle-ci, en inclinant un peu au levant, ils atteignirent la dernière des cinq bornes placées de ce point aux *fourches* de Teyran, en suivant toujours la crête de la colline. Les bornes 6, 7, 8, 9 et les cinq qui, du chemin de Bannières à Montpellier allaient aux *fourches* de Teyran, délimitaient au couchant le territoire de Bannières de celui de Teyran.

Ces travaux finis, le Commissaire, Gaspard Feautrié, autorisa le procureur de la Commanderie à placer les bornes aux endroits désignés.

L'acte d'autorisation fut signé de Feautrié et de Bonnet, son greffier. (Portefeuille H. Commanderie de Montpellier. — *Bornage des domaines de la Commanderie du Grand et Petit St-Jean*, fol. 76 à 115. Arch. départ.).

Quelques années après, le 12 mai 1756, Mgr de Villeneuve, accompagné de M. l'abbé Loys, son vicaire général, et de M. le chanoine Canut, son secrétaire, vint pour la seconde fois à Teyran. Il fut reçu par le prieur Joseph Maurin. Le procès-verbal de cette visite ne relate rien de particulier depuis la dernière, sinon un léger accroissement de la population portée du chiffre 100 à celui de 120. (*Visites past. diocèse Montpellier*. Reg. 1736-1758. Arch. départ.).

Le successeur de Mgr de Villeneuve fut Mgr Raymond de Durfort, dont le chanoine Saurel a écrit l'histoire. En 1773, nous le trouvons avec le seigneur de Teyran dans la cérémonie funèbre de l'évêque de Castres. Venu en congé de quelques jours à Montpellier chez son beau-frère, le vicomte de St-Priest, intendant en Languedoc, Monseigneur Jean Sébastien de Barral y mourut le 16 juillet 1773. Mgr de Durfort présida les funérailles du prélat défunt. L'abbé de Barra.. fit le 1er deuil ; le fils de l'intendant (pour l'intendant absent) le second ; le 3e deuil fut conduit par le président de Bocaud, seigneur de Teyran, et le marquis d'Axat. (Arch. mun. de Montp. *Cérém. consul.*, N° IX, p. 67).

Deux mois plus tard, le 26 septembre 1773, Mgr Raymond de Durfort, tandis qu'il visitait lui-même Castries, délégua son vicaire général Louis Farjon pour procéder, en son nom, à la visite de la paroisse de Teyran, voir l'état de l'église, interroger les habitants et amener le lendemain les enfants à Jacou afin d'y recevoir le sacrement de confirmation des mains de Monseigneur. M. Lambert, secrétaire de l'évêque, accompagnait le grand vicaire dans cette visite. Ils furent reçus par M. Coulondre, prieur depuis 1760. Le délégué s'acquitta minutieusement de sa mission, inventoria les objets cultuels, en indiqua le nombre et l'état. Il nota l'absence de chape noire à cause de son inutilité en raison de l'éloignement du cimetière ; l'état de délabrement de la porte d'entrée de l'église ; la fêlure de la cloche ; l'absence de sacristie et l'impossibilité d'en construire une.

L'école est mixte, ajouta-t-il ; 30 enfants, garçons et filles, reçoivent en même temps l'instruction d'une institutrice, nommée Madeleine Courlesse, dont le traitement est de 100 livres ; la population, en augmention depuis la dernière visite, est de 150 âmes ; le bénéfice vaut 1700 livres.

M. Farjon écrivit, sur l'indication de M. Coulondre, que

l'église était le local de l'ancienne chapelle du château, cédée aux habitants lors de la fondation de Notre-Dame-de-Grâces, et devenue, après agrandissement, église paroissiale.

L'information de M. le prieur manque de précision dans sa seconde partie.

La cession de la chapelle seigneuriale avait été faite, non pas en raison de la fondation de 1522, mais, ainsi qu'il résulte du procès-verbal de visite de 1749, « par considération... jusqu'à ce que la Communauté fut en état de faire relever celle qu'elle avait (St-André d'Aubeterre) ou en construire une autre... » En second lieu, depuis longtemps déjà la fondation (Inscription 1522) avait été transportée de Montpellier dans la chapelle en question (aux environs de 1562), que les habitants continuaient à se servir de leur vieille église d'Aubeterre comme église paroissiale. En preuve de ceci nous avons la visite de 1632 faite dans ce local. C'est en 1657 seulement que nous voyons les habitants en possession de la chapelle du château, et y recevoir, pour la première fois, la visite de leur évêque. La cession de cette chapelle dut avoir lieu par conséquent entre 1632 et 1657.

Elle fut un peu modifiée pour les besoins du service paroissial.

Le campanile sur la porte d'entrée fut placé entre les dates 1657-1677. En 1657, Mgr de Bosquet en ordonne la construction, et, le 26 avril 1677, Mgr de Pradel le trouve érigé.

L'agrandissement de la chapelle fut opéré seulement en 1818.

La sacristie, « du côté du Levant » est signalée comme incommode, insalubre, dans les diverses visites de 1632 à 1698 et dans l' « *état des paroisses* » 1684, 1688 ; dans la visite de 1707, il n'en est plus fait mention, et, dans celle de 1741, il est écrit qu'il n'existe point de sacristie. Elle dut changer de destination entre 1698 et 1707, et être transformée en petite chapelle dédiée à la Sainte Vierge ; les habitants se rappellent avoir vu cette chapelle à l'emplacement même qu'occupait autrefois la sacristie ; on aperçoit encore aujourd'hui les angles saillants des montants et du cintre de l'ouverture. Le rapport dressé par M. l'archidiacre Farjon fut présenté à Mgr de Durfort qui le signa, à Jacou, le lendemain 27 septembre 1773, après avoir, dans une ordonnance, attiré, sur certains points, l'attention des intéressés.

Voici le texte de cette visite la dernière, relative à Teyran, des 24 registres aux archives départementales.

1773, 26 septembre, à 2 heures après-midi, nous, Charles-Louis Farjon, vic. génér., chan. et archidiacre de Mgr Raymond de Durfort, évêque de montp. — [par ordre] de mond. Seigneur l'évêque qui, étant en visites pastorales de son diocèse, actuellement au lieu de Castries, d'où il nous a députe pour visiter [la] paroisse de Teyran, l'église, examiner les choses saintes, interroger [les] S^{rs} curé et habitants, et ammener les enfants au lieu de Jacou pour y recevoir le sacrement de confirmation le 27 septembre, et conférer de leurs affaires ; en conséquence de la d. députation, nous nous y sommes transporté, accompagné de Lambert prêtre, secrétaire de Mgr ; reçu par le prieur curé de la paroisse.

Le ciboire, croissant, ostensoir et les autres articles en état ; il n'y a point de burette pour le St-viatique, attendu que les paroissiens habitent tous aud lieu de Teyran. Les fonts baptismaux sont situés au fond de l'église d'une grandeur suffisante, et en état, ainsi que les autres articles en la note ; il n'y a point de croix, ni image qui annonce les cérémonies.

Les saintes huiles sont dans des vases d'étain, sans étui pour la grande boëtte, de même matière, qui les renferme, conservée dans une petite armoire, dans le sanctuaire, du côté de l'évangile.

Point de reliques ; le Me Autel, qui est le seul, dédié à St-André, est en bon état. Ni tableaux, ni statues, ni sculptures. Un seul confessionnal, bon état à cela près qu'il manque aux côtés des pénitents une image de piété ; il est situé au bas de l'église à côté des fonts baptismaux. Chaire à prêcher en bon état. On n'y prêche ni carême, ni avent, ni quinzaine. Il n'y a point de sacristie, et il est absolument impossible d'y en faire bâtir une. Il y a cependant dans le sanctuaire, à côté de l'autel, une table pour les ornements, et une armoire pour les enfermer ; les autres articles manquent, ne pouvant pas décemment y être placés.

Il n'y a qu'un calice ; il est en état ainsi que la patène et les autres articles en la note. Il y a 2 missels, un cahier pour les morts, un rituel tout en état, à cela près qu'un des deux missels, il y a plusieurs feuillets qui se détachent ; il n'y a qu'un petit graduel dont M. le prieur se sert ; il n'y a ni psautier, ni antiphonaire, attendu qu'on n'y chante pas les offices. Il y a sept chasubles, dont deux en soye et cinq en laine ; celles en soye sont une blanche à fleurs rouge, une autre blanche ; celles en laine sont une rouge, une verte, une violette, une noire et une blanche ; toutes les sept en état ainsi que leurs voiles, étoles manipules et bourses ; il y a une chappe de toutes couleurs en soye, elle est en état. C'est la seule qu'il y a. La noire luy serait inutile à cause du très grand éloignement du cimetière et du mauvais chemin par où il faut passer pour y aller. Il n'y a point d'étole pour les sacrements ; l'écharpe est en bon état. Il n'y a pas de parements d'autel ; attendu que l'autel est en pierre figure de marbre. Il y a trois aubes, six amicts, trois ceintures, sept corporaux, vingt-quatre tours d'étolle, 12 purificatoires, 7 palles, 3 nappes d'autel de dessus, une de dessous, une nappe de communion, 12 essuyemains pour l'autel, point pour la sacristie ; le tout en état. L'encensoir, la navette, croix processionnelle et autres articles utiles en la note, en état. Le sanctuaire, la balustrade sont en état, ainsi que la table de communion ; l'huile de la lampe et le luminaire de l'autel sont fournis par M. le prieur curé ; la vitre ne jointe pas bien, en sorte que l'eau peut découler à travers ; les autres articles, en état ; il n'y a ni bancs ni tombeaux. La nef et les autres articles en état, à la réserve de la doubleure de la porte de l'église, qui est détachée par le bas. Il n'y a ni bancs ni sculptures ; le bénitier fixe est à côté de la porte de l'église ; le clocher par dessus ; la cloche est fendue et ne rend presque pas de son.

Il n'y a qu'une messe qui se dit à 8 heures en hyver et à neuf en été. Le prone se fait à la messe ; les vèpres et complies sont dites à 2 heures en hyver et à 3 en été ; le catéchisme se fait auparavant. Il n'y a ni procession, ni exposition du St-Sacrement ni indulgences autres que celles qui sont en usage dans le diocèse. Il n'y a ni œuvre, ni fabrique ; en conséquence nous avons remis à M. le prieur curé un extrait de la déclaration du roy du 10 mai de l'année dernière, avec les instructions mises au bas, afin qu'il le remette aux consuls, en les exhortant de s'y conformer. Il y a une chapelle sous l'invocation de Notre Dame de Grâce ; M. de Bocaud seigneur du lieu en est le patron, et M. le prieur curé actuel de Jacou en a le titre. M. le prieur curé nous a dit que, depuis la fondation, le local de la chapelle a été cédé à la communauté qui y fit ajouter une nef et élever un clocher ce qui forme l'Eglise paroissiale d'aujourd'hui sous l'invocation de St-André, qui était le patron de l'ancienne église paroissiale Dalbeterre, à laquelle Teyran a succédé. M. de Bocaud donne cinquante livres pour l'honoraire de cent messes, qu'on nous a assuré n'en avoir pas pris possession quoiqu'il en ait le titre. Il n'y a que la confrérie du St-Sacrement laquelle est sans revenus, et d'ailleurs sans abus.

L'église est suffisamment grande, non consacrée ; St-André en est le patron. Il y a des registres de baptêmes, mariages, sépultures depuis 1625 ; ils sont en règle tant pour le fonds que pour la forme des actes ; ils sont gardés chez M. le prieur curé avec les autres papiers du bénéfice.

Il y a deux cimetières à côté l'un de l'autre , à un quart de lieu de distance de Teyran, auprès des débris de l'ancienne église paroissiale de Saint-André d'Albeterre ; il y a une croix sur la porte d'un chacun ; une de ces deux croix n'est pas assurée ; l'un et l'autre cimetière sont sans porte ; leurs murs ne sont pas assez élevés, et il y a aux murs de tous les deux plusieurs brèches.

La maison presbitérale est en état ; M. le prieur curé ne loge avec lui qu'une gouvernante, âgée environ de 60 ans. M. le prieur curé se nomme Coulondre ; il est de très bonne vie, mœurs et conduite, réside et fait exactement son devoir pastoral ; il a les statuts et autres livres nécessaires.

Il n'y a ni secondaire, ni autre ecclésiastique. Il y a seulement une régente qui est de bonnes mœurs, capable, exacte aux règlements, approuvée ; elle a cent livres d'honoraires, trente écoliers garçons ou filles ; c'est, à ce que nous a dit M. le prieur, par permission des supérieurs qu'elle fait l'école aux uns et aux autres ; elle se nomme Magdelaine Courlesse. Il n'y a point de sage femme, ni aucune personne qui en fasse les fonctions.

Il n'y a ni hôpital, ni bureau de charité, ni aumônes fixes de la part du décimateur. Il y a environ 150 paroissiens, dont 103 communiants ; 3 n'ont pas satisfait au devoir pascal. Il n'y a ni scandales, ni abus, ni inimitiés, ni procès.

La dime produit 1.700 livres de revenus ; elle appartient à M. le prieur curé. Le bénéfice est à la collation libre de Mgr. l'Évêque. Mr de Bocaud en est le seigneur.

ORDONNANCE

De tout ce dessus procès-verbal, avons signé avec Coulondre, prieur curé ; Lambert secret ; Pierre Bedos, habitant dud. lieu ; Farjon vic. génér.

1º Il sera fait un étuit pour la grande boette d'étain qui renferme les vases qui contiennent les Saintes Huiles, lesquels vases, étant aussi d'étain, seront changés en des vases d'argent. Il sera placé dans le sanctuaire, le plus commodément qu'il se pourra, un prie-Dieu sur lequel il sera mis un carton pour la préparation à la messe et actions de grâce. L'un des deux missels sera relié, et il sera fourni un psautier et un antiphonaire. Il sera fourni une étole pour les sacrements.

2º La vitre du Sanctuaire sera raccommodée, de manière qu'elle jointe bien, et que l'eau ne puisse pas découler à travers. La porte de l'église sera doublée à neuf aux endroits où la doubleure manque. La cloche étant fendue sera remplacée par une neuve ; la croix d'un des cimetières sera rassurée ; il sera mis une porte à chacun d'eux ; leurs murs seront élevés jusques hors d'appuy, et les brèches, qui y sont, seront réparées.

Le sieur prieur curé aura attention toutes les années de lire au prône pendant le carême le canon *Omnis utriusque sexus ;* de l'expliquer, ainsi que les peines qu'il prononce contre ceux qui ne communient pas à Pâques, indépendamment des instructions qu'il doit faire, dans le cours de l'année, pour porter ses paroissiens à la fuite du vice, à la pratique de la vertu, et à la fréquentation des sacrements institués pour donner la vie à nos âmes, et nous la conserver.

Notre présente ordonnance sera lüe au prône, le 1er dimanche après sa réception, et communiqué aux personnes intéressées, afin qu'ils y satisfassent dans 3 mois au plus tard, et, dans le cas qu'on n'y ait pas satisfait dans led. tems, le sr prieur curé nous en donnera avis pour y pourvoir ainsi que de droit.

Nous nous sommes taxés pour l'honoraire de notre visite la somme de 20 livres.

Fait et donné au lieu de Jacou au cours de visite, le 27 sept. 1773.

† R. Ev. de Montpellier.

(Visites du Diocèse de Montpellier. Registre 1772-1773. — Arch. départ.).

Peu de mois après cette visite, M. Coulondre réalisa une des principales clauses de l'ordonnance épiscopale : il fit l'acquisition d'une cloche neuve. Et le 20 mai 1774, le prieur de Teyran, honoré à son tour du titre d'archiprêtre comme autrefois celui d'Assas, procéda lui-même, sur permission spéciale, à la bénédiction de la nouvelle cloche, au nom des trois personnes de la Ste-Trinité et en l'honneur de la T. S. Vierge. Le parrain fut Pierre Brissac, et la marraine, Marguerite Jean, épouse de Jean Paul. Le procès-verbal de la cérémonie porte les signatures de : Brissac ; Marguerite Jean Paul ; Dumas ; Paul, consul ; Philippe Jeanjean ; Barrandon ; Michel ; Sanier ; Venturié ; Coulondre, prieur. (Registre n° 2, 1773-1793. Arch. par.).

M. Coulondre, resté à la tête de la paroisse jusqu'à la fin décembre 1787, fit construire une petite sacristie du côté du Nord-Ouest. De ceci nous n'avons pas la preuve certaine mais une quasi-certitude. La visite pastorale de 1773 mentionne l'absence de sacristie à l'église de Teyran, et, au contraire, l'inventaire des biens de ce prieuré, fait le 1er mars 1790, en signale une. Édifiée entre 1773 et 1790, elle fut l'œuvre de M. Coulondre qui dirigea la paroisse jusqu'aux derniers jours de 1787, et non de l'un des quatre prêtres qui se succédèrent rapidement dans la localité de 1788 à 1790.

L'année suivante s'éleva un long procès, composé de 33 pièces, entre divers propriétaires au sujet de la tenue illégale de chèvres. MM. Armingaud Boyer, François Jeanjean, Pierre Claret se plaignirent en 1775 à M. l'Intendant de Languedoc de ce que MM. de Bosquat, Brissac, Goubert avaient contre tout droit des troupeaux de chèvres et portaient préjudice aux droits et aux propriétés des autres habitants.

Ils motivaient leur plainte :

1° Sur l'arrêt du conseil du 29 mai 1725 ;
2° Sur l'ordonnance de M. de Bernage du 10 janvier 1727 ;
3° Sur celle de M. Lenain du 6 mars 1728 ;
4° Sur une autre obtenue par défunte Mme la présidente de Bocaud, juillet 1748, interdisant de tenir des chèvres sur le territoire de Teyran ;
5° Ils ajoutaient que les bêtes dégradaient la propriété ;
6° Mangeaient la subsistance des bêtes à laine, à tel point qu'il fallait acheter du fourrage pour leur entretien en hiver ;
7° Et que les bergeries étaient l'une dans le village, l'autre près de la fontaine.

Pour toutes ces raisons, M. de St-Priest, intendant, porta une ordonnance le 7 septembre 1775, contre MM. de Bosquat, Brissac, Goubert, et, par l'intermédiaire des consuls de Teyran, les invita à ne plus tenir de chèvres.

Le 5 octobre 1775, MM. de Bosquat, Brissac, Goubert écrivirent à M. de St-Priest que sa bonne foi avait été surprise par des adversaires tracassiers, et le prièrent de vouloir bien reporter cette ordonnance, ou tout au moins, de surseoir à son exécution.

L'intendant n'accorda point le retrait, mais le sursis.

Profitant du répit laissé, ces Messieurs, prennent leurs dispositions, et le 4 novembre 1775, présentent à M. l'Intendant une requête où ils réfutent les allégations adverses, et donnent de leur conduite les raisons suivantes :

1° Ils ignorent les ordonnances invoquées ; si elles existent, elles n'ont jamais été exécutées contre eux ;

2° La dépaissance dans les garrigues ne porte aucun préjudice ; elles sont impropres à toute culture, comme l'affirme une expertise de 1747. Il n'y a point de chênes, mais seulement des broussailles que dédaignent les bêtes à laine ;

3° Le seigneur et la communauté, tout aussi intéressés dans la question que les plaignants, ne disent rien ;

4° Les chèvres ne dégradent point la propriété d'autrui ; leurs bergeries sont près des garrigues, et les abreuvoirs, loin des terrains cultivés ;

6° Les ordonnances précitées avaient été portées dans le but de conserver les bois, d'éviter tout dommage ; et la défense de tenir des chèvres avait été faite aux communautés où des préjudices étaient à craindre, mais Teyran, ne se trouvant pas dans ce cas, dut être excepté de la mesure générale.

7° Ces troupeaux de chèvres procurent de grands bénéfices à la communauté.

A la fin de leur requête, ils insinuent qu'une expertise démontrerait de quel côté se trouve la vérité.

Le même jour, 4 novembre 1775, M. de St-Priest ordonne aux commissaires du diocèse, d'examiner les avantages et les inconvénients à tenir des chèvres dans le territoire de Teyran.

Le 11 novembre, M. de Bosquat fait signifier « l'ordre de vérifier » à Granier, notaire, syndic du diocèse, par Gounel, huissier, et, le 20 novembre, il avertit, par la même voie, Armingaud Boyer de l'ordonnance du 4 novembre.

Le 20 novembre 1775, les commissaires du diocèse nomment Delours, qui expertise le 7 janvier 1776, en présence de Bedos,

Dumas, consuls ; de MM. le prieur, Brissac, Goubert, Barrandon, Vincent et autres Gabriel Delours observe que M. de Bosquat possède 115 chèvres; M. Brissac 88 ; M. Goubert 108. Accompagné des consuls, de Boyer, Jeanjean fils, Brissac, Goubert, Paul, Vincent, il parcourt les divers tènements où il voit des « arbustes », des « romarins », des « potes », peu de chênes-verts, excepté à « *Cabimont* ».

Cabimont pourra être mis en réserve ; quant au reste, la vaste étendue des garrigues permet de tenir des chèvres même en grand nombre. Ce sera profit pour la communauté.

M. de St-Priest, trouvant insuffisante cette expertise, en ordonne une seconde. Gabriel Delours la fait le 4 juillet 1776. Cette nouvelle expertise complète la première, en fixant le chiffre des chèvres qu'il est possible de tenir, et les chemins à suivre pour les amener paître.

Forts des deux expertises favorables à une partie de leur thèse, la possibilité d'avoir des troupeaux de chèvres sans préjudice pour autrui, MM. de Bosquat, Brissac, Goubert demandent, le 15 juillet 1776, cassation de l'ordonnance du 7 septembre 1775.

Cette requête est communiquée le même jour à M. de Joubert, syndic de la province. Le lendemain 16, M. de St-Priest demande aux commissaires du diocèse leur avis sur les deux expertises, et, le 7 août, invite le conseil de la communauté à délibérer d'après ces deux pièces.

Le 9 janvier 1777, les consuls de la communauté s'assemblent. Bedos, premier consul, résume les débats entre de Bosquat, Pierre Brissac, Pierre Goubert, d'une part ; et Armingaud Boyer, François Jeanjean, Pierre Claret, de l'autre. Après examen des pièces, ils adoptent les conclusions des expertises, et concluent que :

1° En dehors du terrain réservé (*Cabimont*), et sans préjudice des terres cultes et des bêtes à laine, il peut être tenu 600 chèvres ;

2° Quoique enfermées dans des bergeries près du village, les chèvres peuvent sans inconvénient être conduites aux garrigues par des chemins larges et presque murés sur leur longueur ;

3° Les chemins à suivre pour se rendre soit aux garrigues, soit aux abreuvoirs, sont d'un côté celui de *Bannières*, de l'autre celui des *Trucs*, venant aboutir à celui de *Bannières*;

4° Dans leur ensemble les habitants trouveront un avantage à tenir des chèvres.

Le procès-verbal est signé : Pierre Goubert ; Paul ; Barrandon ; Brissac : Dumas, consul ; Bedos, consul ; Dumas, Icard, greffier.

Le 15 février 1777, M. de Saint-Priest, intendant, d'après les deux rapports de l'expert, la délibération des consuls de la communauté, l'avis du syndic de la province déboute Armingaud Boyer, Jeanjean François, Pierre Claret et permet aux habitants de tenir dans le territoire de Teyran, à l'exception du tènement de *Cabimont* réservé, un maximum de 600 chèvres, à condition toutefois de les faire paître seulement dans les garrigues et de les y conduire par les chemins désignés ; et ce, sous les peines édictées dans l'arrêt du Conseil le 29 mai 1725.

Les débats entre les parties litigantes terminés sur la question du droit de tenir des chèvres, reprennent sur celle du paiement des frais.

L'expert Delours ayant présenté à M. de Bosquat la note à payer, celui-ci répondit que les dépens devaient être supportés par la partie défaillante. Mais non, répliquent MM. Armingaud, Boyer, Jeanjean et Claret, ce n'est pas à nous. Nous avions réclamé simplement l'application des ordonnances et nous n'avons pas à solder les frais d'expertises que nous n'avions pas demandées.

Le va-et-vient des huissiers se prolonge de la sorte près d'un an.

Finalement, le 27 janvier 1778, M. de SaintPriest porte l'ordonnance qui clôt judicieusement le procès. La plainte formulée, dit-il, par MM. Armingaud Boyer, Jeanjean et Claret, basée sur les ordonnances de mes prédécesseurs était bien fondée. Les expertises auxquelles elle a donné lieu, ayant tourné au profit de la communauté, qui auparavant tenait sans permission des chèvres, il est juste que les frais d'expertise, du rapport et de la requête soient supportés par la communauté. (Archiv. Malrives).

Dans les localités rurales de nos régions, l'exploitation du petit bétail étant une source de bons et solides revenus, cette question des dépaissances a de tout temps soulevé des difficultés et exigé des mesures.

Ici nous en trouvons trace dans le registre 1790-1749 (Arch. municip.).

1° Au folio 28 v° le conseil de la communauté, le 31 mars 1791, prend un arrêté défendant la dépaissance dans certains quartiers, sous peine d'amende de 3 livres la première fois, de 6 livres pour la seconde, de 12 pour la troisième et ainsi de suite, au cas de récidive. Le procureur de la commune, Jean Pioch, est chargé de veiller à l'exécution de l'arrêté. Il ira auprès du juge de paix pour signaler et faire condamner tout propriétaire de bétail contrevenant à l'arrêté Et chaque fois, pour son déplacement, il lui sera alloué la somme de « une livre quatre sols ». La délibération est signée de : Bedos ; Barrandon ; Venturié ; Jean Sanier ; Dumas ; Goubert ; Bedos ; Dumas ; Jean Escuret ; Philippe Jeanjean, officier municipal ; Brissac, maire ; Pioch ; J. Jeanjean, secrétaire-greffier.

2° Au folio 48 recto, le conseil délibère, le 1er avril 1792, pour défendre, sous les peines édictées au folio 28, les dépaissances et limiter les endroits où le bétail pourra paître. La décision est signée de : Pagès ; Brissac, maire ; Barrandon ; Pioch, procureur ; J. Jeanjean, secrétaire-greffier.

3° Au folio 69 recto, le conseil de la commune, devant les dépradations continuelles des troupeaux, nomme, le 2 mars 1793, un garde champêtre pour garder les terrains cultivés contre les troupeaux de brebis, chèvres, gros bétail. Il signalera au juge de paix du canton tout propriétaire dont le bétail aura été surpris paissant dans la propriété d'autrui. Le garde champêtre aura 10 sols pour toute contravention relevée, et un traitement annuel de 350 livres. La délibération est signée : Goubert, maire ; Bedos, officier ; Venturié, officier ; Dumas,

procureur; Philippe Jeanjean ; Dumas ; Jean Sanier; Brissac;
J. Jeanjean, secrétaire-greffier.

4° Au folio 72 recto, sur la plainte de nombreux habitants, faite à Jean Dumas, procureur, le conseil prend le 9 avril 1793 une délibération pour désigner les endroits où, sous peine d'amende de 5 livres à toute contravention, il est défendu d'amener paître les troupeaux. La délibération est signée : Goubert, maire ; Bedos, officier ; Dumas, procureur; Philippe Jeanjean; Barrandon; J Jeanjean, secrétaire-greffier.

LIVRE III

De la Révolution à nos jours

CHAPITRE I

VIE POLITIQUE

L'Assemblée Nationale, établie le 17 juin 1789, devint, le 9 juillet, la *Constituante.*

Après avoir détruit tous les privilèges (nuit du 4 août), celle-ci bouleversa la société pour la reconstituer sur des bases différentes de celles qui avaient soutenu l'ancien régime. Elle condensa ses principes constitutifs dans la fameuse *Déclaration des Droits de l'Homme* et fit reposer la souveraineté, non sur le roi comme jadis, mais sur le corps électoral formé de tous les citoyens actifs. Elle vota l'égalité civile et politique ; les réformes : administrative, financière, ecclésiastique ; la création des actes de l'état civil ; l'élection des évêques et des curés ; la constitution civile du clergé ; l'impôt foncier ; la vente des biens ecclésiastiques par les décrets successifs dont les dates jalonnent la confiscation légale : 2 novembre et 19 novembre 1789 ; 14-16 avril ; 14-17 mai ; 24, 26, 29 juin et 9 juillet 1790 ; 10 février et 6 mai 1791. Mais, en échange, la *Constituante* prit l'engagement formel de pourvoir dans la suite à l'entretien des ministres du culte.

Elle réduisit le chiffre des diocèses à celui des départements. Nos cinq diocèses : Montpellier, Agde, Béziers, Lodève, Saint-Pons, furent réduits à un seul, celui de l'Hérault, dont le siège était à Béziers.

La Constituante décida une nouvelle organisation municipale. Par décret du 14 décembre 1789, elle institua dans toute commune un Conseil général ainsi composé : un maire, des officiers municipaux, des notables, un procureur, un agent national, un secrétaire greffier.

M. Pierre Brissac, premier consul en charge au moment du décret, en donna lecture dans l'église paroissiale de Teyran, à l'issue de la grand'messe, et convoqua en une réunion tous les citoyens actifs, c'est-à-dire ceux qui avaient 25 ans, et payaient un minimum d'impôt égal à trois journées de travail.

Les citoyens actifs étaient, d'après le rôle, divisés en deux classes : citoyens éligibles : Messire Jean Billard, prieur, Pierre Brissac, Pierre Bedos, Pierre Dumas, Jean Pioch, Joseph Jeanjean, Claude Barrandon, Jean André Venturié, Philippe Jeanjean, Jean Goubert, François Bedos, Jean Dumas, Raymond Jeanjean, Jacques Bedos, Pierre Dumas, Pierre Bergeon, à la métairie de Malrives.

Citoyens inéligibles : François Rey, Pierre Claret, Bathélémy Bedos, Pierre Bedos, Jeanjean, Jacques Jourdan, Antoine Cairel, François Parent, Pierre Montels, François Allié, Pierre Pagès, Louis Jeanjean, François Maurel. (Arch. munic. Reg. 1790, fol. 5, verso.)

En réponse à l'appel du maire, les citoyens de la communauté se rendirent, le 14 février 1790, à la salle ordinaire des assemblées. Furent présents : MM. Pierre Brissac, Claude Barrandon, Pierre Bedos, Pierre Dumas jeune, Jean Venturié, François Allié, Jean Rivière, Philippe Jeanjean, François Bedos, Joseph Jeanjean, Louis Jourdan, François Parent, François Maurel, Jean Dumas, Jeanjean, Barthélémy Bedos, Pierre Pagès, Jean Pioch, Raymond Jeanjean, Jean Goubert, François Rey.

Pierre Dumas jeune fut chargé de présider la réunion, et Joseph Jeanjean de remplir le rôle de secrétaire. Pierre Bedos, Claude Barrandon furent nommés scrutateurs. En acceptant leur fonction, ils jurèrent de maintenir, de tout leur pouvoir, la constitution du royaume, et d'être fidèles à la nation, à la loi et au roi. L'assemblée entière prêta le même serment entre les mains du président, avec la clause spéciale de choisir, en leur âme et conscience, les plus dignes de la confiance publique, et de remplir, avec zèle et courage, les fonctions civiles et politiques dont ils pourraient être revêtus. Aussitôt après on procéda aux élections.

La pluralité des suffrages désigna Pierre Brissac comme Maire ; Pierre Bedos père, Pierre Dumas jeune, comme officiers municipaux.

Le choix pour les six notables se porta sur Philippe Jeanjean, Jean Goubert, Claude Barrandon, Jean Dumas, François Bedos, Jean Venturié. Jean Pioch fut nommé procureur de la communauté. Le procureur chargé de la défense des intérêts de la commune n'avait pas, au conseil, voix délibérative.

Le rôle de secrétaire greffier du Corps municipal échut à Joseph Jeanjean.

A l'instar des membres du bureau et de l'Assemblée, les élus prêtèrent serment de fidélité, et signèrent le compte rendu de la réunion. (Arch. comm. Reg. 1790, fol. 1, recto.)

Pour soutenir et défendre les pouvoirs nouveaux contre tout retour offensif des tenants de l'ancien régime, irrités des violences sanglantes dont ils ne cessaient d'être les victimes, la Constituante décréta, le 21 octobre 1789, la formation, dans toutes les localités, de compagnies de gardes nationales.

Dix mois après, 30 août 1790, le maire de Teyran, Brissac, réunit, comme d'habitude, chez lui, les membres de la communauté pour l'élaboration d'une liste de gardes nationaux. A l'unanimité furent élus :

Commandant : Armingaud Boyer ; capitaine : Philippe Jeanjean ; capitaine en second : Claude Barrandon ; lieutenant : Claude Brissac ; sous-lieutenant : Jacques Bedos ; porte-drapeau : Pierre Barrandon fils aîné ; tambour-major : Joseph Jeanjean ; sergent-fourrier : Jean Escuret fils ; 1er sergent : Jean Rivière cadet ; 2e sergent : Vidal Jeanjean ; 1er caporal : Pierre Montel ; 2e caporal : François Parent ; tambour : Jean Sanier.

Furent désignés comme soldats : Louis Jeanjean, Pierre

Goubert, Jean Goubert, Jean-Antoine Rey, François Rey, Raymond Jeanjean, Pierre Bedos, Jean Escuret père, Louis Escuret, Pierre Escuret, Barthélemy Bedos, Pierre Barrandon, cadet, Jeanjean père, Jeanjean fils, François Maurel, Pierre Maurel, François Paul, Louis Jourdan, Michel Jourdan, Jean Rivière aîné, Pierre Dumas fils, François Bedos, Etienne Hélie, Pierre Pagès, Jean Venturié, Pierre Dumas dit Hautbois, Pierre Dumas, son fils, Mathieu Souveiran, Antoine Vincent, Pierre Claret père, Pierre Claret fils, François Rivière, Jacques Peyrole, Jean Barrandon, Jean Dumas, Pierre Ollier, Jean-François Brissac, Pierre-André Brissac.

Le maire, les deux officiers municipaux et le procureur tinrent à figurer sur la liste, au rang des soldats.

Tous les intéressés acceptèrent le rôle ainsi établi, et promirent de prêter le serment civique, à la première réquisition, en la forme prescrite dans les décrets de l'Assemblée Nationale. (Arch. comm. Reg. 1790, fol. 13, verso.)

Le 29 septembre 1790, le procureur de Teyran écrivit aux administrateurs du district de Montpellier pour les informer de la création de cette garde nationale, leur demander des armes et les prévenir qu'elle était prête à marcher au premier signal, soit pour la garde côte, où la communauté de Teyran avait toujours été comprise, soit pour la défense des sujets ou des voisins et frères d'armes.

D'autre part, le maire sollicita du Directoire l'approbation de cette compagnie pour l'entrée en service, et appuya la requête du procureur relative aux armes nécessaires à l'équipement de la petite troupe.

Le 20 décembre, les administrateurs du directoire de l'Hérault, faisant état du mémoire du procureur, de la délibération du Conseil général du 29 septembre, et de l'avis du directoire du district de Montpellier, autorisèrent la municipalité à traiter avec un armurier, au plus bas prix possible, de la fourniture de dix fusils avec leurs baïonnettes et de quatre sabres. L'autorisation fut signée des administrateurs: Crassous, Bérard, Peyronet, Dupin, Bougette. (Arch. com. Teyran, numéro 506, fol. 86.)

Le 28 novembre 1790, la compagnie, appelée par son commandant, s'assembla, à son de tambour, sur la place publique dite *jeu de ballon*, pour la prestation du serment civique, ordonné par le roi Louis XVI, le 16 mars 1790, à la suite du décret de la Constituante du 7 janvier de la même année.

Les hommes en armes se placèrent au-devant du Corps municipal. L'état-major prêta, en ces termes, serment à la municipalité : Je jure d'être fidèle à la nation, à la loi, au roi, et de prêter main forte à l'exécution des ordonnances de justice et à celle des décrets de l'Assemblée Nationale sanctionnés et acceptés par le roi.

Les soldats, à leur tour, et individuellement, promirent, par serment, à leurs officiers d'être fidèles au roi, de n'abandonner jamais leur drapeau, et d'observer exactement les règles de la discipline militaire.

Le procès-verbal du prononcé des formules fut consigné sur les registres communaux. (Arch. Munic. Reg. 1790, fol. 22.)

Quelques jours auparavant, 14 novembre, avaient eu lieu des élections pour le renouvellement partiel de la municipalité, en vertu de l'article XLV du décret du 14 décembre 1789.

Le sort désigna pour sortir de charge : Pierre Dumas, officier municipal, et les trois notables : Philippe Jeanjean, Jean Dumas, Jean Venturié.

L'Assemblée pourvut à leur remplacement. Philippe Jeanjean fut nommé officier municipal par 11 voix sur 20.

Pierre Dumas jeune, Jean Dumas, Jeanjean obtinrent la pluralité relative des suffrages pour les fonctions de notables. Les nouveaux élus prêtèrent serment et signèrent le compte rendu de la séance. (Reg. 1790, fol. 20.)

L'année suivante, 14 mai 1791, Pierre Bedos, sous le prétexte de l'état précaire de sa santé et de ses occupations journalières, donna la démission d'officier municipal. Le conseil général de la commune, prenant en considération les motifs invoqués, accepta ce désistement. Claude Barrandon, premier notable, prit la succession de Pierre Bedos. (Reg. comm. 1790, fol. 30.)

La municipalité, en souvenir de la grande fédération parisienne du Champ de Mars du 14 juillet 1790, anniversaire de la prise de la Bastille, voulut, le 22 juillet 1791, avoir aussi son jour de fête. Claude Brissac et Philippe Jeanjean furent chargés de passer dans toutes les maisons pour « exciter » le zèle des habitants, et leur annoncer la célébration, le dimanche suivant, d'une grande solennité patriotique au *jeu de ballon*. Au jour fixé et à 5 heures du soir, de « nombreux hommes, femmes et enfants » se rendirent sur la place publique. Une vaste table, dressée au milieu, fut bientôt chargée des victuailles apportées par chaque invité.

La municipalité en corps prit part au banquet.

Durant le repas, le maire et les membres du Conseil général se levèrent pour prêter le serment civique. Les assistants furent invités, s'ils voulaient faire montre de « bon civisme », à prononcer individuellement le même serment entre les mains du maire et des officiers municipaux.

Au cours de ces agapes « de paix, de joie, d'union », et, à plusieurs reprises, on toasta à la « santé de la Nation », et des « cris de joie » se firent entendre.

La fête fut clôturée par un tour de danse avec accompagnement de hautbois. Et tous se séparèrent en « récitant à plusieurs fois le verset : Ah ! ça hira ». (Arch. mun. Reg. 1790, fol. 31, verso.)

Nous donnons aux pièces justificatives n° 2 copie du compte rendu de ce « repas patriotique ».

Deux mois et demi après, le 30 septembre 1791, la Constituante déclara sa mission terminée par la bouche de son président Thouret. Elle céda la place à la Législative.

La Législative dura du 1ᵉʳ octobre 1791 au 20 septembre 1792. Trois partis principaux y siégèrent : les Feuillants à droite ; les Girondins à gauche ; les Montagnards à l'extrême gauche. Le roi était le président de cette Assemblée, mais il ne régnait, ni ne gouvernait plus.

Le 13 novembre 1791, à dix heures du matin, les officiers municipaux de Teyran convoquèrent les habitants à une réunion pour procéder à de nouvelles élections. Ils avaient eu soin de faire précéder la convocation par la publication, le 6 novembre, du décret constitutif des municipalités, et son affichage à la porte de l'église. Il s'agissait de renouveler le maire, un officier municipal, le procureur de la commune et trois notables.

Le maire, les officiers municipaux et le greffier se rendirent à la salle des réunions pour recevoir les votants. L'heure venue, cinq personnes en tout se présentèrent : Jeanjean, du ballon, notable ; Jean Dumas, notable ; François Maurel, Jacques Jourdan, Jean Baptiste Escuret.

L'Assemblée resta en permanence deux heures. A midi, personne plus n'étant venu, elle jugea inutile de voter, et décida, à l'unanimité, le maintien en exercice des divers membres du Conseil jusqu'à décision contraire des administrateurs du district. Sans désemparer, le greffier dressa procès-verbal de l'incident, et, le 16, l'envoya au directoire pour connaître la conduite à tenir. La réponse ne se fit pas attendre. Elle arriva le 18 avec injonction de réunir, le dimanche 27 novembre, les citoyens actifs à l'effet de pourvoir au remplacement des officiers municipaux sortants. La pièce officielle porte les signatures de : Fabre, F. Randon, Bancel, Louis Joubert, Chaube, etc..., et se trouve aux Archives municipales.

Effectivement, la réunion eut lieu au jour fixé par le directoire. Brissac Pierre fut réélu maire, Claude Barrandon officier municipal, Jean Pioch procureur. Les suffrages portèrent au rang des notables : François Maurel, Louis Jourdan, Pierre Pagès. Les élus prêtèrent serment, et la séance fut levée.

*
* *

A ce moment, l'émigration battait son plein. M. de Bosquat, propriétaire de Malrives, s'étant absenté sans indication de domicile, fut compris dans le nombre des émigrés. La saisie de ses biens fut décidée, selon le décret du 14 octobre 1791. Le 4 avril 1792, le directoire envoya au Corps municipal de Teyran l'ordre, daté du 16 mars, de se rendre à son domaine pour y apposer les scellés. Accompagnée de gardes municipaux et nationaux, la municipalité s'y transporta le 6 avril. Elle dressa un procès-verbal de l'état des lieux, l'inventaire de tous les objets, fit l'apposition des scellés sur les portes et les fenêtres, au moyen de deux bandes de papier en forme de croix, fixées à chacune de leurs extrémités par un cachet en cire rouge portant l'inscription : *la loi, la nation, le roi*, avec, au-dessous, la signature des officiers municipaux.

Jacques Daussargues, « économe », et André Vole, maître-valet de M. de Bosquat, furent, sous leur entière responsabilité, chargés du séquestre.

Mais averti de la mesure prise contre lui, M. Jean-Marie-Emmanuel de Bosquat, habitant Lyon, se faisait délivrer, le 20 mars 1792, par le maire et les officiers municipaux de cette ville, un certificat de résidence, visé le même jour par le district. Le 30 mars, par l'intermédiaire de M. Claris aîné, de Montpellier, il déposait ce certificat au greffe de la maison commune de cette ville, et en réclamait procès-verbal de dépôt.

La pièce fut délivrée par le greffier Claris, contresignée le 7 avril par les officiers municipaux Figuière et Galavielle, et approuvée, séance tenante, par les commissaires nommés par le directoire du district de Montpellier : Bazille, Berthe, Demoulin, Chauvet, Atger. Elle porte encore le cachet en cire rouge, sur les bords duquel on peut lire : *la municipalité de Montpellier* ; et au centre : *la nation, la loi, le roi*.

Sans retard, l'attestation du dépôt de certificat était envoyée à Daussargues, « économe » de M. de Bosquat. Le 8, l'économe apportait cette pièce officielle à la municipalité de Teyran. (Arch. par., n° 14). Et le 10, celle-ci revenait à Malrives pour enlever les scellés, placés par elle quatre jours plus tôt, aux « six portes ou fenêtres » de la métairie, et décharger Daussargues et Vole du sequestre devenu inutile. (Arch. mun. Reg. 1790, fol. 49, v° à 50°.)

Afin d'éviter de tels ennuis, M. Marie-Henri-Fulcrand de Bosquat fils, domicilié à Lyon depuis le 26 novembre 1791, obtint, le 5 juillet 1792, de la municipalité de Lyon, un certificat de résidence, et le fit enregistrer le 9 juillet au secrétariat de l'Hérault. Bougette, secrétaire général, lui délivra un procès-verbal de dépôt. Expédié à la municipalité de Teyran, ce procès-verbal fut transcrit sur le registre communal 1790, fol. 54.

Au lendemain de la *Commune de Paris,* de l'emprisonnement de Louis XVI au temple et des massacres de septembre, MM. de Bosquat père et fils se présentèrent, le 4 septembre 1792, devant la municipalité de Lyon pour l'obtention de nouveaux certificats de résidence. Ils leur furent accordés, grâce à l'attestation et à la garantie de deux citoyens actifs, Richter et Alex. Après enregistrement au secrétariat de Montpellier, ces certificats furent envoyés à la municipalité de Teyran et consignés sur le Registre 1790, fol. 58, verso.

M. de Bosquat ne fut cependant pas laissé tranquille. Le 9 septembre, la municipalité, « d'après des marques de désobéissance de la part des domestiques dudit sieur Bosquat aux ordres de la ditte municipalité, donnés en conséquence des procès-verbaux des directoires de département et de district, concernant les volontaires à fournir par compagnies à la défense de la patrie, la ditte municipalité, craignant que les armes que lesdits domestiques ont en sa disposition, ne deviennent funestes à la patrie, ils se sont transportés audit Malrive, où, après avoir visité plusieurs logements, et demandé les armes qu'il peut y avoir dans la ditte mettérie, ils ont trouvé un fusil de chasse à deux coups, plus deux autres fusils de chasse, et une canardierre et un pistolet, le tout à la disposition du sieur Daussargues, économe du sieur Bosquat ; plus il a été trouvé un autre fusil de chasse dans l'apartement du payre................

Les dittes armes ont été enlevées par la ditte municipalité, et transportées audit Teyrans, et ce, sans causer aucun domage aux propriétés ni aux personnes, et il na été fourni aucune recognaissance auxdits domestiques. »

M. de Bosquat adressa une pétition au directoire. Il se plaignit qu'après s'être conformé aux décrets de l'Assemblée Nationale, en déclarant à la municipalité le nombre d'armes possédées par les gens de sa métairie, ils en fussent ainsi dépouillés.

Des neuf hommes, logeant à Malrives pour l'exploitation du domaine, quatre étaient incorporés dans la garde nationale. Et les six armes confisquées leur étaient nécessaires pour leur défense personnelle et celle de la propriété. L'exposant en demanda donc la restitution.

Le 2 octobre, le directoire, biffant de deux gros traits les premières lettres de la requête « M. de », la renvoya à la municipalité, en ordonnant à cette dernière de faire connaître la quantité d'armes prises, et la quantité strictement nécessaire à la défense de la métairie.

Le corps municipal répondit le 8 octobre. Il avoua s'être emparé de six armes à feu, et qu'une seule suffirait à la défense de Malrives.

Le 30 octobre, le directoire du département autorisa la municipalité à remettre à « Bosquat » un des fusils enlevés de sa campagne. La municipalité s'exécuta. (Arch. mun. Reg. 1790, fol. 73 et pièce n° 12.)

La *Commune* exigea des fonctionnaires la prestation d'un nouveau serment. Le directoire de Montpellier avisa, le 23 août, ceux de Teyran d'avoir à se conformer à cet ordre.

Convoqués par la municipalité à se rendre, le 16 septembre, sur la place publique, les fonctionnaires : Pierre Brissac, maire ; Philippe Jeanjean, Claude Barrandon, officiers municipaux ; Jean Pioch, procureur ; Joseph Jeanjean, secrétaire greffier ; Jean Dumas, sous-capitaine ; Claude Brissac, sous-lieutenant, prêtèrent, devant le peuple assemblé, serment de « maintenir la liberté et l'égalité, ou de mourir à leur poste en les défendant ». Les autres fonctionnaires, absents de la commune pour leurs affaires, ne purent imiter leurs collègues. (Arch. mun. Reg. 1790, fol. 58.)

Après la déclaration de guerre par le ministère girondin,

20 avril 1792, des volontaires avaient été demandés dans toute la France pour la défense de la patrie.

Un arrêté du directoire de l'Hérault signifia à la municipalité de Teyran l'ordre de fournir quatre hommes, volontaires ou désignés par le sort. En réponse à cet appel, celle-ci convoqua la compagnie de la garde nationale le 8 septembre 1792. Avant toute décision, la plupart des citoyens inscrits dans la garde, convinrent d'un commun accord à supporter solidairement les frais de remplacement du service militaire de ceux d'entre eux, désignés par le sort, pour être incorporés dans les rangs des volontaires. Tous les membres de la compagnie signèrent l'entente conventionnelle, à l'exception de Pierre Montel, André Vole, Joseph Laysac, François Flavart, Pierre Dumas, le hautbois, père ; Pierre Dumas fils.

Le corps municipal fit ensuite, en l'absence d'offres de volontaires, tirer au sort. Furent de la sorte désignés : Pierre Montel, absent de la localité ; Jean Dumas, le hautbois ; François Bedos, Louis Jourdan.

La *Convention* prit la place de la Législative. Elle dura du 20 septembre 1792 au 26 octobre 1795 ; proclama la République le 21 septembre ; décida, sur le rapport de Pétion, de juger Louis XVI. Le procès ouvrit ses débats le 11 décembre. Le roi fut défendu par de Sèze.

Les paroles écoutées de Robespierre : « La Convention n'a pas une sentence à rendre, mais à prendre une mesure de salut public », et de Danton : « Il faut jeter en défi à l'Europe une tête de roi », caractérisent amplement des débats d'où la justice et la simple équité, cyniquement exclues, laissaient la place toute grande aux passions politiques et à la vengeance.

Le roi fut condamné à mort le 17 janvier 1793, et décapité le 21. Du haut de l'échafaud, Louis XVI, résigné et courageux, prononça ces mots : « Français, je meurs innocent ; je pardonne aux auteurs de ma mort, et je prie Dieu que mon sang ne retombe jamais sur la France. »

Cette phrase chrétienne pourrait être gravée au frontispice du monument où seraient marqués le nombre et le nom de ces milliers de Français et de Françaises, victimes immolées, dans cette période sanglante, à cause de leur naissance, de leurs sentiments religieux, de leurs opinions politiques, de leur manque d'enthousiasme pour le régime nouveau, parfois même du soupçon le plus imprécis et le moins fondé.

A peine installée, la Convention ordonna dans toute la France de nouvelles élections municipales. En exécution de l'article XII du décret du 9 octobre 1792, et de l'avis du procureur syndic du district, les habitants de Teyran renouvelèrent leurs conseillers dans une réunion, tenue à l'église paroissiale, le 16 décembre, sous la présidence de Pierre Brissac.

Ces élections furent plutôt laborieuses. Pierre Dumas jeune, fut élu maire par 13 votants sur 24. Comme il était absent de l'Assemblée, Philippe Jeanjean et Jacques Bedos furent dépêchés vers lui pour savoir s'il acceptait la charge, La délégation revint sans l'avoir rencontré. La séance continua. Claude Barrandon et Jean-André Venturié furent désignés officiers municipaux par 15 et 13 voix sur 22. Treize votants désignèrent Philippe Jeanjean aux fonctions de procureur. Les six notables obtinrent sur 22 voix : Jeanjean, du ballon, 18 ; Raymond Jeanjean, 14 ; François Bedos, François Parent, Pierre Montel, Jean Rivière cadet, 12.

A l'unanimité, Joseph Jeanjean fut maintenu secrétaire-greffier.

L'emploi d'officier public, chargé de la tenue des registres de l'état civil, de création récente, — 20 septembre 1792, — échut à Jean Daumas.

Les opérations électorales terminées, le président rappela aux élus l'obligation de prêter serment avant leur entrée en fonction.

A ce moment précis, Pierre Dumas jeune se présenta devant l'Assemblée, et dit qu'il acceptait la charge de maire.

Rien d'anormal ne fut signalé.

Le président leva ensuite la séance sur ces paroles : l'Assemblée peut se retirer. (Arch. mun. Reg. 1790, fol. 61, ver°, 62, rec°.)

Le lendemain, était envoyé au directoire le compte rendu ci-dessous, sensiblement différent du procès-verbal relaté au registre, et dont les éléments d'appréciation nous échappent :

« Le 16 décembre 1792.. ont eu lieu à Teyran les élections..... sans qu'il fut fait aucune formalité de prêter le serment. Les nominations étant terminées le président a proclamé que tout fonctionnaire public devoit preter le serment de maintenir la liberté et légalité, ou de mourir à leur poste en les défendant.

Et a ces paroles l'assemblée se dissout, et le président, voyant disparaître le plus grand nombre desdits fonctionnaires nouvellement elus, et recognaissant par la un marque certain d'aristhocratie de leur part, il a pensé avoir recours à l'avis du directoire du district, et lassemblee pouvoit se retirer.

Nous president et secretaire de la ditte assemblee, atestons avoir omis la formalite de la prestation du serment à l'ouverture de la séance, par oubli, et non par mépris à la loi. Cest pourquoi, voulant nous y rapeler envers les fontcionnaires nouvèlement élus, mais nous ny avons peu parvenir par raport à la ditte dissolution de la ditte assemblée, et nous pensons que nos elections ne doivent point avoir lieu tout autant que la seance nest pas conforme aux loix.

En conséquence demandons si la ditte nomination doit avoir lieu, ou si nous devons proceder de rechef à une nouvelle nomination, et attendant l'avis precis du directoire du district, nous pensons que les officiers municipaux, jusques ici en charge, continueront leurs fonctions jusques a ce quil en soit définitivement ordonné par le directoire du district,... »

Le Directoire, faisant droit à la réclamation, et « considérant que l'aristocratie expirante se démène encore dans les campagnes, et qu'elle a tenté un dernier effort pour créer des officiers municipaux à son gré... », porta un arrêté, le 24 décembre, qui cassa les élections du 16, maintint en fonction l'ancienne municipalité, et ordonna de nouvelles élections pour le 6 janvier 1793.

Au jour fixé, et à 9 heures du matin, les citoyens s'assemblèrent dans l'église. Des discussions animées marquèrent le début de la réunion. Jean Dumas fut élu président du bureau.

Aussitôt nommé, et devant sans doute la persistante nervosité de l'Assemblée, le président leva la séance, et renvoya au samedi, 12 janvier, la reprise des opérations du vote.

« Les officiers municipaux, « en exercice », craignant que ce retard ne devienne funeste, et voyant clairement l'aristhocratie lever orgeulieusement la tête, et faire tous leurs efforts pour tâcher de mettre des entraves, et pour détruire le bon ordre et les principes de la Constitution, on a cest effet dressé le présent procès-verbal, à l'effet de transmettre au plutôt une expédition dudit au directoire de district de Montpellier pour faire connoitre son exactitude... » (*Ibid.*, f. 62, v°.)

Le même jour, à une heure de l'après-midi, « les citoyens, désapprouvant la conduite du président de la réunion du matin, et lui déniant le droit de remettre les élections à une date ultérieure, s'assemblèrent pour rouvrir le scrutin.

En voici les résultats : votants, 28.

Maire, Jean Goubert, 16 voix ; officiers municipaux, Jean-André Venturié, 21 ; Jacques Bedos, 15 ; procureur, Jean Dumas, 15. Une contestation s'éleva sur l'éligibilité de ce dernier, qui ne payait pas une contribution égale à dix journées de travail. Il fut toutefois maintenu jusqu'à plus ample informé.

Notables : Philippe Jeanjean, 28 ; Claude Barrandon, 23 ; François Maurel, 15 ; Pierre Montel, François Parent, Jean Rivière, 13. Les nouveaux élus jurèrent de maintenir « la liberté et l'égalité ». (*Ibid.* fol. 63.)

Le 11 janvier, l'ancienne municipalité et son greffier firent, entre les mains du nouveau maire, la remise de tous les papiers en leur possession. Aucun secrétaire et officier de l'état civil n'ayant été désigné, le 6 janvier, le Conseil général de la commune confia, le 13 janvier, ces deux emplois à l'ancien greffier, Joseph Jeanjean.

Le 14 janvier, la municipalité examina les registres d'église, contenant les actes de naissances, mariages, baptêmes. Elle en trouva six datés du 20 décembre 1625 au 8 octobre 1792, en fit la clôture définitive, l'Eglise désormais étant déchargée de leur tenue, et les remit à Joseph Jeanjean, avec les papiers relatifs à la commune : 1° le registre courant de la municipalité, commencé le 14 février 1790 ; 2° le compoix du territoire de Teyran de 1664 ; 3° le supplément du compoix, contenant les biens privilégiés.

Après la formalité de prise de possession, le secrétaire officier prêta serment, et le Conseil lui vota une subvention annuelle de 50 livres.

Le 24 mars, les conseillers ouvrirent un registre pour l'inscription des volontaires, désireux de servir dans l'armée, dont le recrutement avait été demandé par la loi du 24 février.

Nul ne s'étant offert à partir pour « la défense de la République », le Corps municipal convoqua les habitants à l'effet de désigner ceux d'entre eux qui devaient être compris dans la formation de cette armée. Par entente préalable, les membres de l'Assemblée établirent : 1° le mode de recrutement par tirage au sort, comme au 8 septembre de l'année avant ; 2° les commissaires des opérations : Jean Goubert, maire ; Jacques Bedos, officier municipal ; Joseph Jeanjean, secrétaire ; 3° la non inscription sur la liste des hommes trop âgés ou trop jeunes, des mariés ou veufs ayant des enfants, des invalides.

Furent reconnus aptes à porter les armes : Pierre Ricard, Baptiste Diets, Louis Giber, Vidal Jeanjean, Louis Escuret, Jean Malzieu, Claude Brissac, Barthélemy Bedos, Pierre Barrandon aîné, Pierre Barrandon cadet, François Vary, Louis Jourdan, Michel Jourdan, Jean Rivière cadet, Pierre-Jean-Etienne Dumas, Antoine Vincent, Louis Jeanjean, Michel Cayrel, Alexis Pastret, Antoine Souchon, Joseph Jeanjean, Jean-Michel Sanier, Joseph Rigal, Joseph Maynery, Jean-Baptiste Alhié, Jean Baret, Antoine Gout.

Comme Teyran devait fournir quatre hommes, les commissaires mirent dans un chapeau 27 billets, 23 en blanc, 4 avec l'inscription « volontaire », et le tenant à la hauteur de la tête, en sorte que aucun n'y puisse voir dedans », ils appelèrent un à un tous les inscrits. Successivement, et dans l'ordre de la liste, chacun d'eux alla puiser un billet dans le chapeau. Les billets portant le mot « volontaire » échurent à Louis Giber, originaire de Salles-de-Curan, près de Rodez, 22 ans ; Jean Malzieu, natif de Nimes, 25 ans ; François Vary, né à Chenairac, district de Nimes ; Alexis Pastret, de Castries, 35 ans ; les quatre étaient des travailleurs fixés dans le pays.

Aucune réclamation ne se produisit contre les opérations du tirage, vérifiées et reconnues justes par les intéressés. Le maire proclama le résultat et enjoignit aux « volontaires désignés par le sort » à ne point s'absenter de leur domicile, afin d'être prêts à la première réquisition.

Les « volontaires » nommés, il fallut s'occuper de l'indemnité à leur accorder en vertu de l'arrêté du 26 mars 1793 du directoire de l'Hérault, sanctionné, le 28, par les commissaires de la Convention Nationale du même département. Le Conseil le fit immédiatement. Il se procura les ressources par une taxation sur certains propriétaires : 1° « le citoyen Joseph Jeanjean » versera la somme de 300 livres en dépôt chez lui depuis le 4 juin 1792 ; 2° « le citoyen Bosquat, la citoyenne Guignard Bocaud et la citoyenne Marianne Mouries, tous habitans de Montpellier », verseront individuellement 150 livres ; « les citoyens Philippe Jeanjean et Pierre Brissac » fourniront chacun 60 livres ; « le citoyen Jean Goubert » donnera 55 livres. « Les citoyens ci-après verseront » respectivement : veuve Escuret, 50 livres ; Pierre Dumas jeune, 50 livres ; Marianne Brissac, 25 livres ; la veuve Paul, 35 livres ; Claude Barrandon et Jean Venturié, 25 livres chacun ; Jeanjean, du Ballon, 20 livres ; veuve Jacques Jourdan, 15 livres ; François Bedos et François Maurel, 10 livres chacun.

Ces sommes diverses seront délivrées au corps municipal et distribuées ensuite par lui aux volontaires. Les bailleurs de ces fonds entreront plus tard dans leurs débours, suivant le mode dont le directoire du département se réserve **l'indication.**

Peu après, le nommé François Vary, un des quatre volontaires, s'enfuit du village en vue d'esquiver son enrôlement volontaire. Dans l'impossibilité de le retrouver, la municipalité eut recours à un nouveau tirage pour le remplacer. Le sort désigna Jean Teyssié, 23 ans, « du mas de Gremaudès, paroisse de Sainte-Eulalie, district de Tanargues, dans l'Ardèche », et nouveau venu dans la localité.

La Convention, afin de réduire à l'impuissance les adversaires du régime, décrétait, le 26 mars, le désarmement des citoyens suspects. Etaient rangés dans cette catégorie les prêtres réfractaires, les nobles et leurs familiers. Le désarmement devait s'opérer en des visites domiciliaires pendant le jour. Compris parmi les suspects, M. de Bosquat n'échappa point à la mesure. Les membres de la municipalité perquisitionnèrent dans son domaine de Malrives. Ils y trouvèrent un seul fusil, celui restitué à la propriété par ordre du directoire le 30 octobre 1792. Ils se l'approprièrent « avec toute sorte de tranquillité », et le déposèrent à la maison commune, où ils firent également transporter les autres armes dont ils s'étaient emparés, dans cette métairie, le 9 septembre de l'année précédente.

Deux de ces armes furent, sur réquisition de Rodier, adjudant général, et Massia, commandant de la garde de Lunel, remises, le 5 mai, aux deux hommes de la garde de Teyran, partant pour renforcer l'armée de Servan.

Les deux volontaires Pierre Ricard et André Roché — ce dernier tout récemment inscrit dans la garde — quittèrent le village au lendemain de leur équipement, 6 mai, et allèrent rejoindre leur corps d'attache à Pézenas. (Arch. mun. Reg. 1790, fol. 73, 74.) Plus tard, quatre autres volontaires, dont nous ignorons les noms, se rendirent à Antibes. (*Ibidem*, folio 82.)

Alors s'ouvrit la période la plus sanglante de la Révolution. La *Terreur* pesa sur la France du 31 mai 1793 au 17 juillet 1794. La guillotine fut mise en permanence.

Pour faire cesser l'opposition au régime, on prenait le moyen radical de faire tomber la tête des adversaires. Les proconsuls de la Convention, imitant les tyrans antiques, se montrèrent en province impitoyablement sanguinaires. Fouché à Lyon, Barras à Marseille, Fréron à Toulon, Achard et Tallien à Bordeaux, Lebon à Arras, Carrière à Nantes, firent, « au nom de la Liberté », périr des quantités innombrables de Français dans cette sombre époque.

Par un contraste pénible, trompés sans doute par le mirage des mots, et ignorants des cruautés accomplies, les membres de notre municipalité fêtaient à ce moment « l'émancipation du peuple et sa libération ». Le 9 juin, ils élevaient sur la place publique « un pyramide ou arbre de la liberté de cinquante-six pans de hauteur, surmonté dun bonnét de la liberté, orné de trois drapeaux aux trois couleurs de la nation surmontés chaqun d'une pique ». (*Ibidem*, f. 75.)

Tandis que « l'arbre » de la liberté était debout, deux « ci-devant nobles » de Teyran prenaient la route de la prison, en vertu de la loi des suspects, votée le 17 septembre 1793.

Mme Marie-Emilie Guignard Saint-Priest, veuve de Thomas de Bocaud, la dernière à porter le titre seigneurial de Teyran, fut détenue, et son bien mis en séquestre. Une inscription funéraire, gravée au-dessus de celle de M. de Bocaud, son mari, à Saint-Matthieu de Montpellier, nous fournit ces renseignements sur cette dame : Elle « acheta l'église Saint-Matthieu pour la conserver au culte divin, fut l'admiration et l'exemple de ceux qui partagèrent sa détention, et mourut le 25 mars 1802. » (1).

M. Jean-Marie-Emmanuel de Bosquat fut aussi détenu en prison, et son domaine de Malrives placé sous séquestre. Le 25 fructidor, an II, la municipalité, en prévenant le directoire du décès du sequestre de Malrives, lui suggérait la pensée d'affermer ce domaine, au lieu de le laisser entre les mains d'un nouveau sequestre. Un fermage, écrivait-elle, serait plus avantageux à la République.

Les administrateurs du Directoire : Lambert, Valentin,

(1) Cf. Germain, *Le Couvent des Dominicains à Montpellier*, p. 77, note 2.

dans leur réponse au corps municipal, « le 4ᵉ des sansculotides de la seconde année républicaine », firent observer que le « citoyen Bosquat » était seulement un détenu. Ses biens ne pouvaient donc être affermés. Et il fallait, en toute diligence, désigner un successeur, intelligent et solvable, au sequestre décédé. (Arch. par., n° 10.)

Mme Vve de Bocaud et M. de Bosquat, rendus à la liberté, furent remis en possession de leurs biens : la première, le « vingtième brumaire l'an troisième », sur l'ordre, daté du 13 brumaire, de Bancal, agent national du district de Montpellier; le second, le « vingt duxième brumaire », d'après l'arrêté, du 7 courant, du représentant du peuple Perrin, et l'approbation de l'agent national Bancal. (Arch. mun. Reg. 1790, fol. 83.)

Entre temps, le représentant du peuple, Goupilleau, était envoyé dans les départements du Gard, Vaucluse, Hérault, Aveyron, pour y « assurer le bonheur du peuple et le triomphe de la République ». Le 8 vendémiaire, an III, il chargeait l'administration de l'Hérault d'organiser et d'épurer, de concert avec le Comité révolutionnaire de Montpellier, les municipalités du district. La Commission nomma les membres du Conseil général de Teyran le 16 frimaire, et, le 6 nivôse, le maire fit connaître aux habitants assemblés le nom des conseillers désignés : maire, Jean Goubert ; officiers municipaux : Jacques Bedos, Joseph Jeanjean.

Notables : Philippe Jeanjean, Claude Barrandon, Pierre Montel, François Parent, François Maurel, Jean Rivière cadet.

Agent national : Jean Dumas.

Le Directoire dura du 28 octobre 1795 au 10 novembre 1799. Les archives communales sont muettes sur cette période. Elles signalent seulement une élection partielle, faite le 15 brumaire, an IV. Le maire Jean Goubert assembla les électeurs. Le bureau formé, on procéda au vote pour un agent national et un adjoint. Furent choisis : Jacques Bedos et Joseph Jeanjean. (Arch. mun. Reg. 1790, fol. 85.)

Le Consulat (10 novembre 1799 au 18 mai 1804), préparé par le coup d'Etat du 18 brumaire qui renversa le Directoire, fut organisé par la Constitution de l'an VIII.

Conformément aux modifications apportées au système électoral, Pierre Brissac, agent municipal, et Philippe Jeanjean, adjoint, tinrent, le 30 prairial, une assemblée extraordinaire pour l'installation du maire et de l'adjoint. Lecture fut faite de l'arrêté préfectoral du 22 du même mois, nommant Pierre Brissac maire, et Philippe Jeanjean, adjoint. L'un et l'autre prêtèrent serment de fidélité à la Constitution.

Le 22 thermidor, le maire notifia aux intéressés, dont les noms suivent, l'arrêté du 11 thermidor de M. le Préfet, les nommant conseillers municipaux : Guillaume Antérieu, de Bosquat, Raymond Jeanjean, Jean Dumas, Claude Barrandon, Jean Pioch, Bedos Pierre, Pagès Pierre, Joseph Jeanjean, Jean Venturié. Tous adhérèrent à leur nomination et prêtèrent serment, excepté M. de Bosquat et Antérieu. (Arch. mun. *Ibidem,* fol. 89.)

L'Empire dura du 18 mai 1804 au 6 avril 1814. Les archives communales ne nous fournissent aucun renseignement politique durant cette période. Nous relevons seulement le nom des conseillers municipaux réunis, le 20 mai 1810, pour désigner Henry de Bosquat, propriétaire foncier, comme délégué à l'Assemblée relative aux évaluations cadastrales des communes à la justice de paix de Castries. Ces conseillers étaient : Brissac, maire ; Philippe Jeanjean, Antérieu, J. Jeanjean, Goubert, Pagès.

La 1re Restauration (Louis XVIII), 6 avril 1814-20 mars 1815, et les Cent Jours, 20 mars 1815-22 juin, n'ont point laissé ici de trace politique.

Louis XVIII remonta sur le trône de 1815 à 1824. Une pièce des Archives communales, numéro 3, nous fait connaître la composition du Conseil municipal, le 23 avril 1818, à propos d'une délibération relative à l'achat d'un buste de Sa Majesté Louis XVIII pour la salle du Conseil. Les conseillers étaient : Escuret, Goubert, Bedos, Sanier, Paul, de Masclary, J. Jeanjean, Dumas, Brissac, Antérieu, Henry de Bosquat.

Au 6 janvier 1823, il y avait parmi les membres de la municipalité : J. Jeanjean, P. Jeanjean, Goubert, Dumas, Escuret, Paul, Antérieu, Sanier, Brissac, maire.

Nous n'avons trouvé trace de vie politique dans la localité, après le 6 janvier 1823, que le 2 mars 1834. A cette date, se réunit le Conseil municipal, élu selon la nouvelle loi électorale, 6 avril 1831, de Casimir Périer. En faisaient partie : Michel Sanier, Jacques Prouvèze, Augustin Antérieu, Jean Goubert, François Paul, Barthélemy Bedos, Etienne Dumas, Barthélemy Boulet, Pierre Jeanjean, maire, Brissac Claude.

Ces Messieurs s'étaient assemblés en exécution de la loi sur l'instruction primaire, 1833, de Guizot. Ils proposèrent au Comité d'arrondissement de nommer Alicot Léon-Pierre instituteur à Teyran, où d'ailleurs il enseignait depuis deux ans déjà à la satisfaction de tous. (*Ibidem,* fol. 108.)

L'année suivante, dans une délibération du 21 mai, nous remarquons une légère modification dans la composition du corps municipal : Venturié et Jeanjean ont remplacé Paul François et Michel Sanier. (*Ibid.,* fol. 115.)

Un arrêté préfectoral du 15 décembre 1846 nomma Brissac Claude maire de la commune, et Guillaume Antérieu adjoint. Les deux prêtèrent, ce même jour, serment en ces termes : « Je jure fidélité au roi des Français, obéissance à la charte constitutionnelle et aux lois du royaume. » (Arch. mun. Reg. 1838, fol. 29.)

Peu de temps après la proclamation de la République, il y eut une refonte du corps municipal à Teyran. Le 3 octobre étaient en fonction les « citoyens » Goubert Jean-Baptiste, maire ; Jeanjean François-Jean, adjoint ; Bedos Antoine, Sanier Pierre, Jullian Augustin, Tourret Jean, Dumas Gratien, Jeanjean Emilien.

Le 1er décembre, Goubert J.-B. et Jeanjean François-Jean furent installés dans leur emploi respectif. Le 20 du même mois, le Conseil décida, au reçu d'une circulaire préfectorale du 4 décembre, de faire l'acquisition d'un drapeau national. (Arch. mun. Reg. 1838, fol. 36, 37.)

Louis Napoléon-Bonaparte devint président de la République le 10 décembre 1848.

Les membres de la municipalité prêtèrent serment « d'obéissance à la constitution et de fidélité au Président de la République » le 9 mai 1852. Les employés de la mairie, Jeanjean Louis-Laurent, secrétaire, et Montel Jean, appariteur, s'acquittèrent de la même formalité en présence du maire. (*Ibidem,* fol. 56.)

Le plébiscite de Napoléon et son voyage à travers la France pour préparer les esprits à une prochaine restauration impériale ne restèrent pas sans écho dans notre localité. Dans une séance, tenue le 19 septembre 1852, le Conseil de la commune émit le vœu suivant :

« Le Conseil, pénétré de reconnaissance pour les services signalés que la courageuse et prévoyante énergie du Prince Président a rendu au pays par l'acte du 2 décembre (Coup d'Etat du 2 décembre 1851), et convaincu que la stabilité du pouvoir est une des conditions indispensables pour tous être heureux, et pour restituer le calme aux esprits, et la sécurité aux intérêts, et pour faire reprendre pleinement à la France le cours de sa prospérité et de sa grandeur, émet le vœu que les pouvoirs publics compétents apportent à la Constitution, conformément aux articles 31 et 32, les changements nécessaires pour consolider et perpétuer l'autorité entre les mains de Louis-Napoléon Bonaparte. Ainsi délibéré à la mairie de Teyran, le jour, mois et an que dessus.» (*Ibid.,* fol. 57.)

Signèrent au registre : Dumas, J. Tourret, Jeanjean, J. Goubert.

Le chiffre réduit des signataires s'explique aisément. Des élections avaient eu lieu le 5 et le 12 septembre 1852, qui avaient modifié la composition du corps municipal. Les nouveaux élus ne vinrent pas à cette réunion, parce qu'ils n'avaient pas encore pris possession de leur charge ; et les seconds, parce qu'ils ne voulurent pas user de leurs droits prorogés jusqu'à l'installation de leurs successeurs.

Celle-ci ne tarda pas. Et le 26 du même mois, Jeanjean Isidore, Bedos Barthélémy, Paul Louis, Brissac Joseph, Prouvèze Jacques, Maurel Pierre, Antérieu Jean, Jeanjean Emilien, Dumas Gratien, Sanier Pierre, Goubert Jean-Baptiste, maire, étaient, en vertu d'une lettre préfectorale du 20 septembre, reçus conseillers municipaux par l'adjoint Jeanjean François.

Les membres du Conseil s'assemblèrent le 6 mars 1853 pour la prestation du serment de « fidélité à la constitution et à l'empereur ». Un arrêté préfectoral du 13 juin 1855 maintint en exercice le maire et l'adjoint. Tous les deux installèrent, le 15 août, les conseillers, élus par le corps électoral le 22 juillet. Le scrutin avait peu modifié la composition de la municipalité. Il remplaçait Dumas Gratien et Pierre Sanier par Bonniol Antoine et Augustin Escuret. A la date du 15 août 1860, nous voyons Jeanjean Isidore, premier conseiller, installer Goubert, maire, et Jeanjean François, adjoint, confirmés dans leur charge par un arrêté du 31 juillet de M. le Préfet. A leur tour, Goubert et Jeanjean François reçurent, à la salle de la mairie, les conseillers élus le 26 août et le 21 octobre. Nous retrouvons ici trois membres de l'ancienne municipalité: Bonniol Antoine, Escuret Augustin, Prouvèze Jacques ; les nouveaux étaient : Jeanjean Edouard, Richard Jean-Baptiste, Bedos Pierre, Jeanjean Frédéric, Fabre Benoit, M. Escuret Jean-Bazille, Tourret Jean. Tous jurèrent fidélité à l'empereur et à la constitution.

L'année suivante, Goubert donna sa démission de maire. Son remplaçant, désigné par le préfet le 5 avril 1861, fut Jeanjean Isidore, dont l'entrée en fonction s'effectua le 12 du même mois. (Arch. mun. Reg. 1838, fol. 57 à 92.)

Après les élections du 23 juillet 1865, un arrêté du Préfet, 26 août, ordonna l'installation de A. Banal comme maire, et de Jeanjean François-Jean comme adjoint de la commune. Cette installation eut lieu le 5 septembre ; elle fut immédiatement suivie de celle des conseillers : Jeanjean, Bonniol Paul, Tourret Jean père, Sanier Pierre. Jeanjean Edouard, Bedos Pierre, M. Escuret Jean-Bazile, Pagès Pascal (dit Jean).

Les uns et les autres, en vertu de l'article 16 du senatus-consulte du 25 décembre 1852, prêtèrent serment de fidélité à l'empereur.

Le 11 novembre de l'année suivante, les conseillers nommèrent au scrutin secret, en application de l'article 24 de la loi sur l'organisation municipale, Louis-Laurent Jeanjean, secrétaire de la mairie. (Arch. mun. Reg. 1862, fol. 14-21.)

Les élections du 7 août 1870 modifièrent la composition du corps municipal. Des dix membres, cinq furent réélus : Antonin Banal, Jeanjean François-Jean, Bedos Pierre, M. Escuret Jean-Bazile, Pagès Pascal, et cinq nouveaux furent désignés : Richard Jean-Baptiste, Jeanjean Frédéric, Jullian Félix, Jeanjean Alexandre, Tourret Henri.

Par arrêté du 4 octobre 1870, exactement un mois après la chute de l'Empire, M. le Préfet de l'Hérault nomma, à Teyran, une Commission spéciale provisoire, pour la direction des affaires communales. Les membres de cette Commission, Goubert Edmond, Brissac Adolphe, Jeanjean Isidore, Antérieu Guillaume aîné. Tourrière Joseph, M. Dumas Célestin, Prouvèze Jacques-André, Couderc Prosper, Bedos Antoine. M. Goubert Isidore, se réunirent le 10 du même mois et désignèrent comme président Goubert Edmond. Ce dernier mourut peu de temps après. Il eut pour successeur à la présidence de la Commissions Brissac Adolphe, que, dans une réunion, tenue le 11 décembre, les membres de cette Commission revêtirent de la charge de maire, en lui donnant comme adjoint Jeanjean Isidore.

Le 12 février de l'année suivante, Jeanjean Isidore était, par ses collègues de la municipalité, chargé du secrétariat de la mairie. (Arch. mun. Reg. 1862, fol. 37, 38.)

Les élections du 30 avril 1871 ramenèrent à la commune neuf des conseillers en exercice avant l'institution de la Commission spéciale ; le dixième, Jeanjean François-Jean, fut remplacé par Fabre Benoit. Dans la séance d'installation du conseil, le 7 mai, Banal Antonin fut élu maire et Richard **Jean-Baptiste adjoint.** (*Ibid.,* f. 39.)

Le 5 mars de l'année suivante, sous prétexte que ses occupations d'avocat étaient trop absorbantes, Banal envoya sa démission de maire de Teyran à M. le Préfet. L'ayant acceptée, ce magistrat adressa une lettre à la municipalité pour lui en donner avis.

Mis au courant le 10 mars, les conseillers exprimèrent au démissionnaire leurs regrets de le voir prendre une telle détermination, et désignèrent à l'unanimité Jeanjean Frédéric pour lui succéder. Le 16 février 1873, ils nommèrent Bedos Pierre, secrétaire de la mairie. (*Ibid.*, f. 43, 46.)

MM. le Maire et l'Adjoint furent définitivement installés le 26 février 1874, en réponse à l'arrêté préfectoral de la veille, obligeant les municipalités à se conformer à l'article premier de la loi du 20 janvier 1874, relativement à la nomination et à l'installation des maires.

Les élections du mois de décembre de la même année apportèrent du changement dans la municipalité. Cinq conseillers furent réélus : Bedos Pierre, époux Escuret ; Richard Jean-Baptiste, Jeanjean Frédéric, M. Julian Félix, Tourret Henri, et cinq nouveaux membres entrèrent à la mairie : Brissac Adolphe, Couderc Prosper, M. Goubert Isidore, Montel Etienne, Tourrière Joseph.

Le corps municipal fut installé le 18 décembre, en vertu d'une lettre préfectorale datée du 14.

Le choix du maire et de l'adjoint eut lieu le 8 octobre 1876. Furent respectivement désignés : Jeanjean Frédéric, pour les fonctions de maire, et Bedos Pierre, pour celles d'adjoint. (*Ibid.*, fol. 54, 64.)

Les élections du 6 janvier 1878 furent meurtrières pour la municipalité, arrivée au terme de son mandat. Seuls, deux de ses membres revinrent à la commune : Frédéric Jeanjean et Jullian Félix ; les autres étaient nouveaux : Tourret Jean, M. Maurel Jean, Bonniol Louis, Igounet Auguste, Dumas Achille, M. Abrigeon André, M. Barrandon Antoine, Ferrier Jean-Pierre.

Installés le 21 janvier, ces conseillers élurent maire Frédéric Jeanjean, et adjoint Maurel Jean.

Le 20 juillet, le maire fit part au conseil de l'état de détérioration des écharpes municipales et de la nécessité de remplacer ces « véritables chiffons » par des écharpes neuves.

Les conseillers, partageant l'avis du maire, votèrent la somme de 65 francs pour l'achat en question. Il n'eut pas lieu, car la dépense avait été affectée sur des fonds inexistants.

Le projet fut repris dans la séance du 9 février 1879. Le Conseil décida en même temps de faire l'acquisition d'un buste de la République. Mais « vu les ressources de la commune, qui ne lui permettent point de pouvoir disposer de la moindre petite somme pour faire face à cette dépense obligatoire... l'Assemblée, après avoir mûrement délibéré, prend les décisions suivantes, et propose à son président de prier M. le Préfet de vouloir bien solliciter, auprès de la Commission départementale, un premier secours de 65 francs, pour l'achat de nouvelles écharpes, et un second de 15 francs, pour l'acquisition d'un buste de la République ». (*Ibid.*, fol. 79.)

Le 11 juillet de l'année suivante, la municipalité, d'après « la circulaire de M. le Préfet, en date du 5 juillet, relative à la nouvelle loi qui fixe au 14 juillet le jour de la Fête Nationale », décida « de prendre les mesures nécessaires pour célébrer la fête de la République Française, dans un éclat en rapport avec l'importance de la localité ». Pour ce faire, elle vota la somme de dix francs destinés à une « illumination devant la principale porte d'entrée de la mairie ». (*Ibid.*, fol. 90.)

Aux élections municipales du 9 janvier 1881 furent élus : MM. Bonniol Paul, Maurel Jean, Bedos Félicien, Jullian Félix, Puig Adolphe, Bedos Pierre, époux Escuret, Gasc Henri, Jeanjean Emilien, Tourret Jean, Jeanjean Pascal.

Dès leur première réunion, tenue le 23 janvier, les conseillers choisirent MM. Bonniol Paul comme maire, et Jean Maurel en qualité d'adjoint.

Les opérations électorales du 4 mai 1884 placèrent à la tête de la commune MM. Maurel Félix, Jullian Félix, Abrigeon André, Gasc Henri, Tourret Jean, Dumas Jean-Baptiste, Puig Adolphe, Bedos Léon, Jeanjean Lucien, Barrandon Antoine.

Assemblés le 18 mai, les conseillers confièrent la charge de maire à M. Puig Adolphe, et celle d'adjoint à M. Abrigeon André.

Les élections du mois de mai 1888 n'amenèrent d'autre modification dans la composition de la municipalité que le remplacement de M. Barrandon Antoine par M. Rith Adolphe. MM. Puig et Abrigeon furent maintenus dans leur emploi. (Arch. mun. Reg. 1887.)

Le 25 avril 1889, une lettre préfectorale, conformément à la circulaire du Ministre de l'Intérieur, au sujet des fêtes du centenaire de 1789, invita la municipalité à célébrer dignement le 5 mai, en souvenir de la première réunion de la grande Constituante. Le Conseil vota la somme de 65 francs pour payer les réjouissances, et demanda à M. le Préfet de lui faire obtenir de la Commission départementale un secours égal à la somme votée. (*Ibid.*, fol. 42, verso.)

Au lendemain des élections de mai 1891, nous retrouvons dans le corps municipal à peu près les mêmes conseillers. Deux seulement n't sont pas revenus : MM. Jullian Félix et Tourret Jean. Ils ont été remplacés par MM. Bedos Félix et Fabre François. MM. Puig Adolphe et Abrigeon André sont réélus respectivement maire et adjoint.

Mais les élections du 10 mai 1896 changèrent totalement la situation. La liste d'opposition à l'ancienne municipalité sortit en entier. Les nouveaux conseillers : MM. Maurel Félix, Goubert Isidore, Rith Adolphe, Jeanjean Sylvain, Jeanjean Philippe, Bedos Félix, Tourrière Joseph, Fabre Dieudonné, Bascou Antoine, Brissac Isidore, s'assemblèrent pour la première fois le 17 mai, et se donnèrent pour maire M. Rith Adolphe, et pour adjoint M. Jeanjean Philippe. (*Ibid.*, fol. 132.)

Le 22 janvier 1899, une élection partielle eut lieu, afin de remplacer M. Rith, décédé à la fin décembre 1898. Le scrutin désigna M. Soulié Raymond. Le 29, la municipalité choisit M. Philippe Jeanjean comme maire, et M. Bedos Félix comme adjoint. (*Ibid.*, fol. 173.) Dans la suite, MM. Jeanjean Sylvain et Bedos Félix se retirèrent volontairement du Conseil.

Aux élections du 1er mai 1904 furent élus : **MM. Dumas**

Lucien, Brissac Fulcrand, Maurel Félix, Couderc Calixte, Tourrière Marius, Bedos Pierre fils, Soulié Raymond, Jeanjean Philippe, Igounet Emile, Montel Pierre. Dans la séance du 15 mai furent désignés : maire, M. Jeanjean Philippe ; adjoint, M. Couderc Calixte.

La liste des conseillers sortants fut concurrencée aux élections de mai 1908 par une liste adverse. Celle-ci fit passer un des siens au Conseil municipal : M. Ernest Oziol. L'autre parvint à assurer le succès à neuf de ses membres : MM. Jeanjean Philippe, Dumas Lucien, Montel Pierre, Bedos François, Brissac Fulcrand, Tourrière Marius, Maurel Félix, Igounet Emile, Adolphe Méjane.

Dans la séance d'installation du nouveau Conseil, M. Jeanjean Philippe fut réélu maire. La charge d'adjoint échut à M. Dumas Lucien.

CHAPITRE II

VIE ÉCONOMIQUE

Le chiffre de la population a suivi une continuelle progression ascendante : en 1793, il était de 120 ; en 1820, de 233 ; en 1873, 22 mai, de 428 ; en 1900, de 450. Il reste stationnaire depuis une dizaine d'années, après le faible accroissement de la dernière période.

Les habitants récoltaient des céréales en abondance.

La vigne leur donnait, en 1834, 3.500 hectos de vin ; en 1843, 12.000 hectos (Arch. mun. Reg. 1838, fol. 19, verso) ; en 1872, 2.100 hectos seulement (Arch. mun. Reg. 1862, fol. 45, verso). De nos jours, après sa reconstitution et son extension, elle leur fournit de 24 à 25.000 hectos.

La culture de l'olivier a toujours été en faveur auprès d'eux. Mais les hivers de 1709, 1768, 1789, 1792, 1793, préjudiciables à ces arbres, découragèrent plusieurs propriétaires à faire de nouvelles plantations.

La population s'adonnait en outre à l'élevage des moutons. En 1836, elle possédait 2.035 bêtes à laine. Cette quantité de bétail explique les mesures prises, à différentes époques, par le Corps municipal pour défendre, d'un côté, les dépaissances, et de l'autre, pour garantir de tout dommage les propriétés non clôturées. Les vacants communaux, inégalement pourvus de paisson, sont divisés en une dizaine de lots. Périodiquement mis en adjudication, ils sont cédés aux plus offrants.

Il y a eu plusieurs tentatives d'industries.

En 1842, un marchand de Montpellier, Siméon Jourdan, sollicita de la municipalité l'autorisation de pratiquer des fouilles dans les vacants communaux pour l'extraction de la houille. La demande fut accueillie favorablement le 6 décembre.

M. Jourdan revint à la charge le 10 février 1843. Quatre jours après, la municipalité donna, sous la réserve des droits de la commune et le payement des dommages, la permission de commencer les travaux de sondage.

M. Jourdan ne donna pas suite au projet. Le 10 août 1845 et le 25 août 1846, nous voyons les frères Brousse, négociants à Montpellier, formuler auprès du Corps municipal une requête semblable à la précédente. Le Conseil, gêné dans sa liberté d'action par la concession faite à Siméon Jourdan, et voulant éviter un procès, s'enquit, auprès de M. le Préfet, de la conduite à tenir. (Arch. mun. Reg. 1838, fol. 15, 16, 26, 29.)

Nous ignorons la teneur de la réponse préfectorale. Mais des travaux, commencés par l'un des deux concessionnaires et poussés assez avant, ne donnèrent aucun résultat pratique.

En 1900, un ingénieur, ayant trouvé des traces de manganèse, fut autorisé à poursuivre des recherches. Il abandonna bientôt devant la rareté du minerai.

Déçus sur ces deux points, les habitants furent dédommagés par la découverte, en 1849, d'une carrière de sable très fin à la section B, numéros 384 et 403 du plan cadastral. (Arch. mun. Reg. 1838, fol. 43.) Depuis lors, d'autres carrières de sable ont été trouvées et exploitées, notamment celle de M. Lucien Jeanjean, au chemin de Vendargues.

Voyons par le détail le mouvement économique dans la localité.

Quand les privilèges eurent été supprimés par le décret du 26 septembre 1789, la municipalité de Teyran décida, le 13 décembre, de nommer un arpenteur, deux estimateurs, deux indicateurs, pour mettre à la taille les biens antérieurement exempts d'impôts, et les désigna le 16 mai 1790.

La Constituante remplaça les anciens impôts par le système d'impôts directs : contribution foncière et mobilière.

Toutes les municipalités furent invitées à diviser leur territoire en sections, et à nommer des commissaires pour en évaluer la valeur foncière respective, afin de permettre l'établissement des impôts nouveaux et la fixation de la part contributive de chaque commune.

A cet effet, le Corps municipal de Teyran tint une réunion le mois de janvier 1791.

Voici le procès-verbal de séance :

Aujourdhui, vingt neuvième janvier mil sept cens quatre vingt onze, nous, maire et officiers municipaux de la communauté de Teyran, réunis au lieu ordinaire des séances de la municipalité, après la lecture quil nous a été faite par le secrétaire greffier de l'article I du titre 2 du décret de l'Assemblée Nationale sur la contribution fonctierre des 20, 22 et 23 novembre 1790, accepté par le roi;

Suivant lequel article porte :

Qu'aussitôt que les municipalités auront receu le décret, et sans attendre le mandement du directoire du district, elles formeront un état indicatif du nom des différentes divisions de leur territoire, sil y en a déjà d'existantes, ou de celles quelles détermineront, sil ne existoient pas déjà; et que ces divisions sappelleront sections, soit dans les villes, soit dans les campagnes.

Pour nous conformer au susdit article, et d'après les connoissances que nous avons de la consistance du territoire de notre communauté, avons divisé ce territoire en sections, dont la première est connue sous le nom de la section de Teyran, sous le titre de la lettre A;

La deuxième, sous celui de la section de Bagnéréx, sous la lettre B;

La troisième, sous celui de la section de Saint-André, sous la lettre C;

La quatrième, sous celui de la section de la Grande-Prade, sous la lettre D.

Et que pour que cette division ne puisse être exposée à des variations, qui apporteraient la confusion dans les opérations dont elle doit être la base, nous déclarons par la présente délibération que:

La première section, ditte de Teyran, comprand le village qui est limité, de toutes parts, par ses murailles.

La deuxième section, ditte de Bagnéréx, est la portion du territoire de notre communauté qui est limitée, savoir: au levant, par le territoire de Bagnères, au couchant par le chemin de

Montlaur à Teyran, passant à La Foulhiade, et à la fontaine dudit Teyran, jusques au portalét du Nord, la rivierre de La Cadoule au midi, le chemin de Vendargues à Teyran, passant au Balon.

La troisième, ditte de Saint-André, est la portion du territoire de notre communauté qui est limitée, savoir: au levant, par le chemin de Montlaur à Teiran, passant à la Foulhiade et à la fontaine de Teyran, entrant au portalét; au couchant, par le territoire d'Assas et de Jacquou; au nord, par le territoire d'Assas et ledit lieu de Teyran; au midi, par le chemin de Teyran à Montpellier, sortant au grand portal et passant aux Orteaux.

La quatrième section, ditte de la Grand Prade, est la portion du territoire de notre communauté qui est limitée, savoir: au levant, par un territoire appellé terre metgeyre; au couchant, par le chemin de Teyran à Montpellier, sortant au grand portal, passant aux Orteaux; au nord, par le chemin de Vendargues à Teyran, passant au Balon; au midi, par le territoire de Castelnau et de Jacquou.

Et sera une expédition de la présente délibération envoyée par le procureur de la commune à messieurs les administrateurs du directoire du district, et une copie, affichée à la porte du lieu ordinaire des séances de la municipalité, et de l'église paroissiale, à ce qu'aucun des propriaitères et habitans de cette communauté ne puisse en prétendre cause d'ignorance.

Fait à Teyran, ce 29 janvier mil sept cens quatre vingt onze, et ont signé....

(*Arch. mun.*, Reg. 179-1849, fol. 23 v°.)

Le lendemain, 30 janvier, la municipalité désigna Pierre Brissac maire, Pierre Bedos officier municipal, Pierre Dumas notable, Joseph Jeanjean, secrétaire-greffier, *comme commissaires, pour dresser l'état indicatif des différentes sections, des propriétés y comprises, et indiquer le revenu net de chaque lot.*

La contribution foncière de la commune devait être établie, basée sur les données fournies par les commissaires. Aussi promirent-ils de s'acquitter consciencieusement de ce travail. (Arch. mun. Reg. 1790, fol. 24, verso.) Il leur fut accordé individuellement une allocation de deux livres pour chacune des journées consacrées à cet ouvrage. (*Loc. cit.*, **fol. 27.**)

Les commissaires, dans leur rapport, évaluèrent à 6.505 livres le produit net des propriétés du territoire de Teyran. (*Loc. cit.*, fol. 36, 25ᵉ ligne.)

Le 12 octobre 1791, les administrateurs du directoire du district de Montpellier envoyèrent à la municipalité le rôle des impositions foncières de Teyran :

« Nous, en vertu de pouvoir à nous donné par la loi du dix sept juin 1791, et en exécution de la Commission de MM. les Administrateurs du département de l'Hérault, à nous adressé le 17 aoust 1791, après avoir procédé à la répartition, pour la présente année mil sep cens quatre vingt onze, des sommes ci-dessus énoncées (1.140.369, six sols, trois deniers, pour le district de Montpellier) entre les différentes communautés du district de Montpellier,

Avons fixé la cotte part de votre communauté à répartir, en la présente année mil sept cens quatre vingt onze, par le rôle de la contribution foncière, savoir :

Pour le principal de la ditte contribution foncière à la somme de cinq mille quarante cinq livres, huit sols, huit deniers;

Pour le fonds de décharges et non valeurs, à raison du sou pour livre du principal, à la somme de deux cens cinquante deux livres, cinq sols;

Pour les dépenses à la charge du département, à raison de deux sols neuf deniers pour livre du principal, à la somme de six cens quatre vingt treize livres, treize sols, neuf deniers.

Et enfin, pour les dépenses à la charge du district, à raison de un sol trois deniers pour livre du principal, à la somme de trois cens quinze livres, six sols, trois denniers.

Total des sommes portées par le présent mandement pour la communauté de Teyran: six mille trois cens six livres, treize sols, huit deniers. »

(Arch. mun., *loc. cit.*, fol. 33 vᵒ.)

Les habitants se plaignirent d'une taxation foncière si élevée.

Comme l'année précédente, leurs contributions, fixées à 4.694 livres 3 sols, avaient été, sur leur demande, réduites à 2.487 livres 15 sols 11 deniers (Arch. mun. *Loc. cit.*, fol. 14, verso), ils engagèrent vivement les officiers municipaux à solliciter des administrateurs du district une diminution de ces impôts.

Le 7 novembre, la municipalité formula la requête, où elle fit valoir le taux excessif de la taxe (6.306 sur 6.505 de revenu) ; la perte des oliviers, décimés par les froids de 1789, et dont le rendement entrait autrefois pour un bon tiers dans le revenu global de la communauté ; l'impossibilité matérielle pour les habitants de faire face aux impôts, sans être acculés à la ruine. (Arch. mun. *loc. cit.*, fol. 35, verso.)

Les administrateurs durent accorder une réduction, insuffisante toutefois. La population n'avait pu, encore, au 1er octobre de l'année suivante, se libérer complètement. A cette date, Poitevin, trésorier du district, envoyait à la commune de Teyran une contrainte pour le paiement de l'impôt foncier de 1791.

La municipalité prenant en mains les intérêts de ses administrés, fit valoir aux administrateurs le motif de la récolte déficitaire de blé, et leur demanda, avec le retrait de la contrainte, un sursis pour le versement des contributions jusqu'après les vendanges. Le directoire répondit par une fin de non recevoir :

Vu la présente pétition,
Ouï le Procureur syndic,
Considérant que le recouvrement des contributions ne peut être arrêté par aucun motif, a délibéré de passer à l'ordre du jour.

Fait en Directoire, le 3 octobre 1792, l'an premier de la République Française.

BANCAL. Louis JOUBERT.
CHAUVET. CHAUBE.

(*Arch. par.*, pièce n° 1.)

La commune de Teyran n'eut qu'à s'exécuter.

Pour les impositions mobilières de 1791, établies par la loi du 18 février 1791, la municipalité désigna, le 7 novembre 1791, Pierre Brissac et Joseph Jeanjean comme commissaires, chargés de dresser le tableau de la part contributive de chaque habitant. (Arch. mun., *Loc. cit.* fol. 37.)

Sur leur rapport, le directoire fixa à 129 livres 4 sols la quote-part mobilière de la commune. (Arch. mun. Reg. 1790, fol. 38.)

Dans ces temps de trouble et de malaise, les contributions pesaient lourdement sur les habitants. A chaque publication de rôle, ils manifestaient leur mécontentement, qui se terminait toujours par une demande en diminution de taxe. (Arch. mun. *Loc. cit.*, fol. 50 r°, 60 v°, 67 v°, 68 r°.)

*
* *

La communauté désignait, tous les ans, celui qui devait faire la levée d'impôts. Cette charge, assimilée à une adjudication, éloignait les compétiteurs. Les collecteurs avaient sans doute un bénéfice — 3 ou 4 deniers par livre — dans leurs opérations ; mais ils répondaient sur leurs biens du versement intégral des contributions. Nous trouvons, en 1790 et 1791, Philippe Jeanjean ; 1792, Guillaume Pouzancre, de Lirou, paroisse de Guzargues ; en 1793, Joseph Jeanjean ; en 1794 et 1799, Guillaume Pouzancre ; en 1800, son fils Jacques Pouzancre ; en 1802, Antoine Pouzancre. (Arch. mun. *Loc. cit.*, fol. 14, 33, 35, 40, 66, 77, 90, 97.)

*
* *

En exécution de l'arrêté du 16 avril 1793 de l'Administration du département de l'Hérault, les citoyens de Teyran, de tout sexe, âgés de 21 ans, furent convoqués, le 21 du même mois, par la municipalité pour procéder au vote du partage des biens communaux.

Au nombre de 34, les votants donnèrent la présidence de la réunion à Louis Jeanjean. Après la lecture du décret du 10 juin, faite par le secrétaire, Joseph Jeanjean, le scrutin fut ouvert.

Louis Jourdan, François Maurel, Jean Dumas, Louis Jeanjean, oncle ; Madeleine Brissac, François Parent, Jeanne Malet, Marguerite Dumas, François Bedos, Antoinette Brissac,

Jeanne Peyrolle, François Elie, Pierre Pagès, Pierre Brissac, Louis Jeanjean, neveu ; Pierre Rascoussier, Joseph Jeanjean, se prononcèrent pour l'affirmative.

Jeanjean, dit du ballon ; Jean Pioch, Jeanne Brissac, Elisabeth Brissac, Marianne Brissac, Elisabeth Sanier, Jean-André Venturier, Philippe Jeanjean, Jacques Bedos, Dumas, dit le Hautbois, fils ; Jean Rivière aîné, Jean-Antoine Rey, Jean Goubert, Françoise Goubert, Jean Rivière cadet, Pierre Barrandon cadet, Claude Barrandon, se prononcèrent pour la négative.

De part et d'autre, il y eut 17 suffrages. Mais comme les tenants du partage excédaient le tiers des votants, le partage des biens fut adopté conformément à l'article 9 du titre III de la loi du 10 juin.

Sur le champ, l'Assemblée désigna, pour la répartition des biens nationaux, trois experts : Jacques Bourrelis, de Sommières, arpenteur ; Guillaume Pouzancre, de Lirou ; Guillaume Brun, d'Assas, estimateurs ; et leur adjoignit deux indicateurs du pays, Pierre Brissac et Louis Jeanjean neveu, afin de faciliter le travail aux répartiteurs. (Arch. mun. Reg. 1790-1849, fol, 80, 81.)

Des biens pris au clergé, et incorporés dans les domaines nationaux, il y eut, à Teyran, l'Eglise, une terre herme et une aire.

L'Eglise, nous le verrons, fut vendue plus tard.

Les deux autres lots furent mis en adjudication au mois de juin 1793.

Le 21, Paul-Michel Antérieu, de Montpellier, se dit acquéreur aux prix d'expertise, 35 livres, de la terre herme, au tènement de Saint-André, de contenance d'environ demi-sétérée, et confrontant du levant le cimetière, du coucouchant et vent droit Pierre Claret, du midi le chemin ; et 40 livres de l'aire d'un quart de sétérée, près des murs de Teyran, et confrontant du levant le chemin de Teyran à Vendargues ; du couchant, la veuve Paul et Jeanjean ; du midi, la veuve Boyer ; du vent droit, la veuve Paul.

Le 27 juin, le directoire du district s'assembla pour recevoir les enchères. Furent présents : Bancal, vice-président ; Lambert, Laval et Louis Joubert. Le prix de ces biens nationaux étant inférieur à mille livres, l'enchère fut fixée à 5 livres pour chacun des deux lots, conformément à l'article XVI du décret de l'Assemblée Nationale du 3 novembre. Personne n'ayant fait d'offres, le procureur syndic requit pour un autre jour une nouvelle et définitive adjudication.

Elle eut lieu le 6 août, à 3 heures de relevé. Pierre Flottes, de Montpellier, fit l'enchère de 5 livres, portant le prix pour le premier lot à 40 livres, et pour le deuxième à 45 livres.

Aucune enchère ne s'étant produite à l'allumage des trois feux, le procureur adjugea les deux lots à Pierre Flottes. Les actes d'achat furent enregistrés à Montpellier, le 13 août 1793. (Arch. départ., district de Montpellier. Reg. numéro 7, série Q, numéros 507 et 508.)

En même temps que la vente des biens « dits nationaux », avait lieu ici le rachat des droits féodaux.

Marie-Anne Mouriès, veuve Armingaud Boyer, domiciliée à Montpellier, jouissait d'un domaine d'une valeur de 30.000 fr., situé sur les terres seigneuriales de Teyran et de Jacou. Elle voulut l'exonérer des droits féodaux tant « fixes que casuels ». A cette fin, elle chargea l'huissier Louis Seran de notifier, le 3 juin 1793, à Jeanne-Marie-Emilie Guignard de Saint-Priest, veuve et héritière de Thomas-Marie de Bocaud, ancien seigneur de Teyran, son désir d'user du décret du 9 mai 1790 et de la loi du 20 août 1792.

Dans cette sommation, la requérante s'offrait à payer le montant du rachat de toute partie de son domaine, soumise aux droits féodaux, dont la seigneuresse montrerait le titre justificatif.

Trois mois étaient accordés à Mme de Bocaud pour la recherche des titres primitifs, et faire valoir ses droits. Ce délai écoulé, le domaine en question serait à tout jamais libéré des droits féodaux.

Douze jours après, Mme de Bocaud communiquait la sommation à Paul Antérieu, de Montpellier, acquéreur du domaine de la veuve Armingaud Boyer, et se livrait en même temps à la recherche des titres établissant les droits seigneuriaux.

Elle trouva un acte du 21 avril 1760, reçu par Mᵉ Vezian, notaire à Montpellier, d'après lequel feu de Bocaud « bailla à nouveau cens et emphitéose perpétuelle », à Jean Escuret, de Teyran : 1° une terre herme située dans le terroir Saint-André-d'Aubeterre, confrontant, du levant et marin, Bertrand Goubert ; du couchant ; les pâtis ; du vent droit, Marguerite Bonnète, d'une contenance de trois sétérées, un quarton, quinze destres, sous l'usage d'un sétier d'avoine ;

2° Une autre terre, au même tènement, confrontant, du levant, Pierre Gausand ; du couchant et vent droit, les pâtis ; du marin, le chemin de Montferrier, d'une contenance de deux sétérées et demie, six destres, sous la censive d'une quarte d'avoine ;

3° Une autre terre herme, au même tènement, confrontant, du levant, Antoine Vitou, le Salaison et soi-même ; du couchant, le chemin de Saint-Martin ; du vent droit, Pierre Montaud ; du marin, Catherine Roussèle ; du nord, Jean et Pierre Bedos, d'une contenance de sept sétérées, un quarton, onze destres, sous la censive de cinq quartes d'avoine.

Ces trois pièces faisant partie du domaine acheté par Paul Antérieu, par contrat passé chez Mᵉ Vezian, Mme de Bocaud donna à l'acquéreur connaissance de cet acte d'inféodation.

Paul Antérieu répondit qu'il fallait procéder à l'examen de ce titre, et décider sur quelle base devait être payé le rachat de lods et de censive.

D'un commun accord, les parties nommèrent deux arbitres.

Ceux-ci, ayant déclaré le titre valable, fixèrent à quatre livres la valeur du sétier d'avoine. Les deux sétiers et demi d'avoine fournis en redevance équivalaient à dix livres de rente annuelle. Cette rente, « sur le pied du denier 25 », au mode de l'article 21 du décret du 9 mai 1790, formait un capital de 250 livres, qui devait être versé en payement du rachat.

A cette somme, les experts ajoutèrent les droits d'entrée payés par Jean Escuret, soit 19 livres 5 sols.

La décision arbitrale admise, Paul Antérieu solda, en assignats nationaux, à Mme de Bocaud le total du rachat. En échange, Mme de Bocaud reconnut l'affranchissement de toute redevance et l'extinction de tous ses droits féodaux sur les trois terres mentionnées.

L'acte, dressé à Montpellier, le 15 juin 1793, fut signé des deux intéressés : Mme Guignard de Bocaud et M. Paul Antérieu. (Archives de la famille Félix Bedos.)

*
* *

Le manque d'argent dans les caisses de l'Etat obligea la Convention à voter des emprunts forcés ; elle commença le 3 septembre 1793. Le 3 décembre, le Corps municipal désigna, pour la réception et la vérification des déclarations relatives à cet emprunt, six commissaires : Philippe Jeanjean, François Maurel, Pierre Dumas jeune, Jean Goubert, Joseph Jeanjean, Jacques Bedos. (Arch. mun. Teyran. Reg. 1790, fol. 78.)

Peu après, 29 septembre, la Convention faisait la loi dite du *maximum* pour enrayer la hausse des salaires, produite par la rareté des travailleurs, et celle des denrées, montées à un prix excessif, par la pénurie des récoltes et la dépréciation des assignats.

L'article VIII de cette loi exigeait la fixation des prix dans toutes les communes. Les municipalités devaient prendre pour base ceux établis en 1790 et les augmenter de moitié.

Celle de Teyran, dans une séance tenue le 18 décembre, arrêtait ainsi les chiffres : journée de sept heures d'homme pour taille ou déchaussage de la vigne, « une livre treize sols » » ; journée de neuf heures pour taille des oliviers, « trois livres » ; journée de moissonneur nourri « et travaillant tout le long du jour, une livre seize sols » ; celle du dépiqueur, sans nourriture, « une livre seize sols » ; gage annuel de payre, « deux cent vingt-cinq livres, nourri selon la coutume » ; celui de valet, « deux cent deux livres dix sols et nourriture » ; le gage de premier berger, « quatre-vingt-dix livres et nourri » ; celui de deuxième berger, « soixante-sept livres dix sols et nourriture » ; celui de troisième berger, « cinquante-quatre livres et la nourriture » ; charrue attelée de deux bêtes, « cinq livres cinq sols » la journée ; charrue attelée d'une bête, « quatre livres dix sols » la journée ; celle « d'un couple mules à dépiquer servies par deux hommes, sans nourriture, neuf livres » ; charroi du muid de vin de Teyran à Montpellier, « sept livres dix sols » ; charroi de « la canne d'huile » de Teyran à Montpellier, « sept sols six deniers » ; le charroi des autres marchandises, bois, blé... de Teyran à Montpellier, « sept sols six deniers » par quintal ; la journée de femme, « dix-huit sols », de la fin novembre à la fin janvier, et « une livre quatre sols » les autres mois. (Arch. muni. *Ibid.*, fol. 79.)

Sur ces entrefaites, le directoire du district prenait un arrêté important, le 27 mars 1794. En vue d'assurer aux armées républicaines leur approvisionnement en grains, et d'éviter la résistance des populations au moment des réquisitions, il ordonnait le versement du blé et de la farine des particuliers dans des greniers, affectés à cet usage par les municipalités.

Réunis à cet effet le 17 avril, les officiers municipaux de Teyran désignèrent trois greniers publics dans la commune : la maison de Philippe Jeanjean, celle de Pierre Brissac et celle de la veuve de Bocaud.

Ils formèrent ainsi le bureau de subsistance : Claude Barrandon, Pierre Brissac, Philippe Jeanjean, et nommèrent trois gardes magasins, chargés de diriger les opérations conformément aux ordres du bureau de subsistance : Pierre Brissac, Philippe Jeanjean pour le grenier établi dans leur immeuble, et Joseph Jeanjean, pour celui de la veuve de Bocaud.

Après quoi, les officiers municipaux ordonnèrent à tout citoyen d'apporter, dans les trois jours, les grains et les farines en sa possession, dans l'un des trois greniers, mais d'en retenir chez soi trente livres par personne pour une consommation mensuelle. (Arch. mun. *Ibid.*, fol. 80.)

Comme à cette époque les scellés étaient apposés au domaine de Malrives, le Directoire invita, — 20 avril, — le Corps municipal à désigner un commissaire spécial pour se rendre à cette propriété, lever les scellés, et emporter tous les grains, défalcation faite de la quantité nécessaire à l'entretien du personnel durant un mois.

Pierre Brissac fut délégué à cette fin par la municipalité le 1er mai. (Arch. mun. *Ibid.* fol. 81.)

Le 2 septembre, le Directoire notifiait au Conseil de la communauté l'obligation de faire connaître le recensement des grains et des fourrages aux commissaires : Castelnau, Bouscaren et Nouguier, de Montpellier.

Le 21 du même mois, la municipalité, mise au courant par le maire, promit de se conformer à cet arrêté. (Arch. mun. *Ibid.*, fol. 82, verso.)

Le 27 décembre, les officiers municipaux choisirent deux habitants pour les envoyer, en députation, auprès de l'Administration du district de Montpellier, réclamer payement des grains versés par la communauté aux greniers publics. (*Ibid.*, 83, verso.)

La population de Teyran souffrait de se voir dépouillée du fruit de son travail, rationnée dans sa nourriture (**arrêt du 26 février 1794**), et incertaine de rentrer en possession du froment confié aux greniers publics. La délibération, ci-dessous, du Conseil de la localité, ne laisse aucun doute sur ce point.

L'an troisième de la République Française. et le quatrième ventose (22 février 1795), en la commune de Teyran, district de Montpellier, le Conseil général de la ditte commune étant assemblé dans la salle ordinaire de ses séances;

Un membre de la ditte assemblée a dit que par divers arrêtés de l'administration du district de Montpellier, la ditte commune de Teyran, ayant été requise à fournir et verser, dans le grenier public de la commune ou du district de Montpellier, une portion de leurs subsistances en grains, et ce, avec promesse souvent réitérée de la part de la ditte administration et de ses commissaires, le remboursement desdits grains à la ditte commune dans leurs besoins, et dont le contingent des dits grains versés s'élevoit à trente huit quintaux septante cinq livres bled, et dix neuf quintaux septante cinq livres seigle, le tout poids de marc, et dont il est constaté par le registre du citoyen pour garde magasin, et par le reçu des comissaires; et que le dernier versement qui a eu lieu dans la ditte commune, le quinze pluviose dernier (3 février) entre les mains du citoyen Baral et Dupuy, commissaires du district, lesquels, accompagnés d'une force armée, s'étant transportés dans la ditte commune, ils n'y avoit laissé des grains que pour y faire subsister tous leurs individus, avec une très modique ration, jusques au cinquième ventose courant; et que ce terme approchant avec rapidité, tous les citoyens de la ditte commune fondent avec précipitation auprès du corps municipal, en lui demandant le remboursement de leurs grains, lesquels ils n'avoit entendu livrer leurs grains que provisoirement, et dont le remboursement lui avait été promis; les dits citoyens, allarmés du manque de subsistance, se voyant entierrement dépourvus du pain, premier alliment de la nouriture de l'homme, fruit réel de leurs travaux, et produit de leurs propriétés, lesquels ils avoit fait produire à la sueur de leur front, et par la fatigue de leurs bras; et craignant en ce point une famine réelle, c'est ce qui a provoqué la présente assemblée,

Et à ces causes, tout murement examiné, et se voyant plongé dans un besoin pressant,

Ouï l'agent national,

Il a été délibéré que, attendu que les grains versés par la commune de Teyran ne sont que une partie de leur provision, jusques à la prochaine récolte, et qu'il ne formoit pas seulement la subsistance complète de tous les individus de la ditte commune, le corps municipal de la présente commune faira, auprès de l'administration du district de Montpellier, toutes les démarches nécessaires à l'effet d'obtenir le reversement des grains ci-dessus cités, et réitèrera leurs pétitions jusques au reversement complet desdits grains; et ont les déliberans signé : Goubert, maire; J. Jeanjean, officier municipal; Dumas, agent national. (Arch. mun., *ibid.*, fol. 84.)

.•.

A différentes époques, des terrains communaux furent usurpés. Des experts désignés estimaient la valeur et la quantité du terrain envahi, et l'usurpateur devait payer la somme indiquée par eux, s'il voulait en devenir propriétaire définitif. Il y eut sur ce point deux opérations principales. L'une, en 1827, où 35 déclarants de lots usurpés se soumirent, conformément à l'ordonnance du roi du 23 juin 1819, aux conditions d'indemnité fixées par les experts : Gibely, de Montferrier, nommé par le préfet ; Joseph Jeanjean, de Teyran, nommé par la commune ; Pierre Jeanjean, également de Teyran, nommé par les détenteurs de fonds. (Arch. mun. *Ibid.*, fol. 106, 107.)

La seconde en 1849, où 31 déclarants de terrains usurpés acceptèrent de verser les prix fixés par l'expertise pour devenir propriétaires définitifs. (Arch. mun. *Ibid.*, fol. 122-127.)

.•.

L'accroissement de la population, l'augmentation des récoltes par la mise en culture des terrains communaux rendaient de plus en plus nécessaire la création de nouvelles routes et l'amélioration des anciennes. Les conseillers municipaux, dès 1834, réservaient à cet effet des sommes annuelles importantes, comparativement à leur budget.

Le 14 mai 1854, le Conseil demanda au préfet d'établir, sur le chemin de grande communication numéro 21, partant de Saint-Matthieu-de-Tréviers pour Sommières et Lunel, un embranchement entre Montaud et Saint-Drézéry, passant à Teyran, Jacou, Castelnau, Montpellier. La municipalité formula la même requête le 25 septembre 1855.

Les travaux commencèrent l'année suivante. La commune s'imposa des charges pour mener à bonne fin la création de cette route.

Elle fut achevée en 1868 par un dernier effort financier, — 5.530 fr. — que fit à son sujet le Conseil municipal, soutenu et subventionné d'ailleurs, dans l'espèce, par la préfecture.

La route de Prades-Teyran-Vendargues fut, en 1900, légèrement modifiée dans son tracé pour lui donner une viabilité moins défectueuse. (Arch. mun. Reg. 1790, fol. 112. Reg. 1838, passim. Reg. 1862, passim.)

*
* *

Une circulaire préfectorale du 12 décembre 1872 fit annoncer à la municipalité le remboursement aux communes des sommes d'argent votées par elles pour l'armement des gardes nationaux. Le 19 janvier, le Conseil affecte cette somme à la construction d'une horloge sur le campanile de l'Eglise, et fait dresser un devis par M. Grenier Adrien, horloger à Montpellier.

Le 30 août 1874, le devis fut accepté. La dépense, élevée à 2.687 francs, sera payée 2.000 francs, un mois après la pose, et 687 francs en 1875. Les frais dépassèrent de 300 fr. les prévisions. Ils furent couverts par un virement de fonds opéré le 14 février 1875 sur l'entretien du chemin vicinal numéro 5. (Arch. mun. Reg. 1862, fol. 46, 54, 55.)

*
* *

La question de l'eau potable a toujours attiré l'attention des édiles de Teyran. Le 14 novembre 1869, le Conseil décidait de creuser, à deux mètres de profondeur, toute la largeur de la fontaine. Le 12 décembre, il passait traité, au prix de 300 francs, avec Gineste ; et le 22, la préfecture donnait son approbation. (Arch. mun. Reg. 1862.)

Le 30 mai 1885, la municipalité votait la somme de 340 fr. et l'affectait à des travaux de sondage faits aux abords et dans l'intérieur du village pour découvrir des sources capables d'alimenter abondamment la population. (Arch. mun. Reg. 1881-1887, fol. 36.)

En 1887, le Corps municipal décide d'amener l'eau par un système de canalisation dans toutes les parties du village. Un devis est demandé à M. Teissier ingénieur architecte à Nimes. M. le Préfet, le 30 mai, approuve le projet et la dépense portée à 15.000 francs. Le 22 juillet 1888, des modifications, faites au devis primitif, élevèrent la dépense de 15.000 à 16.000 francs. Les conseillers votèrent une imposition extraordinaire de 0 fr. 44, représentant la somme de 1.006 francs pendant 30 ans, pour le remboursement de l'emprunt par annuités.

Ils demandèrent à M. le Préfet une nouvelle autorisation et l'approbation du projet de Ray, constructeur-mécanicien, pour la fourniture et l'installation des machines.

Le 28 avril, une réponse favorable permit l'exécution des travaux et la réalisation de l'emprunt, dont le mode de remboursement par annuités était ainsi modifié : imposition extraordinaire de 0 fr. 50, donnant 1.205 fr. 40 pendant 20 ans. (Arch. mun. Reg. 1887, passim.)

Des suppléments de travail pour le terrassement ou pour la surélévation du moulin absorbèrent 2.000 francs en dehors du devis de 1.600 francs. Les 2.000 francs furent fournis par un emprunt au taux de 4 p. 100 et remboursables dans cinq ans par le moyen d'une imposition extraordinaire de 0 fr. 189. (*Ibid.*, fol. 112, 135.)

Le 7 juin, les entrepreneurs demandèrent la réception définitive de leur travail et le payement des sommes dues.

La population avait désormais l'eau à portée. Un moulin à vent refoulait l'eau de la fontaine dans des tuyaux, qui l'amenaient dans le bassin couvert formant le plan de l'Eglise. De là, elle descendait par des canalisations aux bornes fontaines, établies dans les principaux quartiers.

Ce mode de distribution d'eau ne fut pas longtemps en faveur. Les fontaines, la canalisation, le bassin sont aujourd'hui abandonnés. Le moulin ne fonctionne plus. Les vents lui sont contraires.

*
* *

Le 15 mars 1900, la municipalité décidait un emprunt de 9.500 francs pour acheter, dans l'intérieur du village, le puits dit d'Antérieu, et votait l'impôt de 23 c. 2/10 pendant 25 ans pour l'amortissement.

Le 17 décembre, les conseillers pressent M. le Maire de faire approuver le projet. Le 10 février 1901, ils entendent la lecture du rapport de M. le Conducteur subdivisionnaire et l'avis de M. l'Ingénieur ordinaire sur ce projet, et invitent M. le Maire à activer les démarches pour obtenir l'approbation nécessaire. Elle arrive le 18 mars, en même temps que l'autorisation d'emprunter 9.500 francs à la Caisse des dépôts et consignations au prix de 3 fr. 60 p. 100.

Le 4 septembre, le Conseil engage M. le Maire, à seule fin de mener plus rondement l'affaire, à traiter, de gré à gré, avec Terroux et Cie, pour l'exécution des travaux formant le premier lot du devis dressé par Bonnafous, architecte de la commune. Le 5 octobre, même autorisation est accordée à M. le Maire de traiter, de gré à gré, avec Achille Chaveroche, constructeur-mécanicien, pour la fourniture de la pompe. Le 31 octobre, il l'est également pour traiter avec Bonnet Théophile, serrurier. (Arch. mun. Reg. 1887, fol. 188, 197, 199, 200, 211, 212.)

Vers cette époque, le Conseil fit, à côté de la fontaine, un puits-réservoir pour recueillir le trop plein du bassin de la source.

*
* *

Le télégraphe a été installé à Teyran en 1902, et l'éclairage électrique en 1909.

CHAPITRE III

VENTE DU CHATEAU

A la mort de Mme Marie-Emilie Guignard Saint-Priest, veuve de Thomas de Bocaud, survenue le 25 mars 1802, M. le marquis Thomas de Masclary fut placé à la tête du château de Teyran.

Le marquis mourut à Jacou le 19 juillet 1836 et laissa le château à ses enfants. Peu d'années après, ses héritiers mirent ce château en vente.

La Municipalité ne voulut pas laisser échapper une occasion si propice de procurer au village, par l'achat de cet immeuble, un presbytère, des maisons d'école, une salle de mairie, au sujet desquels depuis longtemps elle était en souci.

Le 18 mars 1841, le Conseil, en vertu d'une lettre préfectorale du 12 du même mois, tint une séance pour s'occuper de cette question.

M. le Maire fit ressortir tous les avantages de l'acquisition au prix de cinq mille francs. Les membres de la Municipalité furent de l'avis de M. le Maire. A l'unanimité, ils se prononcèrent en faveur de l'achat, sous réserve de l'approbation des autorités supérieures. Ils indiquèrent en même temps les ressources dont ils disposaient pour faire face à la dépense : 1. la vente des biens défrichés, demandée par les détenteurs, devait produire 2.000 francs ; 2. fixation, pour 1842, à la somme de 1.000 francs au lieu de 700 francs, de la location des herbages communaux.

Le Conseil dressa pour M. le Préfet un rapport du tout, et, en lui demandant l'approbation du projet, sollicita de ce magistrat un secours pécuniaire afin de parachever la somme indispensable à l'acquisition. Signèrent au registre : MM. Prouvèze ; Antérieu. ; P. Jeanjean ; Maurel ; J. Goubert ; Venturier ; P. Bedos ; Jeanjean ; Dumas ; Brissac, maire. (Arch. munic. Reg. 1838. fol. 9.)

L'approbation préfectorale ne fut pas longue à venir. Dès sa réception, les conseillers se réunirent. Dans leur séance du 21 mai 1841, ils donnèrent à M. le Maire plein pouvoir pour traiter de l'achat du château avec les héritiers de Masclary, et pour l'emprunt de 1.000 francs destinés à servir de premier acompte des 5.000 francs à verser. (Arch. munic. Reg. 1838. fol. 10.)

Le 19 février 1842, M. Brissac, par devant M⁰ Grasset, notaire à Montpellier, acheta, pour la somme précitée, le château aux héritiers de Masclary. Ces derniers se montrèrent très larges dans le mode de paiement : 1.000 francs dès la passation du contrat ; les 4.000 francs dus devaient être versés, au gré de la Municipalité, en huit annuités de 500 francs, ou en quatre de 1.000 francs.

Nous tenons d'ailleurs à donner dans son texte cet acte de vente.

Le dix neuf février mil huit cent quarante deux, à Montpellier, pardevant Amédée Grasset et son Collègue, notaires à la résidence de la ville, soussignés :

Ont comparu

1° M. Emmanuel Marie Joseph Jean Isidore Marquis de Masclary aîné, agissant tant en son nom personnel que comme mandataire de M. Marie Jean Baptiste Thomas Xavier François de Sales, Comte de Masclary, son frère, sous-inspecteur des forêts de l'état, domicilié à Orléans, suivant sa procuration passée le vingt huit janvier mil huit cent trente neuf devant M⁰ Rogier, notaire à Orléans, dont le brevet original dûment enregistré et légalisé a été annexé le deux février suivant aux minutes de M⁰ Bonfils, notaire de cette ville.

2° M. Marie Paul Antoine Firmin, Vicomte de Masclary, propriétaire domicilié à Montpellier, agissant aussi tant en son nom propre qu'en qualité de procureur fondé de M. Alexandre Jacques Marie Léonce Tapié de Celeyran, propriétaire demeurant à son domaine de Celeyran, situé dans la commune de Salles d'Aude, d'après un acte en brevet passé le huit mai mil huit cent quarante devant M Esquer, notaire à Narbonne, laquelle procuration a été annexée le seize du dit mois de mai aux minutes du dit M° Bonfils, notaire.

Expéditions desquelles procurations délivrées par le dit M° Bonfils, ont été remises pour être et demeurer annexées au présent acte.

3° Mlle Marie Joséphine Catherine Marcelline Sophie Comtesse de Masclary, demeurant à Montpellier.

4° Mlle Marie Françoise Joséphine Catherine Chantal de Masclary, demeurant aussi à Montpellier.

5° Mlle Marie Gabrielle Louise de Masclary, domiciliée à Montpellier.

6° Mlle Armandine de Senegra, propriétaire, demeurant à Béziers ;

Lesquels de leur gré et par cet acte, font vente définitive et à jamais irrévocable avec garantie de tous troubles, évictions et hypothèques quelconques pour toujours, à la commune de Teyran, Mr Claude Brissac, propriétaire et maire de la dite commune ici présent, stipulant et acceptant pour elle, en vertu de l'ordonnance royale du onze janvier dernier et de la lettre de M. le Préfet du département de l'Hérault, du trois février courant, copie desquelles deux pièces demeureront jointes et annexées à cet acte ;

Du bâtiment, dit le *Château de Teyran*, des jardins et dépendances situés dans le village de Teyran, formant le numéro deux cent nonante deux du plan cadastral, section du village, portés pour une contenance de dix ares quarante un centiares, confrontant au Nord un chemin, à l'Est une rue et les maisons des sieurs Claret, Goubert, Jullian, au Sud une autre rue, et à l'Ouest encore une rue et l'Eglise.

Ces immeubles sont provenus, savoir : aux dits sieurs et demoiselles de Masclary, de la succession de M. Thomas Catherine Marquis de Masclary, leur père, propriétaire, domicilié à Montpellier, décédé à Jacou, le dix neuf juillet mil huit cent trente six ; à Mlle de Sénégra, de la succession du dit Mr de Masclary, par représentation de Mme Adèle Marie Catherine Joséphine Victoire de Masclary, sa mère, épouse de M. Jean Paul André Gabriel D'Alichoux, baron de Senegra, décédée depuis vingt quatre ans, et de celle du dit M. de Senegra, son père ; et à M. Tapié de Celeyran comme héritier pour partie de Marc Marie Charles Tapié de Celeyran, son fils, décédé en bas âge, issu de son mariage avec Mme Marie Charlotte Louise Sophie Julie d'Alichoux de Senegra, celle-ci héritière du dit M. de Masclary, son grand père, par représentation de Mme de Senegra, sa mère.

La présente vente est faite au prix de cinq mille francs, que le dit M. Brissac, comme procède s'oblige de payer aux vendeurs, savoir : mille francs après la radiation des inscriptions hypothécaires, qui peuvent grever les immeubles vendus et les quatre mille francs restant en huit paiements annuels de cinq cents francs chacun, qui commenceront dans une année, à partir d'aujourd'hui et se continueront ensuite d'année en année, le tout avec intérêt à partir du premier avril dernier.

Messieurs de Masclary, comme procédent, Mesdemoiselles de Masclary et Mlle de Senegra se sont, à l'instant, démis et dépouillés de la propriété des immeubles ci-dessus, et ont saisi et investi la commune de Teyran, voulant qu'elle en prenne dès aujourd'hui possession et jouissance et qu'elle en perçoive les loyers et revenus à dater du premier avril dernier, et qu'elle en dispose à son gré, mais à la charge par elle d'en payer les contributions à partir du dit jour premier avril mil huit cent quarante un.

Il a été convenu entre parties : 1° que les précaire et privilège spécial demeureront réservés en faveur des vendeurs sur les immeubles sus désignés jusqu'à parfait et entier paiement du prix de cette vente et intérêts ;

2° le présent acte ne sera définitif qu'après qu'il aura été approuvé par M. le Préfet du département de l'Hérault, conformément à sa lettre du trois février courant, susmentionnée.

Dont acte fait et passé en l'étude et dans les minutes du dit Me Grasset, notaire ; et après lecture faite, toutes les parties ont signé avec les notaires.

J. de Masclary, S. de Masclary, Jne de Masclary, E. de Masclary, M. de Masclary, Armandine de Senegra, Brissac, Anduze, notaire ; A. Grasset, notaire ; signés.

Le 4 mars, M. le Préfet approuva l'achat du château par la commune de Teyran. L'acte fut enregistré à Montpellier, le 12 mars 1842, f° 156, v° C° 1re. (Arch. munic., Registre : Ventes.)

Aussitôt après, la Municipalité prit ses mesures pour l'utilisation de l'immeuble. Le 26 octobre 1842, elle fit dresser par M. Dessalle, architecte à Montpellier, un devis d'aménagement pour mairie, presbytère, école des garçons, école des filles, logement de l'instituteur et celui de l'institutrice. Le château avait deux étages sur salles voûtées desservies par un escalier donnant dans la cour. La salle de la mairie fut installée au 1er étage dans la pièce centrale de l'immeuble. (Aujourd'hui elle sert de salon à M. le curé.)

Le presbytère fut composé, au rez-de-chaussée, d'une pièce pour service de bûcher, d'un petit caveau et des deux parties de terrains vacants (aujourd'hui plan de l'église et jardin de la cure) où l'on pourrait faire planter quelques arbres ; au 1er étage, d'une pièce pour cuisine (salle à manger actuelle), d'une salle à manger (aujourd'hui cabinet de travail) et d'une chambre (occupée présentement par la tribune de l'Eglise) ;

Au 2e étage, deux autres pièces au-dessus de la chambre et du salon du premier. Le tout fut séparé du reste du bâtiment et desservi par un petit escalier. (Il sert encore de nos jours jusqu'au 1er étage.)

L'école des garçons fut installée au 1er étage, à droite en entrant dans le château (où se trouve actuellement le chœur de l'église). La pièce à côté (aujourd'hui chambre du presbytère) devint la cuisine de l'instituteur et celle du 2e étage au-dessus de la cuisine lui servit de chambre.

L'école des filles fut établie au rez-de-chaussée, dans les anciennes cuisines du château (actuellement le dessous des tribunes de l'église).

Une cuisine et une chambre formant le logement de l'institutrice furent installées au 2e étage, au-dessus de la salle du Conseil municipal et de la cuisine du curé.

La pièce au-dessus de la classe des garçons fut divisée en deux et fut destinée au logement du garde.

Les trois salles voûtées, sans emploi, du rez-de-chaussée furent utilisées selon les désirs de la Municipalité.

La dépense totale des réparations atteignit 1.940 fr. 59. Le devis envoyé à la Préfecture avait été approuvé le 29 décembre 1843 par M. le Préfet Roulleau Dugage.

Les travaux, toutefois, ne commencèrent pas de suite. Il

y eut de partielles retouches au projet, qui motivèrent un autre devis de l'architecte. Ce devis, approuvé par M. le Préfet le 5 août 1844, ne dut pas donner complète satisfaction. M. Dessalle en dressa un troisième le 2 mai 1845. La Préfecture l'approuva le 23 décembre 1845. (Arch. par, devis, 4 fol.)

La date précise de l'installation des services nous échappe. En 1846, la commune s'imposa pour payer le loyer de l'instituteur. En 1847, la Municipalité n'eut pas à s'en occuper. C'est donc entre ces deux dates que le château dut être définitivement aménagé. (Arch. comm., Reg. 1838., fol. 28, r°, 32, r°.)

CHAPITRE IV

VIE RELIGIEUSE

M. Coulondre cessa le service curial à Teyran à la fin décembre 1787. Le 6 janvier 1788, faute de prêtre, il n'y eut pas de messe. Le 11 du même mois, M. Joyeuse, prieur de Saturargues, vint visiter le poste qu'il dut ne pas trouver à sa convenance.

Le 22 février, M. Jean-Baptiste Claparède, curé de Saint-Bauzille-de-Putois, fut installé prieur de Teyran par M. Bayse, prêtre de Montpellier. Il resta seulement quelques mois.

M. Ricôme lui succéda en août. Son séjour fut de très courte durée. Il fut remplacé par M. Jean Billard, originaire de Pérols, curé secondaire de Frontignan. Installé le 12 septembre avant midi, il commença le service le 12 octobre. Au mois de février 1790, conformément aux lettres patentes du roi du 18 novembre 1789, sur les décrets de l'Assemblée Nationale touchant la déclaration des biens ecclésiastiques, il fut requis par M. le Maire de faire cette déclaration. La voici telle qu'elle est consignée dans le registre 1790-1849, fol. 2, r°, Arch. munic.

L'an mil sept cent quatre vingt dix et le premier mars s'est présenté au greffe de la communauté de Teyran M. Pierre Brissac, maire et officier municipal du dit lieu, lequel nous a présenté et requis à transcrire ou enregistrer sur les registres de la communauté la déclaration des biens mobiliers et immobiliers, revenus et charges du bénéfice et prieuré du lieu de Teyran dressé par M. Billard, prieur actuel dudit lieu, ensemble le certificat de réception de la dite déclaration que le dit Sr Brissac, maire, a fourni au Sr Billard, prieur, lequel a tout enregistré comme suit.

DECLARATION DU PRIEURE DE TEYRAN

CHAPITRE I

Biens mobiliers dudit bénéfice

Les vases sacrés, ornements, linges, livres d'église, tableau, vestiaire, auxquels il manque pour être rétablis dans l'état de décence convenable pour le service divin et paroissial des réparations et des meubles et dont l'état en a été constaté par le procès-verbal de l'archiprêtre en date du 1er décembre 1788, dont le montant a été estimé par les experts nommés d'autorité de M. le Sénéchal de Montpellier, la somme de trois cent dix-neuf livres au payement desquelles ont été condamnés les héritiers de M. Coulondre ci-devant titulaire dudit bénéfice par la sentence de collocation dudit Sénéchal en date du 2 novembre 1789 lesquels héritiers **se trouvent en retard**.

CHAPITRE II

Biens immobiliers dépendants dudit bénéfice

1° Une églize avec la sacristie ;
2° Un jardin ;
3° une haire ;
4° un champ, le dit champ de contenance d'une septerée dont la détérioration a été estimée par les susdits experts à la somme de trente livres au payement desquelles ont été condamnés les susdits héritiers par la susdite sentence lesquels pareillement se trouvent encore en retard.

La valeur de ces biens immobiliers nous est donnée au folio 8, verso, du même registre.

Suivant le compoix, l'aire avait une contenance d'un quarton six dextres ; la terre herme d'un quarton 22 dextres ; le vacant de huit canes six pans. En 1789, le terrain donnait quatre livres douze sols six deniers, ce qui permet d'évaluer les pièces ci-dessus à la somme de soixante dix livres. Cette estimation fut, par la Municipalité, consignée au registre, le 16 mai 1790.

CHAPITRE III

Revenus dudit bénéfice

La dîme des fruits et troupeaux de la dite paroisse affermée par le dernier bail a ferme en date du 8 mai 1788 pour la somme de dix et neuf cens cinquante livres avec une remise de cent livres pour les cas fortuits lequel bail a été résilié a cauze du dépérissement énorme des oliviers, occasionné par la rigueur de l'hiver et la grêle de mil sept cens quatre vingt neuf, ci 1.950 livres. .

CHAPITRE IV

Charges dudit bénéfice

	livres
1° Décimes et dons gratuits	178
2° Pension épiscopale seize septiers froment et seize septiers d'orge estimés année commune	256
3° Huile de la lampe, menues dépenses pour le luminaire, pain, vin, blanchissage, réparation du linge	66
4° Entretien des ornements de la sacristie et des autres fournitures pour le service divin et paroissial	40
5° Entretien des murs, pavés et couverts du sanctuaire et de la sacristie	30
6° Aumônes nullement taxées mais distribuées suivant les circonstances et le besoin	80
	650

Je soussigné, Jean Billard, prêtre prieur de Teyran au diocèse de Montpellier affirme l'état ci-dessus véritable déclarant que je n'ai aucune cognaissance qu'il ait été fait directement ou indirectement aucune soustraction des titres, papiers ou mobilier dudit prieuré, lesquelles déclaration et affirmation je fais à M. le maire et officiers municipaux du lieu de Teyran. A Teyran le 27 février 1790, Billard prieur de Teyran.

Nous maire et officiers municipaux du lieu de Teyran soussignés déclarons avoir reçu la présente déclaration des biens et revenus du bénéfice de Teiran certifions de plus que la susdite déclaration a été publiée et affichée à la porte de l'églize le vingt et huit feuvrier de la présente année. En foi de quoi a teiran ce 28 feuvrier 1790, Brissac, **maire.**

Transcrit et registre sur le présent regístre de la communauté de teiran par nous Joseph Jeanjean secrétaire greffier du corps municipal de la commune de teiran.

A teiran ce 2° mars 1790.

J. Jeanjean, secrétaire greff.

L'acte, sur ce registre, n'est signé ni du prieur ni du maire, ni des autres membres de la Municipalité.

La déclaration du prieur, relative à la pension épiscopale, se trouve confirmée, avec une différence de prix toutefois, par la déclaration du procureur de l'évêque. Au folio 8 du Registre 1790, nous lisons :

Je soussigné fondé de procuration de M. l'évêque de Montpellier déclare que le dit seigneur évêque jouit d'une pension annuelle de seize septiers de blé et seize septiers d'orge sur le prieuré de Teyran laquelle pension j'évalue sur une année commune de dix à la somme de deux cent seize livres. Le bled à raison de neuf livres dix sols le septier et l'orge à raison de quatre livres, à Montpellier le 28 feuvrier 1790.

Signé : MOUREAU.

Transcrit sur le présent registre ce seizième may mil sept cens quatre vingt dix.

Une note du 5 février 1791, signée de Brissac, maire ; Bedos, officier municipal ; Philippe Jeanjean, officier municipal ; Pioch, procureur ; J. Jeanjean, greffier, nous donne pour Teyran le détail de taxation de la dîme, supprimée avec tous les autres privilèges par l'Assemblée Nationale, la **nuit du 4 août 1789.**

Etat de la perception de la dîme perçue depuis un temps mémorial (= immémorial) sur le territoire de Teyran.

1° Sur les gerbes bled, seigle, pommelle, orge, avoine et autres grains etc... la dîme a été perçue d'un dixième.

2° Sur les légumes, fromage, vin, huile, la dîme a été perçue d'un onzième.

3°. Sur le gros bétail à laine la dîme a été perçue, sur chaque onze bêtes, dix huit sols.

— 233 —

4° Sur les agneaux et chevraux la dîme a été perçue, sur chaque onze bêtes, seize sols.

Nous maire et officiers municipaux du lieu de Teyran certifions l'état ci-dessus véritable. A Teyran le 5 février 1791 (1).

L'inventaire du mobilier et des effets de l'église paroissiale suivit de près la déclaration du prieur. Il fut dressé le 27 octobre 1790 par les officiers municipaux.

> Un tableau. Deux rideaux pour couvrir ledit tableau. Un tabernacle de bois doré. Un crucifix bois doré. Six chandeliers leton. Un ciboire. Un calice avec sa patenne. Un ortensoir. Deux crois leton pour la prossesion. Un encensoir avec sa navette de leton. Un lampadoire de leton. Une comode pour renfermer les ornements. Six chasubles. Une chape. Deux aubes. Quatre carporaux. Huit purificatoires. Six lavabo ou manutergium. Deux amicts. Une nape de communion. Trois napes d'hautel. Deux messels. Un cayer pour les messes des morts. Un pupitre pour lhautel. Un lutrin. Un vesperal. Un graduel en petit volume. Deux chremieres en étain. Une cuvette pour contenir lau baptismale. Une clochette. Deux burettes de verre avec un bassin de falliance. Des cartons pour lhautel. Un aspersoir avec un petit poilon à porter leau bénite.
>
> Nous maire et officiers certifions avoir dressé le présent inventaire avec la plus grande exactitude, le 27 octobre 1790. Signé : Brissac, maire ; Dumas, officier municipal ; Bedos, officier municipal ; Pioch, procureur ; Joseph Jeanjean, greffier (2).

Entre temps fut sanctionnée et rendue exécutoire le 27 novembre 1790, la loi sur la constitution civile du clergé, publiée le 24 août 1790.

Il y eut un second inventaire des biens de l'église concurremment avec l'inventaire des biens de la Confrérie du Saint-Sacrement, le 7 août 1791.

En plus des objets cultuels inventoriés une **première fois** le procès-verbal mentionne : « un **confessional bois blanc**, les **registres des baptêmes, mariages et enterrements depuis mil six cens vingt-cinq** » — consistant en six registres reliés en **parchemin**.

---

(1) Arch. municip. Reg. 1790-1849, f° 25, ver.
(2) Arch. mun. Reg. 1790-1849. Fol. 20, recto.

Les biens de la confrérie étaient :

« Un coffre bois blanc avec sa clef et serrure, un bassin leton, une écharpe tafetas blanc avec sa crespine en or, une courone en argent, deux chandeliers leton, un dais avec sa garniture satin brossé et sa frange en soie, six flutes, une petite couronne en pallicte d'or, une petite caisse pour distribuer les chierges, plusieurs sierges pour le service de l'églize pesant en tout trente livres vingt sols en argent monaie, deux faneaux pour le saint sacrement, six urnes en bois et six bouquets pour l'hautel, un drap mortuaire, une bierre bois blanc à porter ledit drap lors des services pour les morts.

Nous maire et officiers municipaux certifions avoir procédé à l'inventaire ci-dessus avec la plus grande exactitude et selon quil nous a été demandé par laixtrait du procès-verbal de larrêté du département de Lhérault en date du neuf juilliet mil sept cens nonante un en foi de quoi avons signé le présent a teyran ce septième aoust mil sept cens nonante un.

Bissac, maire ; (Barandon, off. mun ; Philippe Jeanjean, off. mun ; Pioch, proc. J. Jeanjean, greffier (1).

Le 16 octobre 1791 la Municipalité donna à M. Jean Billard, prieur, à la veille de son départ de Teyran, un certificat de décharge des objets signalés dans l'inventaire ci-dessus.

Le même jour, elle fit pareil certificat à Messieurs François Bedos et Jean Sanier, officiers démissionnaires de la confrérie du Saint-Sacrement. Le procès-verbal fut signé des deux intéressés et des membres de la Municipalité.

(Reg. 1790, fol. 34, vers. 35, rect.)

Le décret de l'Assemblée Nationale du 26 décembre 1790 sur la prestation de serment par les ecclésiastiques fut signifié à M. Jean Billard, par les autorités locales. Le prieur réfractaire à la mesure, ne fit au greffier aucune déclaration laissant présumer sa pensée sur ce point. Mais le dimanche 13 février 1791, à la messe, profitant de la présence à l'église des membres du corps municipal et de nombreux fidèles, il monta en chaire et, les prenant tous à témoin, dit claire-

---

(1) Arch. mun. Reg. 1790. Fol. 32 verso.

ment et sans ambages : « Conformément à la disposition de mes confrères, je refuse de prêter le serment porté par le décret de l'Assemblée Nationale ».

L'acte du prieur fut, après la cérémonie, relaté en un procès-verbal sur le registre de la Municipalité. (Arch. munic., Reg. 1790, fol. 26, verso).

M. Billard Jean, né à Pérols, le 20 janvier 1752, fut condamné à être déporté en Espagne. Grâce à un déguisement et au concours d'un habitant de Teyran, M. Antérieu, il put gagner Aiguesmortes et, de là, s'embarquer pour Nice. (Arch. de l'Hérault. Lettre du procur. génér. syndic du départ. du Gard au procur. génér. syndic du départ. de l'Hérault, 30 septembre 1795.)

Le successeur de M. Billard fut M. Joseph Pierre Bergier, « originaire de Menerbes, ci-devant vicaire à St-Chamas, en Provence ». (Arch. famille, Jeanjean Emilien.)

Elu curé de Teyran depuis le 16 avril 1791, comme il résulte du procès-verbal de l'Assemblée électorale de Montpellier, il fut installé par la Municipalité le 16 octobre 1791. Le retard entre l'élection et la prise de possession doit être mis au compte des habitants, peu empressés à ratifier le choix de ce prêtre. (Arch. munic. de Montp. P. 5, A. — Ferd. Saurel. *Hist. Relig. pend. la Révol*, tome II, pièces justificatives n° V, p. XIV.)

M. Bergier prêta serment et resta peu de jours. Il n'était déjà plus à Teyran à la fin du mois de novembre, puisque, faute de prieur, la fête de Saint-André, patron de la paroisse, 30 novembre, fut célébrée par M. Truchement, curé de St-Pierre, Montpellier. (Arch. famille Jeanjean Emilien.)

M. Etienne François Chasseur, procuré de Teyran depuis le 29 janvier 1792, en fut nommé curé (voir à la fin pièce justificative n° 1) le 1er février par lettre pastorale de « Monsieur Dominique Pouderoux, évêque du présent département, siégeant à Béziers ». Il fut installé dans ses fonctions le 5 février par la Municipalité. Au cours de la cérémonie, il prêta serment comme son prédécesseur. Peu de mois après, 26 juillet 1792, l'évêque constitutionnel Dominique Pouderoux, accompagné d'un grand vicaire, de deux domestiques et du curé de Castelnau, vint à Teyran faire une visite pastorale. (Arch. famille Jeanjean Emilien).

Comment acceptait-on ici le ministère des prêtres jureurs ? Un fait va nous le démontrer.

Le dimanche 8 juillet 1792, le début de la messe fut troublé par des réflexions faites tout haut par M. Jean Escuret contre le prêtre assermenté, M. Chasseur. Les Officiers municipaux invitèrent le délinquant à descendre au bas de l'église. A la sortie de l'office paroissial, M. Chasseur adressa des reproches à M. Escuret. Ce fut le signal de murmures et de tumulte contre M. Chasseur. L'officier municipal M. Philippe Jeanjean voulut s'interposer pour rétablir l'ordre. Mais M. Antoine Vincent « soupçonné d'aristhocratie » s'élança vers lui pour le « saizir au colet ». Empêché dans son dessein, il n'en continua pas moins à proférer « contre M. Philippe Jeanjean les plus noires infamies ».

Le corps municipal s'assembla aussitôt pour dresser procès-verbal de l'incident et réclamer « justice exemplaire » contre l'agresseur. (Arch. munic. Reg. 1790-1849, fol. 47, 53, 62, 69).

Peu après, la loi du 20 septembre 1792 enleva au clergé la tenue des registres de l'état civil. Le 14 janvier 1793 la Municipalité procéda à l'examen de ces livres contenant les actes de naissance, mariage, décès. Au nombre de six, ces registres étaient datés du 20 décembre 1625 au 8 octobre 1792. Les ayant clos d'une façon définitive, la Municipalité en fit la remise, avec d'autres papiers, au greffier de la commune, Joseph Jeanjean, nommé de la veille et désormais, à l'exclusion de tout autre, chargé d'enregistrer les actes de l'état civil.

Le procès-verbal à double effet, de dépossession et d'établissement en charge, fut signé de MM. Goubert, maire ; Bedos, officier municipal ; Venturié ; Dumas, proc. ; J. Jeanjean, greffier. (Arch. munic. Reg. 1790-1849, fol. 65.

Le 5 décembre 1793, toutes les croix élevées sur le territoire de Teyran furent abattues par ordre de la Municipalité sur injonction et arrêté du directoire de Montpellier (1). Le lendemain, 6 décembre, M. François Chasseur fit connaître à la Municipalité qu'ayant remis ses lettres de prêtrise au directeur du district le 3 décembre, il donnait sa démission de curé de Teyran. (Ferdinand Saurel. *Ancien clergé du diocèse*. Cf. proc.-verb. IV, 364. Le corps municipal et le secrétaire firent, en sa présence, le recolement des objets de l'église, inventoriés le 7 août 1791, et laissés à son usage lors de son installation dans ce poste. En plus des objets signalés dans cet inventaire, ils trouvèrent : deux chasubles ; une aube ; une chape ; 4 amicts ; un missel. Au dire de M. Chasseur, tous ces objets lui avaient été fournis par le « citoyen Truchement, curé de St-Pierre, à Montpellier ».

La Municipalité accepta la démission et donna décharge des objets cultuels. M. le maire fit un certificat pour bien spécifier que depuis sa nomination à Teyran, M. Chasseur avait rempli « les fonctions de curé avec toute sorte de civisme et avait donné les marques de véritable républicain ». (Arch. munic. Reg. 1790, fol. 78 r°).

A la suite de cet affligeant et triste départ, la paroisse resta plusieurs années sans prêtre et sans culte religieux.

Le Concordat, signé le 15 juillet 1801, ratifié le 10 septembre, exécuté en avril 1802, rétablit en France le culte catholique. D'après Ferdinand Saurel, comme nous le disons plus loin, M. Marre fut curé de Teyran en 1803. Le 18 mars 1808, M. Cambon, ancien chartreux, âgé de 65 ans, y exerçait le saint ministère jusqu'à sa mort, survenue le 17 août 1811. Sa dépouille mortelle fut ensevelie le 19 août à l'extrémité de la terrasse du château, au-dessous de la fenêtre de la sacristie. Assistèrent à la cérémonie d'inhumation : MM. Fédière, curé de Castries ; Albert Soulier, curé de Castelnau ; Deloge, curé d'Assas ; Etienne Bergeon, curé de Saint-Bauzile-de-Montmel. (Arch. par. Reg. 3.)

---

(1) Procès-verbal du 28 brumaire, an II.

De ce moment au 9 janvier 1814, la succursale de Teyran fut dépourvue de titulaire à sa cure. M. Jean Sage semble en avoir été recteur en 1812. Son passage, toutefois, dût être fort rapide. Nous avons trouvé un seul acte de catholicité signé de son nom, le 15 août 1812. Ceci mis à part, l'intérim du saint ministère fut rempli de 1811 à 1814 par MM. Deloge, curé d'Assas ; Carrière, prêtre ; Jourdan, curé de Clapiers.

En janvier 1814, M. Arnaud Jacques était curé de Teyran. Ce prêtre s'employa activement à faire aboutir la question du cimetière depuis si longtemps insoluble. Comme nous le verrons plus loin, Dieu bénit ses efforts. M. Arnaud mourut, à l'âge de 73 ans, le 28 mai 1837. Il fut enseveli le lendemain dans le cimetière paroissial. A la cérémonie d'inhumation assistèrent les confrères du voisinage : MM. Savary, curé par intérim de Castries ; Héry, curé de Vendargues ; Serre, curé de Saint-Drézéry ; Fangoux, curé d'Assas ; Poujol, curé de Montaud ; Puech, curé du Crès. Ils signèrent au registre avec MM. G^{me} Antérieu ; Jeanjean ; Ph. Jeanjean, maire. (Arch. par. Reg. n° 3.)

Le successeur de M. Arnaud fut M. Leboux. Ce prêtre dirigea la paroisse du 2 juin 1837 au 25 juin 1843, jour de sa nomination à l'aumônerie de l'hôpital à Montpellier. Il céda la place à M. Jourdan Antoine. Le 1er acte administratif de celui-ci est daté du 17 juillet 1843. M. Jourdan, dont le souvenir reste encore vivace, eut le grand mérite de mener à bonne fin, malgré des difficultés de toute nature, la construction de l'église actuelle. Il mourut à Teyran le 19 octobre 1877. Son corps fut inhumé, le lendemain, dans le cimetière communal. Assistèrent à la cérémonie funèbre : MM. Bélus, curé-doyen de Castries ; le curé du Crès ; Reynaud, curé de Clapiers ; le curé de Castelnau ; Mauri, curé d'Assas ; le prédécesseur du défunt à la cure de Teyran, Leboux, aumônier de l'Hôpital général.

M. l'abbé Mauri dressa l'acte d'inhumation et seul apposa sa signature au bas du procès-verbal. (Arch. par., Reg. 6.)

Par clause testamentaire déposée chez Me Henri Fadat,

notaire, 3, rue Sainte-Croix, à Montpellier, M. Jourdan légua aux pauvres de la commune la somme de 400 francs. Mis au courant de la donation par M. le maire, les conseillers demandèrent à M. le Préfet l'autorisation de l'accepter. M. le Préfet s'adressa aux pouvoirs compétents et, le 5 décembre 1879, un décret du Président de la République permettait à la commune l'acceptation du legs de M. Jourdan. Le 10 janvier, M. le Maire en donna lecture à ses collègues. Les conseillers décidèrent, après défalcation des frais et des droits de succession, de distribuer immédiatement cette somme aux plus nécessiteux. (Arch. munic. Reg. 1862, fol. 72, 85, 95).

M. R. Mauzac succéda à M. Jourdan dans la première quinzaine de novembre 1877. A la fin avril 1883, Monseigneur de Cabrières lui confiait le poste de Lavérune, aux portes de Montpellier.

M. Azémar le remplaça à Teyran dans les premiers jours de mai 1883, d'où il partit pour prendre la direction de la paroisse de Valflaunès, au printemps 1885.

Au mois de juillet 1885, nous trouvons comme curé M. Geniès. L'année suivante il fit prêcher une mission par M. le chanoine Guiraud. Pour rappeler et perpétuer le souvenir des heureux résultats du passage du zélé missionnaire dans la paroisse, M. Geniès fit ériger une croix monumentale au bas du village, côté du Nord, au point d'intersection de la route de Montpellier et du chemin d'accès à la localité.

Dans le mois de décembre 1894, M. Geniès, nommé curé de Pinet, céda le poste de Teyran à M. François Fournier.

Le 19 mars 1896 mourut à 22 ans un jeune lévite, clerc tonsuré, François Jullian, la joie de sa famille et l'espoir des Teyrannais de voir un des leurs se vouer au service des autels. Ses funérailles eurent lieu le lendemain. M. Fournier les présida et dix condisciples du défunt y assistèrent envoyés en délégation par M. Verdier, supérieur du Grand Séminaire.

Durant le séjour de M. Fournier, Monseigneur de Cabrières vint en visite pastorale. La population parle, toujours en des sentiments émus, de cette visite qui fut ici, comme partout, un triomphe pour le vénéré Pasteur du diocèse et une joie pleine de consolation pour les habitants.

Désigné le 7 janvier 1899 pour la cure de Teyran, nous laissâmes à M. Fournier notre place de Balaruc-le-Vieux pour recueillir sa succession ici le 19 du même mois. Nous y étions depuis six ans quand le Gouvernement Français, sans entente préalable avec le Souverain Pontife, rompit le Concordat de 1801 par la loi du 9 décembre 1905. L'inventaire des biens d'église prescrit par l'article 3 de cette loi eut lieu à Teyran le 3 mars 1906. Les diverses phases de cette opération furent relatées en une brochure imprimée, peu de jours après, à la manufacture de la Charité, à Montpellier.

Les conseillers de fabrique en fonction au moment de la loi de séparation étaient : MM. François Escuret, Jullian Félix, Lucien Jeanjean, Augustin Tourret, Léon Bedos. Et quand l'autorité ecclésiastique demanda la constitution dans toutes les paroisses de conseils paroissiaux, nous fîmes appel à MM. Jeanjean Lucien, Jullian Félix, Augustin Tourret, Chaffiol Alexandre, Dumas Jean, Léon Bedos. Monseigneur l'évêque approuva, le 23 avril 1908, cette formation du conseil paroissial. Et le dimanche 26 avril, à la messe du prône, nous portâmes à la connaissance du public le nom des nouveaux conseillers et la lettre d'approbation de Monseigneur de Cabrières. (Arch. par. Reg. 1893, fol. 68, 79.)

Le 7 juillet 1912, S. E. le cardinal de Cabrières, évêque de Montpellier, nous ayant nommé à la cure de Castelnau-le-Lez, nous laissâmes la chère paroisse de Teyran à M. l'abbé H. Le Rouge, qui venait de la cure de Sorbs.

CHAPITRE V

CONSTRUCTION DE L'EGLISE

Reconnue comme bien ecclésiastique dans la déclaration du 27 février 1790, l'église de Teyran fut incorporée dans les biens nationaux.

Le 21 avril 1793, le corps municipal et la communauté s'y assemblèrent pour prendre une décision au sujet du partage de ces biens. Dès l'entrée, ils constatèrent l'effraction de la porte de la sacristie. M. le maire, Jean Goubert, et les officiers municipaux pénétrèrent aussitôt dans la sacristie, et virent au plafond un trou par lequel un homme avait dû s'introduire. Ils comprirent de suite dans quel but, quand ils se furent aperçus de la disparition de la pierre sacrée de l'autel. En s'emparant de cet objet, celui qui s'était furtivement glissé dans l'église, à la veille d'être vendue, avait sans doute pour dessein d'abord de la soustraire à toute profanation, et ensuite de pouvoir l'utiliser pour l'érection d'un autel improvisé en quelque endroit caché. Le corps municipal ouvrit une enquête pour connaître le délinquant. Elle ne donna aucun résultat. (Arch. munic., Reg. 1790-1849, folio 81).

A la suite du vote affirmatif sur le partage des biens communaux, l'église fut vendue, après évaluation ordonnée par les administrateurs du département, à François Bedos, le 15 septembre 1795, ainsi qu'il résulte du document possédé par la famille Brissac et reproduit aux pièces justificatives n° 3.

Le procès-verbal d'expertise ayant estimé l'immeuble à 540 francs, l'acquéreur accepta ce prix. Il s'engagea à prendre l'édifice dans l'état où il était, à ne pas exiger d'indemnité pour défaut de mesure, pour dégradation, ni d'autre titre de propriété que ceux qui pourront lui être remis amiablement. Il assuma les frais de vacation d'experts, de commissaire, de papier et d'enregistrement de l'acte de vente.

François Bedos promit de verser la dite somme entre les mains du receveur des domaines nationaux de Montpellier en mandats territoriaux ou promesses de mandats.

L'acte fut signé de l'acheteur, Bedos, Marcel, directeur de l'enregistrement ; Caizergues, commissaire provisoire ; des administrateurs, Tesses fils, Brun, Marc-Antoine Bazille et de Bougette, secrétaire en chef.

L'enregistrement de cette pièce eut lieu le lendemain. Il fut perçu 18 francs en valeur fixe et six francs en numéraire.

Devenue bien particulier, l'église resta fermée longtemps même après l'apaisement religieux. Durant une quinzaine d'années elle n'ouvrit plus ses portes pour les offices divins. Les prêtres, pourchassés pendant la *Terreur* étaient dans l'obligation de vivre cachés, ou de fuir sur la terre étrangère ; et quand, les passions calmées, le Concordat, en 1801, rouvrit les églises, et permit aux prêtres d'exercer leur saint ministère, la persécution sanglante et les maladies avaient fait parmi eux de trop nombreuses victimes, pour que toutes les églises fussent pourvues d'un titulaire.

Ce sont là les motifs probables de toute absence de curé à Teyran du 14 janvier 1793 à 1803 et de cette date au 28 mai 1808. Les registres municipaux et ecclésiastiques ne signalent aucun acte de vie paroissiale et de catholicité dans ce long intervalle. Ferdinand Saurel, dans son « *Histoire religieuse dans le département de l'Hérault pendant la révolution,* tome IV, pièce justificative n° V, page XIV, indique comme curé de Teyran en 1803, M. Marre. En dehors de cette mention nous n'avons trouvé aucune pièce établissant son passage ici.

En 1808 seulement nous voyons un prêtre à la direction de la paroisse. La communauté n'avait pas d'église ; mais Bedos François, détenteur de l'ancienne, dut en céder la jouissance contre promesse d'achat. Cette situation dura près de 4 ans.

A la fin le préfet, ému de la situation de cette succursale privée d'église, envoya le six décembre une lettre au conseil municipal l'engageant à pourvoir le village d'un édifice religieux. Le 13, le maire convoqua, en session extraordinaire, les conseillers pour prendre une détermination à ce sujet. M. Brissac, maire et les conseillers : Antérieu, Goubert, Pagès, J. Jeanjean furent d'accord d'entrer en pourparler avec François Bedos pour convenir avec lui du prix de l'ancienne église. (Arch. munic., Reg. 1790-1849, fol. 99, v°.)

Les mêmes conseillers se réunirent le 26 du même mois. Dans le procès-verbal de séance, après avoir mentionné la nécessité où était Teyran d'avoir une église, la lettre d'injonction du préfet à cet égard, l'impossibilité pécuniaire d'en construire une neuve, les conseillers décidèrent de racheter à François Bedos l'ancienne église, au prix de 600 francs. (Arch. munic., Reg. 1790-1849, fol. 100 r°.) Voir à la fin la pièce justificative n° 4.

Copie de la délibération fut adressée au préfet. En réponse à l'envoi de la Municipalité, celui-ci, le 20 janvier 1812, prit un arrêté ordonnant une enquête de *Commodo* et *incommodo* auprès des habitants de la localité pour connaître leur avis sur les avantages ou les inconvénients de l'acquisition.

Le maire, Claude Brissac, ayant prévenu la population, fit venir à Teyran, le 17 février, Jacques Coste, juge de paix du canton de Castries, à l'effet de procéder à cette information.

Dès son arrivée, à 9 h. du matin, le juge de paix, assisté de son greffier Rivière, commença son enquête.

Furent entendus : Jean Baptiste Escuret, âgé de 52 ans, instituteur à Teyran ; Jean Rivière, 54 ans, agriculteur ;

Pierre Barrandon, 40 ans, cultivateur ; Jean Goubert, 50 ans, agriculteur ; Louis Escuret, 49 ans ; Barthélemy Bedos, 50 ans ; Jean Jeanjean, 74 ans ; ces trois derniers propriétaires fonciers ; Joseph Jeanjean, 53 ans, propriétaire foncier.

Jean Etienne Dumas, 37 ans, propriétaire foncier ; Pierre Brissac, 70 ans, propriétaire foncier ; Philippe Jeanjean, 70 ans, propriétaire foncier. Tous déclarèrent nécessaire et avantageuse aux habitants l'acquisition de l'ancienne église à François Bedos.

Toutes les déclarations à recevoir, terminées à 3 heures de relevée, le procès-verbal fut signé par Coste, juge de paix ; Rivière, greffier, et enregistré à Castries, le 28 février 1812, fol. 490, c. 6. (Arch. munic.)

Malgré tous les avis favorables, l'achat ne fut pas immédiatement effectué. A ce moment, il est vrai, comme depuis la fin août, 1811, jusqu'au 9 janvier 1814, la cure de Teyran fut privée de pasteur.

Au mois de décembre 1816, le maire, Brissac, reprenant le projet d'achat, fit procéder à une expertise sur la valeur de l'ancienne église. Deux experts furent nommés : l'un, François Jeanjean, par le maire ; l'autre, Jean Etienne Dumas, par François Bedos, propriétaire de l'immeuble.

Le 19 décembre, à dix heures du matin, les experts s'étant transportés à l'église située dans l'enceinte de Teyran, et confrontant du Nord et du couchant M. de Masclary, du levant de Masclary et Jean André Venturier, du Midi Venturier, l'examinèrent et consignèrent ensuite dans un rapport, signé d'eux, leurs observations sur l'état de l'édifice, sans voûte, et dont les murs, le couvert, les pavés, les fermetures avaient besoin d'urgentes réparations. Ils l'estimèrent à la valeur de six cents francs. (Archives, famille Brissac.)

Peu après l'église fut achetée. N'ayant pu trouver l'acte d'achat, nous ignorons la date exacte de l'acquisition. Mais nous sommes fondé à la placer entre le 19 décembre 1816 et le 30 juillet 1817, date de l'ordonnance du roi autorisant la commune à répartir sur deux budgets 1817, 1818 la dépense de l'achat.

Après l'acquisition de l'église, le Conseil municipal voulut la mettre en état et l'agrandir. Autorisé le 23 octobre 1817 par M. le préfet à procéder à l'adjudication des travaux, le maire fit dresser un devis par M. Audran. L'église, dit cet architecte, était autrefois chapelle du château. Trop petite pour contenir les habitants, au nombre de 230 à cette époque (Creuzé de Lesser : *Statistique de l'Hérault*, 1824), le Conseil a décidé de lui donner des dimensions plus grandes. L'agrandissement toutefois ne sera que partiel, faute de fonds.

D'après le devis en 7 articles, on prolongera de quelques mètres le sanctuaire ; on construira à la suite une sacristie où l'on aura accès par une porte placée dans le mur nouveau et derrière l'autel. Cette sacristie aura 3 mètres au-dessus du sol, dans sa plus basse pente du côté de la terrasse ; du côté du levant, le mur aura 2 mètres de plus d'élévation.

La sacristie existante, bâtie probablement sur les ordres de M. Coulondre, entre 1773-1788, sera transformée partie en chapelle, où les hommes plus tard prirent place, et partie en salle de débarras annexée à la nouvelle sacristie. Par ce moyen on donnerait plus d'espace à l'édifice ; on aurait du côté de l'évangile le pendant de ce qu'on avait du côté de l'épître, et la transformation de deux sacristies successives pourvoierait de la sorte l'église de deux petites chapelles.

Du côté du couchant, entre le mur de la terrasse et celui de l'église, on bâtira dans le sens longitudinal de l'édifice un mur de 50 centimètres au-dessus des fondations, pour le jour où les ressources de la commune permettraient de donner à l'église plus de développement.

Le Conseil fournira le charroi des matériaux et des déblais. L'entrepreneur payera les matériaux pris sur place, et prendra les échafaudages à sa charge. Il s'engagera à livrer le travail dans 3 mois, à compter du jour de la passation de l'acte, à peine de dépens, dommages et intérêts.

Ce devis fut dressé le 22 décembre 1817.

Après avoir fait afficher à Teyran et dans les communes environnantes, la mise en adjudication de ces travaux, le Maire et le Conseil se rendirent, le 4 janvier 1818, à 4 heures de l'après-midi, dans la salle des réunions, pour procéder à l'adjudication annoncée.

Il y eut plusieurs concurrents. Daniel Delourent, de Teyran, offrit d'exécuter, au prix de 800 francs, les travaux portés au devis. Aucune offre meilleure n'étant faite, Delourent resta adjudicataire.

M. Brissac, maire, envoya à M. le Préfet le rapport sur le résultat de l'adjudication. Celui-ci, dans sa réponse du 6 janvier, invita le Maire à tenter une nouvelle adjudication afin d'obtenir, si possible, des conditions plus avantageuses que celles de Delourent, ajoutant toutefois que ce dernier resterait adjudicataire à 800 francs, au cas où ne serait faite aucune offre inférieure à ce chiffre.

Le 18 du même mois, conformément à la lettre préfectorale, M. le Maire fit procéder à une nouvelle et définitive adjudication. Delourent réitera l'offre à 800 francs. Personne autre ne s'étant présenté Daniel Delourent resta seul adjudicataire pour la somme ci-dessus. Son père, Arnaud Delourent, également maçon, habitant de Lunel-Viel, se porta garant de son fils. L'adjudicataire prit à sa charge les frais d'affiche et d'enregistrement. Acceptée le 18 janvier 1818, l'adjudication fut enregistrée à Castries le six du mois suivant, folio 70, recto. Les travaux furent exécutés. L'église eut alors les dimensions suivantes : longueur 14 m. 60, plus la sacristie ; largeur 4 m. 75 ; hauteur 3 m. 50.

Dans la séance du 27 avril 1818, le Conseil municipal vota la somme de 200 francs pour aider la fabrique dont les ressources trop restreintes ne permettaient point de faire face aux frais de réparations de l'édifice religieux, à l'acquisition d'un autel, l'autre étant hors d'usage, et d'ornements dont l'église était dépourvue. Le conseil destina ensuite la somme de 39 francs 60, à la construction d'un banc à l'église pour les conseillers municipaux. Le procès-

A. Chapelle du Château, devenue église paroissiale ;
B. Château surmonté d'un campanile sur le mur du midi.

verbal de cette réunion porte la signature de MM. I. Jeanjean ; Bedos ; Paul ; Dumas ; Goubert ; de Masclary ; Escuret ; de Bosquat ; Brissac. (Arch. munic., feuille détachée.)

L'an 1849 et le 30 septembre, le Conseil municipal, réuni extraordinairement avec autorisation préfectorale du 20 septembre, avait à prendre une résolution au sujet du remplacement de la cloche de l'église. M. le maire, Goubert Jean-Baptiste, en fit ressortir l'urgente nécessité ; de plus, ajouta-t-il, il faudrait faire construire un petit clocher au sommet et au milieu du mur midi de l'ancien château, et y installer la cloche nouvelle au lieu de la placer dans le clocheton peu solide aujourd'hui de l'église. Les conseillers, partageant l'avis du maire, signèrent la délibération : J. Goubert ; Jeanjean François, adjoint ; Jullian Augustin ; Jeanjean Emilien ; Tourret Jean ; Bedos Antoine ; Sanier Pierre ; Dumas ; Jeanjean Jean. (Arch. munic. Registre 1838, folio 42.)

A son tour, le Conseil de fabrique admit le projet de la Municipalité et décida, le 21 octobre, d'assumer les frais d'achat de cloche et de construction du clocher. Il communiqua son dessein à M. le maire. Le même jour, celui-ci assemble ses conseillers, leur fait part de la décision des fabriciens. Le corps municipal en entier l'accepte et l'approuve. (Archives municipales, Registre 1838, folio 42.)

La cloche fut peu après achetée à M. Labry, fondeur à Montpellier, et, le 23 décembre, M. le curé de Teyran, A. Jourdan, spécialement délégué par Monseigneur l'évêque, procéda à la bénédiction de la cloche nouvelle Le parrain fut M. Pierre Sanier, et la marraine Thérèse Antérieu, née Bedos ; assistèrent à la cérémonie de nombreux fidèles des paroisses voisines, et MM. Pierre Combe, doyen de Castries, Brunet, curé de Clapiers-Jacou. M. Brunet donna un discours apprécié sur les bienfaits des cloches bénites et sanctifiées par les prières de l'Eglise. (Archives paroissiales. Registre, 1849).

Le campanile, construit au sommet du château étant achevé, on y plaça la cloche. Quand, plus tard, on édifia dans une partie du château l'église que nous avons, on n'eût pas à retoucher le petit clocher. Il était à la place voulue. La cloche est la même ; mais le bois et les ferrures qui la soutiennent ou la mettent en mouvement, furent, en 1903, l'objet d'une importante réparation. Les travaux furent confiés à M. Buret, entrepreneur de surrurerie à Montpellier.

L'accroissement de la population rendit de plus en plus indispensable un nouvel agrandissement de l'église. Aussi, le 4 janvier 1852, le conseil de fabrique prit une délibération dans ce sens et vota d'urgence l'élargissement de l'édifice. Pour cela, il suffisait de transporter le mur du côté du couchant, à l'alignement de celui de la chapelle des hommes, et sur le mur, haut de 50 centimètres au-dessus de ses fondations, que le conseil avait fait élever, d'après le devis du 22 décembre 1817, en prévision d'un agrandissement futur de l'église. M. le curé et MM. les conseillers de fabrique signèrent le procès-verbal : A. Jourdan, curé ; J. Goubert; Jean Antérieu ; Bonniol Ainé ; P. Sanier ; Brissac. (Arch. par. Registre 1850-1874.)

Le projet n'eut pas de suite, et les choses restèrent en l'état.

Le 28 mars 1861, M. le Préfet de l'Hérault, sollicité sans doute par les fabriciens, écrivit au Conseil municipal une lettre pour l'engager à faire connaître son opinion sur l'opportunité d'agrandissement ou de reconstruction de l'église. Le Maire, M. Jeanjean Isidore, et tous les conseillers : MM. Jeanjean Frédéric ; Jeanjean Edouard ; Bedos Pierre ; Escuret Augustin ; Richard Jean-Baptiste ; Escuret Jean-Basile ; Tourret Jean ; Fabre Benoit ; Prouvèze Jacques reconnurent indispensable la construction d'une église nouvelle. Ils observèrent toutefois que, si M. le préfet envoyait un architecte pour examiner l'état des lieux, celui-ci serait plus à même de juger si une construction neuve était urgente, ou si l'agrandissement de la vieille église suffirait aux besoins religieux du pays. (Archives municipales. Registre 1838, folio 92.)

M. le Préfet désigna pour ce travail l'architecte du département, M. Bésiné.

Celui-ci, après examen, délaissant les projets antérieurs d'agrandissement de l'ancienne église, se prononce pour la construction d'une nouvelle. Il indique comme emplacement le plus avantageux, pour cette construction, le château acheté en 1842 par la commune.

Par l'utilisation des murs et des matériaux, dit M. Bésiné, on réduirait de beaucoup les dépenses, et on pourrait avoir pour 14.000 francs une église, dont la construction sur un autre emplacement exigerait une dépense double.

Mis au courant du devis de l'architecte, M. A. Jourdan, curé, sollicita de Monseigneur l'Evêque l'envoi d'un grand vicaire pour exposer à la population le plan de construction, et les moyens de parer à la dépense.

Monseigneur envoya M. l'archidiacre Seyvon.

M. l'Archidiacre fit ressortir les avantages qu'offrait la réalisation du devis de M. Bésiné. Les fidèles furent gagnés à la cause, et quand M. Seyvon proposa une souscription publique pour faire face aux frais, il obtint en « une heure et demie », 9.000 francs. Le dimanche suivant les souscripteurs ajoutèrent 4.000 francs. En présence de ce résultat, le conseil de fabrique se réunit, quelques jours après, le 24 avril 1864. En cours de séance, le conseil décida d'affecter à la souscription, comme don de la fabrique, la somme de 500 francs, reliquat de l'exercice clos de 1863. M. le curé promit d'ajouter personnellement un peu plus de 500 francs.

Dans le compte rendu, il relata le besoin de construction d'église, le devis de l'architecte, l'emplacement choisi, le coût, la souscription. Il envoya à Monseigneur copie du procès-verbal de séance, tout en suppliant Sa Grandeur d'appuyer le projet auprès de M. le Préfet, afin d'obtenir de ce magistrat la prompte solution de l'affaire. Cette délibération est signée : Bonniol ; J. Tourret ; P. Sanier ; A. Banal ; A. Jourdan, curé. (Archives par. Registre 1850-1874.)

M. le Préfet examina le devis de M. Bésiné et les pièces à l'appui. Mais, comme le projet de translation de l'église dans le château rencontrait certaines résistances, M. le Préfet réserva son consentement, consigna ses observations dans une lettre, et renvoya le tout à M. le Maire.

Celui-ci communiqua le dossier à M. le curé ; et, le 30 juin de la même année, eut lieu une nouvelle réunion fabricienne pour traiter du sujet. M. Isidore Jeanjean, maire, y assista.

Le conseil, toujours d'avis de faire construire l'église sur l'emplacement d'une partie du château, se dit garanti du côté des dépenses, couvertes et au delà par la souscription. Il pense même, si l'adjudication des travaux produit un rabais, avoir les ressources suffisantes et pour la construction de l'église et pour l'appropriation du presbytère. Quant à la question annexe des écoles et de la mairie, installées dans le château et devant déloger par la construction de l'église, le conseil laisse à la Municipalité le soin d'y pourvoir. Il termine en formulant le vœu que soient rapidement menées les formalités à remplir pour la réalisation du projet.

Le secrétaire ensuite écrit un procès-verbal pour renseigner le plus exactement possible M. le Préfet.

Il passe en revue les divers projets mis en avant pour doter les fidèles d'une église plus vaste.

1° L'élargissement de l'église existante a été reconnu impossible par M. l'architecte, à cause de la déclivité et de la nature du terrain.

2. L'endroit indiqué pour la construction d'une église par les adversaires du projet actuel, a le double inconvénient d'être en dehors du village, et de nécessiter la dépense d'une quarantaine de mille francs, tant pour l'achat du terrain que pour les bâtisses à faire. Le conseil, avec raison, estime de tels frais trop au-dessus des ressources dont il peut disposer.

3. L'emplacement le meilleur, le plus élevé, le plus central, celui qui nécessitera la moindre dépense, qui a l'ap-

probation de l'architecte, du conseil et de la presque totalité des habitants, c'est l'emplacement du château indiqué dans le devis de M. Bésiné.

Les critiques contre ce projet sont de bien mince importance : le presbytère pourra être aménagé dans la partie restante du château ; la mairie et les écoles seront aisément installées sur l'emplacement de l'église actuelle.

Le conseil donne toujours sa préférence à ce troisième projet. Il se charge de le mener à bonne fin avec l'aménagement du presbytère. Toutefois, si la somme totale des 14.000 francs de la fabrique est un peu dépassée, le conseil compte sur la bienveillance de M. le Préfet pour l'obtention d'un secours pécuniaire.

Nous donnons ci-dessous copie de cette pièce importante, signée de M. le Maire et de MM. les fabriciens.

Délibération du conseil de fabrique faisant connaître à M. le Préfet que la construction de l'église dans le château était la réalisation du meilleur projet.

L'an mil huit cent soixante quatre et le 30 juin, le Conseil de fabrique, réuni au presbytère, présents : Isidore Jeanjean, maire ; Jean Tourret, trésorier ; Antonin Banal, secrétaire ; François Jeanjean ; Pierre Sanier, Antoine Bonniol, Jourdan, curé.

Le curé a dit : Voilà, MM., le dossier qui m'a été transmis par M. le maire renfermant, avec une lettre de M. le préfet, les plans et les devis estimatifs dressés par l'architecte du département, M. Besiné, pour la translation de l'église et appropriation du presbytère dans le château. Veuillez bien examiner toutes ces pièces, pour délibérer ensuite ce qu'il appartiendra.

Le conseil **ayant d'abord pris** connaissance du rapport de l'architecte, a examiné les plans et les devis estimatifs et les a approuvés complètement et à l'unanimité, comme conformes au mémoire que la fabrique avait rédigé ; et c'est sur ce mémoire qu'est basée la présente délibération. Pour motiver cette approbation, le **conseil croit devoir faire connaître à M. le Préfet les divers projets qui ont été présentés pour la reconstruction de l'église.**

1° Un premier projet aurait consisté à élargir l'église du côté du couchant ; mais l'architecte qui avait été appelé pour cette affaire, ayant examiné les lieux, déclara formellement que c'était impraticable à cause de la déclivité et de la nature du terrain ; et les habitants renoncèrent à ce projet.

2° Un autre fut encore proposé d'après lequel l'église aurait été placée hors du village ; mais dans cette position elle n'aurait pas été centrale, et partant toujours incommode pour une partie des habitants. En outre, il aurait fallu se jeter dans des dépenses trop fortes pour les ressources de la commune. L'achat du terrain et la construction aurait probablement coûté une quarantaine de mille francs. La perspective de cette dépense et de ces inconvénients firent avorter ce second projet.

3° Après un mûr examen et l'avis de M. l'architecte, qui s'est transporté plusieurs fois sur les lieux pour voir quel serait le meilleur emplacement, les habitants ont arrêté leur choix sur le vieux château-fort, situé sur le point culminant du village et tout près de l'église.

La réalisation de ce choix est offerte par le projet actuel. Non seulement il est possible et facile de construire dans ce château une église plus que suffisante pour la population du village ; mais de plus ce projet est plus économique. En effet, les murs principaux sont construits, et peuvent être utilisés. Ce qui rendra moins longue la terminaison de l'ouvrage.

En outre, sur cet emplacement, l'église dominera toutes les maisons et se verra mieux en même temps qu'elle se trouvera presque au centre. Les quelques difficultés qu'on aurait pu élever sur l'exécution du projet ne sont pas sérieuses. Il faut d'abord, dit-on, modifier le presbytère qui occupe une partie du château ; mais il y a dans le château même de quoi remplacer la partie du presbytère dont on a besoin. On donnera au curé pour compléter son logement la salle de la mairie ; et celle-ci à son tour sera placée dans une partie de l'église existante. Il faudra, ajoute-t-on, prendre les écoles des garçons et des filles, mais elles pourront aussi, comme la salle de la mairie, être placées avantageusement dans l'église actuelle, réservée pour cet effet. C'est du reste, comme il est dit plus haut, l'avis parfaitement motivé de M. l'architecte, dans son rapport sur cette affaire.

En présence de ces considérations, le conseil, après en avoir attentivement délibéré, exprime le désir que l'église en question soit construite dans le dit château, et que le presbytère soit aussi approprié dans ce même emplacement. En cela il se conforme au vœu de la presque totalité des habitants.

Quant aux ressources dont la fabrique peut disposer, elles se trouvent toutes dans les souscriptions volontaires que les habitants ont faites entre les mains du curé et des fabriciens, lesquelles s'élèvent à 14.000 francs, et seront recouvrés par les soins du trésorier de la fabrique. Enfin, cette somme ne s'élevant pas tout à fait au niveau de la dépense nécessaire pour le double projet de l'église et du presbytère, le conseil a l'honneur d'invoquer la bienveillance de M. le préfet, qui est d'un si grand poids, pour l'obtention d'un secours supplémentaire dont la fabrique aura besoin.

Et ont les membres sus-nommés signé la présente délibération.

J. Tourret. P. Sanier. Jeanjean. Bonniol. I. Jeanjean, maire. A. Jourdan, curé (1).

Bien que mentionné présent à la séance, M. Antonin Banal n'est point parmi les signataires du procès-verbal.

A son tour le Conseil municipal, sur autorisation préfectoral du 20 juin, se réunit le 10 juillet 1864, pour délibérer sur : 1. la lettre de M. le Préfet ; 2. le projet de construction de l'église et d'appropriation du presbytère dressé par M. Bésiné, architecte, le 15 juin ; 3. la délibération précitée du conseil de fabrique demandant la translation de l'église dans le château, et offrant en échange à la commune l'église actuelle pour permettre à la Municipalité d'y construire la mairie et les écoles. La fabrique prenant à sa charge la dépense de 17.000 francs de l'église nouvelle et de l'amélioration du presbytère, le Conseil municipal de son côté assumera les frais de construction des écoles et de la mairie sur l'emplacement cédé par la fabrique. Pour parer à cette dépense, la Municipalité aura 3.000 francs disponibles de l'exercice clos, elle inscrira au budget pendant 3 ans la somme de 1.000 francs et obtiendra une subvention de 1.700 francs du département et de l'Etat. l'Etat.

Le Conseil termine en sollicitant de M. le Préfet l'approbation rapide du projet.

Nous citons in-extenso cette délibération municipale. Elle forme le pendant de celle de la fabrique. Les deux témoignent de l'entente parfaite sur ce point entre les deux corps constitués de la commune.

---

(1) Arch. par. Reg. 1850-1874.

Délibération du Conseil municipal pour translation de l'église dans l'ancien château.

L'an mil huit cent soixante quatre et le dix juillet, le conseil municipal de la commune de Teyran étant réuni d'après l'autorisation de M. le préfet, en date du 20 juin dernier, au lieu ordinaire de ses séances et sous la présidence de M. le maire.

Etaient présents : MM. Tourret Jean, Jeanjean Edouard, Escuret Augustin, Richard Jean-Baptiste, Jeanjean Frédéric, Bedos Pierre, Escuret Jean-Bazile, Jacques Prouvèze, Jeanjean Isidore, maire.

M. le maire a déposé sur le bureau : 1° la lettre de M. le Préfet, en date du 20 juin dernier ; 2° le projet de reconstruction de l'église et d'appropriation du presbytère, dressé par M. Bésiné, architecte du département, à la date du 15 juin dernier ; 3° la délibération du conseil de fabrique, ainsi que le budget et autres pièces, à la date du 30 juin dernier, par laquelle la fabrique demande la translation de l'église actuelle dans le vieux château, et de donner en compensation à la commune l'église actuelle pour y construire la mairie et les maisons d'écoles pour les deux sexes ; et la fabrique se charge de faire toute la dépense pour la reconstruction de la nouvelle église, moyennant une souscription, en argent, votée par les habitants de Teyran, s'élevant environ à la somme de 14.000 francs ; et, avec le secours du département et de l'état, la fabrique pourra faire face à cette dépense qui s'élève à la somme de 17.000 francs, et a invité le conseil municipal à donner son avis à ce sujet.

Le Conseil municipal, ayant examiné les pièces à lui remises par M. le président, et reconnaisant que l'église actuelle est trop petite ; vu la lettre de M. le préfet, ci-dessus précitée ; vu la délibération du conseil de fabrique par laquelle celle-ci demande la translation de l'église actuelle dans le vieux château, et de céder à la commune l'église actuelle pour la construction de la mairie, des maisons d'écoles pour les deux sexes, en se chargeant de faire face à toutes les dépenses s'élevant à 17.000 francs ;

Considérant que tout est d'une grande utilité.

Délibère à l'unanimité des voix : 1° Que la translation de l'église actuelle se fasse dans le vieux château et que la fabrique cèdera l'église actuelle pour la construction de la mairie et des maisons d'écoles, en faisant face à cette dépense moyennant la souscription et la subvention qui lui sera accordée, sans toutefois ne dépasser point les limites de la dépense qui s'élève a 17.000 francs ; et la commune fera la construction de la mairie et des deux écoles sur le montant de ses ressources a décidé d'approuver le devis et le plan en leur entier ;

2° Que la translation de la mairie et des écoles communales se fera dans l'église actuelle et que la commune fera face à cette dépense d'après ses ressources. Pour la première annuité en 1864, la commune aura 3.000 francs de disponibles, et mille francs par année, jusqu'en 1867, y compris la vente du terrain communal défriché, que cela produira la somme de 7.000 francs, et le département et l'Etat auront à fournir, pour compléter la dépense, la somme de 1.700 francs ; et nous venons intercéder M. le préfet de donner son approbation, s'il le juge à propos.

Ainsi délibéré en mairie à Teyran les jours, mois et an que dessus.

Ed. Jeanjean, J. Tourret, F. Jeanjean, Escuret, Prouvèze, Aug. Escuret, B. Richard, Bedos P., I. Jeanjean. (Arch. mun. Reg. 1862. Fol. 9, 10.)

Les projets de la fabrique et de la Municipalité furent approuvés par M. le Préfet, le 22 octobre 1864.

Entre temps eut lieu dans l'ancienne église une touchante cérémonie. Le 4 décembre 1864, second dimanche de l'Avent, jour où la paroisse célébrait la fête de son patron, Saint-André, le frère de M. le curé, le chanoine Etienne Jourdan, aumônier des Religieuses de la Retraite, à Montpellier, qui déjà avait donné à Teyran les reliques de Sainte-Victoire, vierge martyr, de Saint-Salvy, évêque d'Albi et de Saint-François, évêque de Genève, apporta une relique de Saint-André, apôtre. Les quatre reliques sont munies de leur authentique. La population entière alla processionnellement au-devant du pieux chanoine pour la réception des reliques. Elles furent exposées toute la journée dans le sanctuaire à la vénération des fidèles. M. le chanoine prononça une allocution appropriée à la circonstance. (Arch. par. Reg. 1855-1878.)

Peu après, le 23 décembre, le Conseil municipal, sur autorisation préfectorale du 3 du même mois, tint une réunion afin de nommer deux membres du Conseil pour assister M. le maire dans la mise en adjudication des travaux de translation de l'église et d'appropriation du presbytère. Les deux assesseurs furent MM. Tourret Jean et Pierre Bedos. (Arch. munic., Reg. 1862, folio, 11.)

L'adjudication eut lieu le 26 décembre 1864. Elle échut à François Guiral, de Saint-Bauzille de Montmel.

L'entrepreneur se mit à l'ouvrage le 13 mars 1865. Le 15 mai 1866, l'édifice, pourvu d'une sacristie du côté de l'évangile, était achevé. En voici les caractéristiques : deux baies ajourent le chœur en demi-cercle ; quatre autres éclairent la nef ; un grand oculus au-dessus du portail donne du jour au fond de l'église ; et un petit oculus est percé dans chacune des chapelles de la Sainte Vierge et de Saint-Joseph.

Elle a 12 mètres d'élévation du sol à la voûte ; et 8 m. 80 centimètres de large sur 23 mètres de long dans œuvre.

Elle coûta 18.800 francs. (Archives munic. Reg. 1862, folio, 26 v°.)

M. Jourdan, curé, heureux d'avoir mené à bonne fin une entreprise dont il avait été l'instigateur et le principal artisan, voulut en faire la dédicace sous le vocable de Saint-André, apôtre, patron de la paroisse.

Monseigneur François le Courtier, vint lui-même faire la cérémonie de la bénédiction le 24 mai, vers 2 heures du soir, accompagné de M. l'archidiacre de Chauliac, de M. le chanoine Régnier et de M. Caucanas, vicaire à la cathédrale. Furent présents aussi M. le chanoine Etienne Jourdan et M. Joseph Leboux, premier aumônier de l'Hôpital Général.

Les fidèles, rangés en procession, allèrent au-devant de Monseigneur, descendu à la maison de M. Pierre Sanier, pour se revêtir des ornements pontificaux. De là les fidèles, précédant Monseigneur placé sous un dais neuf, et suivi de M. Antonin Banal, maire, et de M. François Jeanjean, adjoint, se dirigèrent vers l'ancienne église.

La partie liturgique de la réception de l'évêque par le curé se déroula dans sa forme accoutumée.

Afin de donner à toute la population une marque d'estime particulière pour l'œuvre accomplie, Monseigneur s'avança

Intérieur de l'Église actuelle.

vers l'autel, sortit du tabernacle le modeste ciboire, où étaient contenues les saintes hosties, le remplaça par un ciboire d'argent de dimensions plus grandes, et plaça sur l'autel un beau calice de vermeil. Ce don précieux et délicat émut vivement les fidèles.

L'évêque, suivi de la population, se transporta ensuite à l'église nouvelle, où il procéda à la bénédiction de l'édifice religieux.

Cette cérémonie fut suivie d'un salut du très Saint-Sacrement. Le prélat prononça une allocution pour féliciter et remercier les habitants d'avoir su rivaliser de zèle et de générosité pour se donner une belle église. Au gré de tous, la fête trop rapidement passa. Et Monseigneur quitta la paroisse aux acclamations mille fois répétées de « Vive, Vive Monseigneur. (Arch. par. Reg. 1855-1878.)

Pour exciter la bonne volonté des souscripteurs et la récompenser, le conseil de fabrique avait, le 1er avril 1866, pris une délibération importante. Les fidèles auraient dans l'église, moyennant une subvention annuelle, des places plus ou moins rapprochées de la sainte table, suivant le chiffre respectif de leur souscription. Dans le procès-verbal de cette séance, dont copie est donnée aux pièces justificatives n° 6, le conseil indiqua à côté du nom de tout souscripteur la somme souscrite. (Arch. par. Reg. 1850-1874).

A l'église construite, les dons affluèrent pour son ornementation. Les vitraux du chœur furent donnés, celui de saint Jean par MM. Jean Tourret père et Jean Tourret fils ; celui de saint Pierre par MM. Sanier et Maurel ; les vitraux des chapelles de la Sainte Vierge et de saint Joseph par la famille Jeanjean-Bonnieu ; les autres, en grisaille, par la Municipalité.

Le maître-autel fut un don de la famille Venturier-Tourret. Le ciborium fut ajouté plus tard par les soins de M. l'abbé Mauzac. Les colonnes de marbre, supportant les anges adorateurs, furent données, en 1901, par M. Félicien Bedos.

L'autel de la chapelle de la Sainte Vierge fut offert par la Confrérie du Rosaire. La chapelle de Saint-Joseph reçut le maître-autel de l'ancienne église, acheté en 1818. Cette date est gravée sur le rebord de la table de marbre.

Les Saintes Tables furent données : celle du chœur, par la famille Sanier, — une petite plaque de cuivre appliquée à la balustrade porté gravée cette indication — ; celle de la chapelle de la Sainte Vierge, par M⁰ Bedos Zélima ; celle de Saint-Joseph, par la famille Jeanjean-Bonnieu, qui donna un peu plus tard la chaire. Le nom de la famille donatrice est gravé sur une petite plaque de cuivre fixée à la chaire. Cette chaire, fer et fonte, a l'escalier à découvert dans la chapelle de la Sainte Vierge. La chaire primitive avait un escalier, en pierre de Vendargues, masqué dans le réduit utilisé aujourd'hui comme minuscule sacristie de cette chapelle. Par cet escalier on atteignait l'ouverture pratiquée dans le mur et donnant accès à la chaire.

Le tableau représentant le martyre de saint André, placé au fond du chœur et au-dessus du maître-autel, est la propriété de la Confrérie de ce nom. A ses côtés se trouvent les tableaux du Sacré-Cœur de Jésus et du Sacré-Cœur de Marie, donnés par la famille Sanier. Les statues furent offertes : Saint-François-de-Sales, par Mlle Venturier Françoise ; Saint-François-Xavier, par Mme Bedos Zélima ; Sainte-Marguerite, par M. Tobie Jullian ; Saint-Pierre, par Mme Marie Pioch ; Saint-Antoine-de-Padoue et Saint-Roch, par le produit d'une collecte ; la statue de la Sainte Vierge, par M. Frédéric Jeanjean, et celle de Saint-Joseph, par la famille Antérieu. Le groupe de Notre-Dame de Lourdes par Mmes Bedos Zélima, Venturier Françoise, Barrandon Rose. Les tableaux, peints à l'huile, sans signature, du Chemin de la Croix furent un don des familles Jean Tourret père et Henri Tourret fils. Le 3 octobre 1866, M. Jourdan, curé, par délégation spéciale de l'ordinaire, et entouré de M. le chanoine Régnier, curé de la Cathédrale, et de son deuxième vicaire, M. Caucanas, fit la bénédiction de ce Chemin de Croix.

A la suite, il y eut procession au chant du *Vexilla Régis,* tandis que 29 jeunes gens portaient les 14 tableaux et la Croix. Au retour à l'église, les tableaux furent appendus au mur à leur place respective, et on fit aussitôt le premier exercice du chemin de croix, à l'issue duquel M. l'abbé Caucanas prononça un discours sur les avantages spirituels de ce pieux exercice. La cérémonie prit fin au chant du « *Te Deum* ». (Arch. par. Reg. 1855-1878).

Les peintures de la chapelle Saint-Joseph furent exécutées par ordre de M. l'abbé Giniès ; celles du chœur, par notre prédécesseur immédiat ; les autres, commandées en 1900, sont l'œuvre de M. Albert Andrieux, peintre décorateur, à Montpellier. Le banc, acheté en 1818, et placé dans l'ancienne église pour les membres de la Municipalité fut installé dans la nouvelle. Y prenaient place M. le Maire et MM. les fabriciens.

La tribune, au fond de l'église, fut faite en 1873. Le 12 juillet de cette année, les fabriciens confièrent les travaux à MM. Cambon, serrurier à Castries, et Igounet, menuisier à Teyran.

M. Cambon dût fournir et poser pour la somme de 1.112 francs : la charpente en fer, deux consoles aux deux extrémités de la pièce maîtresse de la charpente et une frise en tôle sur le devant de cette pièce ; une balustrade en fonte avec appui et un escalier en fonte avec main courante.

M. Igounet fut chargé de la menuiserie. Il prit l'engagement de fournir le bois et d'effectuer les travaux suivants au prix de 532 fr. 90 centimes : 1° boiserie de la tribune, c'est-à-dire les gradins ; 2° le tambour au-dessous de la tribune avec toutes les ferrures que ces travaux comportent.

Le tout devait être exécuté en conformité avec le devis de M. Bésiné, architecte, et livré avant le 25 octobre 1873, à peine de 10 francs par jour de retard. (Arch. par., Reg. 1850-1874.)

Les fidèles de Teyran sont heureux et fiers de leur église. Ils y conduisent volontiers leurs visiteurs et ils ont raison.

CHAPITRE VI

§ 1. *Le Cimetière*

Les désirs des évêques, manifestés au cours de leurs visites pastorales à Teyran, au sujet de l'impérieux besoin que cette localité avait de construire un cimetière à proximité du village furent enfin réalisés.

Dans les premiers jours d'octobre 1822, M. le Maire, sur l'instante sollicitation des habitants, porta à la connaissance de M. le Préfet le vœu de ses administrés relativement à cette construction. Le 17 du même mois, ce magistrat engagea la municipalité à traiter de la question.

Celle-ci s'enquit d'un terrain propice, conforme aux règlements prescrits par la loi concernant les cimetières.

M. Pierre Jeanjean promit de vendre à la commune, pour cet objet, une terre située au tènement de « Campdebos », dans le triangle formé par le chemin de la *Maurine*, le chemin d'*Assas* et celui de la *Ramonière*.

Le 15 avril 1823, la municipalité fit dresser le devis suivant par M. Audran, architecte à Montpellier. (Arch. munic., Reg. 1790, fol. 102 v.) :

1° Le cimetière, épaisseurs des murs comprises, aura environ 1000 mètres carrés de superficie. Il formera un rectangle dont les dimensions seront : au midi, 42 mètres de long ; au levant, 23 m. 50 centimètres ; au couchant, 23 m. 50 centimètres ; au nord, 42 mètres ;

2° Les fondations des murs seront à 0 m. 66 centimètres de profondeur, et auront une largeur de 0 m. 60 centimètres.

Les terres de déblaiement seront jetées dans l'intérieur du cimetière et nivelées ;

3° Les murs bâtis sur ces fondements auront 0 m. 50 centimètres de large et 2 m. 50 centimètres en hauteur. Les quatre angles seront armés de pierres de taille de la carrière de Castries, d'un mètre de long et 0 m. 25 centimètres en carré, posées à l'alternative sur une couche de mortier fin.

4° Du côté du chemin on construira, au milieu du mur, une porte pour l'entrée du cimetière. Elle aura comme dimensions 1 m. 33 centimètres de large et 2 m. 33 centimètres de haut. La pierre de taille employée sera de la carrière de « Marabel », de la meilleure qualité, la plus forte et la plus dure. L'entrepreneur fournira le bois de la porte et les ferrures nécessaires, il la mettra en place, ayant soin de la fixer aux gonds par six pentures de longueur et de force suffisantes. Au-dessus de la porte, il sera fait et placé une croix en pierre d'un mètre d'élévation ;

5° Au milieu du cimetière on élèvera, en pierre de taille de « Marabel », une grande croix sur socle. Le socle aura un mètre en carré ; la colonne de la croix aura 2 m. 16 centimètres de haut ; 0 m. 40 centimètres de diamètre à la base et 0 m. 36 centimètres au sommet. Au-dessus sera placé un croisillon en fer d'un mètre de haut ; les bras auront 0 m. 50 centimètres.

L'entrepreneur sera obligé d'exécuter les travaux conformément au devis et pour la somme de 1.672 francs.

La main-d'œuvre de la maçonnerie, la chaux nécessaire sont à la charge de l'adjudicataire. Le charroi des matériaux à pied d'œuvre (Voir aux pièces justificatives le n° 5), la pierre de taille et le sable sont aux frais de la commune.

En même temps deux hommes étaient désignés pour expertiser la valeur du terrain à vendre ; l'un, M. Joseph Jeanjean, par M. Brissac, maire ; l'autre, M. Jean-François-Noël Brissac, par M. Pierre Jeanjean, vendeur. Le 5 janvier 1824, à 10 heures du matin, les experts, accompagnés des intéressés, vérifièrent le lot de terrain confrontant du nord, Claude Brissac ; du midi, le même Pierre Jeanjean ; du levant un chemin rural dit chemin de la « Maurine » et du couchant, Jean Gonbert. Ce terrain, d'une contenance de 10 perches, fut estimé à 14 francs la perche. Les experts signèrent leur rapport le 7 janvier. Il fut communiqué au propriétaire du sol. M. Pierre Jeanjean accepta l'estimation d'expertise, et le 10 janvier 1824 s'engagea à faire la cession du terrain au prix fixé.

Peu après, mis au courant du projet, M. le préfet l'approuva entièrement, et ordonna la mise en adjudication des travaux.

Elle eut lieu le 1ᵉʳ avril 1825. M. Jean Sauton, maçon au Petit-Galargues, fit une offre à 645 francs. M. le préfet, l'ayant trouvée trop élevée, fit procéder à une nouvelle adjudication.

Le 24 avril, à 5 heures du soir, le Conseil municipal, après avis affiché dans les villages circonvoisins, fit une nouvelle mise à prix. M. François Jeanjean, agriculteur, habitant de Teyran, présenta une offre à 630 francs. L'entreprise allait lui échoir quand M. Antoine Laville, maçon à Montpellier, fit une proposition à 600 francs. Le Conseil accepta. M. Jean Sauton se porta garant de la solvabilité de l'adjudicataire, et tous deux signèrent la prise en charge. La pièce fut enregistrée à Castries le 9 mai 1825, fol. 148, r°. C. 6.

Dès cette date le cimetière de Saint-André, rarement utilisé depuis longtemps, fut complètement délaissé ; et d'autre part cessa la déplorable habitude d'enterrer les défunts dans les propriétés particulières.

La construction fut bientôt achevée. Le dimanche de la Trinité, 21 mai 1826, sur permission spéciale de l'ordinaire, M. Arnaud, curé de la paroisse, procéda à la bénédiction du cimetière. MM. le maire, l'adjoint, le greffier et les membres du Conseil de fabrique accompagnèrent M. le curé. Dans cette touchante cérémonie, l'assistance des fidèles fut nombreuse et recueillie. Parmi les prêtres du voisinage on remarqua la présence de M. Farnarier, curé-doyen de Castries ; de M. Hérail, curé de Vendargues ; de M. Coste, curé d'Assas ; de M. l'abbé Coulet, en résidence à Cecelès. Le discours d'usage fut prononcé par M. Farnarier. (Arch. par., Reg. IV.)

Le 14 août 1837, une grande tempête de vent démolit entièrement la porte du cimetière. La municipalité se mit aussitôt en mesure de réparer les dégâts. Le 20 du même mois, elle demanda à M. le préfet la permission de faire la dépense nécessaire, estimée à une quarantaine de francs. Le 12 septembre l'autorisation sollicitée était accordée. (Arch. mun. Reg. 1790-1849.)

Dix ans après, des réparations furent effectuées aux murs de clôture. Les travaux donnés en régie, par décision municipale du 20 août 1847, furent surveillés dans leur exécution par M. Brissac, maire, et M. Venturié, membre du conseil. (Arch. mun., Reg. 1838, fol. 33, n° 115.)

Le 1er novembre 1883, fut bénit au cimetière un tombeau pour les curés décédés à Teyran. (Reg. par., 1850.) On y plaça les corps de M. Arnaud et de M. Jourdan ; les deux promoteurs : l'un, du cimetière ; l'autre, de l'église. Pour édifier le monument le Conseil municipal donna 50 francs ; le reste fut fourni par une quête et la confrérie du Rosaire.

Dans la suite, le cimetière, trouvé insuffisant, fut agrandi à la fin de l'année 1900. La famille Brissac céda gratuitement à la commune 817 mètres carrés. Un devis fut dressé par M. Boissonnade, architecte. M. le préfet l'approuva, et le Conseil général accorda une subvention de 1000 francs. Le 3 juin 1900, M. Jeanjean Philippe, maire, assisté de deux conseillers, MM. Joseph Tourrière et Maurel Félix, procéda à l'adjudication. M. Brousse, entrepreneur à Montferrier, se porta adjudicataire. Les travaux exécutés coûtèrent 2.399 fr. 05 centimes. La commune paya au moyen de deux virements de fonds : 1° celui des articles 22, 25, 26, 27 du budget primitif 1899 ; 2° celui du crédit de 800 francs portés au budget primitif de l'exercice 1900 pour l'entretien et « les réparations au moteur à vent devenues inutiles attendu qu'il est en bon état ».

Le 24 novembre 1901, les conseillers, réunis en séance, admirent définitivement les travaux exécutés suivant le devis établi par l'architecte et signèrent au registre. (Arch. mun., Reg. vert, fol. 182, 187, 189, 190, 200, 216.)

§ 2. *Les croix*

Comme toutes les populations catholiques, celle de Teyran a cédé à la pieuse impulsion d'ériger des croix en divers endroits de son territoire.

Les fidèles placent ces signes de la Rédemption dans les champs pour attester leur foi en N. S. J. C., et pour mettre sous sa protection leurs biens temporels et spirituels. Ces croix, qui émergent dans les campagnes comme de vigilantes gardiennes de la tranquillité publique, sont bien signes de foi et de recours. Les paroissiens se rendent à ces croix aux jours des processions des Rogations et de Saint-Marc.

A la Révolution, le Directoire fit démolir toutes les croix, à Teyran, le 5 décembre 1793. Les unes furent détruites ; les autres cachées par leurs propriétaires.

Toutes les matières de fer ou de cuivre provenant des démolitions furent portées au district et employées au service de la République. (Procès-verbal du 28 brumaire, an II — 18 novembre 1793. Ach. départ.)

Les signes religieux qui avaient échappé à la première Terreur, disparurent à la seconde 1797-1799. Les régions voisines de Castries furent particulièrement dévastées par les iconoclastes. Les agents nationaux des communes, comme celui de Teyran, se réunirent au district, et signèrent l'arrêté obligeant les citoyens à faire disparaître eux-mêmes dans la quinzaine toute effigie, tout vestige religieux, sinon l'agent municipal procèderait à leur enlèvement aux frais de la commune. (Arch. de l'Hérault. Destruction de signes religieux. Série LIH, V2 — Saurel : *loco citato,* III, page 299.)

Après la tourmente révolutionnaire, deux des croix abattues furent redressées :

1° La croix, dite de M. Brissac, aux *Grèzes*, datée de 1741. Elle est en pierre de taille et de construction simple. Elle est en trois parties : le socle de forme circulaire a 0,55 de haut

Restes de la Tour sud-est.
Croix sur le plan du portail d'entrée des fortifications.

et 1m. 09 de diamètre ; la colonne a 1,30 de haut et la croix 0.45. Le millésime est gravé au centre du croisillon.

2° La croix de M. Bedos Félix, au *pont vieux,* merveilleusement conservée avec cette inscription :

1749

O

CRVX

AVE

MAVRIN

PRIEUR

Toute en pierre de taille, elle est d'un travail plus fini. Le socle a 0,65 de haut et 0,70 de large ; la colonne 1,90 d'élévation et la croix 0,64. La croix porte au sommet et en travers INRI, au centre un cœur et à la base une tête de mort. L'inscription est sculptée dans une sorte d'encadrement sur la colonne. Le millésime est gravé dans le chapiteau.

De nos jours, en plus de ces deux, il y a :

3° Une croix près des ruines de l'ancienne paroisse de Saint-André d'Aubeterre. Elle ne porte ni date, ni inscription. La croix en fonte sur la colonne de pierre est en partie détruite.

Cette croix est en pierre de taille. Le socle, en pans coupés, mesure 0,50 de haut sur 0,75 de large. Le fût a 1,55 de haut.

4° La croix sur le petit plan, en dehors des fortifications, à gauche du portail du mur d'enceinte, élevée en 1814. Primitivement elle était placée à la même distance, mais face au portail. Elle fut reportée à l'endroit actuel lors des travaux de terrassement effectués sur cette partie de terrain. Nous en donnons le fac simile photographique. (On voit en même temps, sur cette reproduction, la Tour Sud-Est avant l'aménagement nouveau dont elle vient d'être l'objet). Autrefois, notamment du temps de M. l'abbé Jourdan, on se rendait en procession à cette croix tous les dimanches avant la messe paroissiale.

Cette croix est en pierre tendre. Le socle a 0,90 de haut sur 0,90 de large. Le fût mesure 1,80 et la croix 0,64. Au sommet de la croix on lit INRI ; au centre se voit en relief un cœur surmonté d'une croix et au-dessous une étoile.

5° La croix, dite de M. Bedos Félix, érigée en 1824, aux *passerelles*, par M. Bedos, l'aïeul de M. Bedos Félicien — (le terrain, où elle est, sans changer de nom a changé de propriétaire) — en souvenir du départ de sa fille pour le couvent des religieuses de Saint-Vincent-de-Paul. Cette croix, déplacée lors du déclassement de l'ancien chemin de Montpellier, fut reportée un peu plus vers le couchant sur le nouveau chemin.

Elle est en pierre de taille. Le socle, de forme rectangulaire, a 0,74 de haut sur 0,82 de large ; la colonne a 1,87 d'élévation et la croix 0,63. Au haut de la colonne le millésime est gravé en creux. Au centre du croisillon un cœur est sculpté en relief et au sommet l'inscription INRI ; sur chacun des bras et dans le sens de l'épaisseur une étoile est tracée en relief.

6° La croix de M. Maurel aux *Lauzières*, chemin de Montlaur. Cette croix en pierre fut érigée sur un bord extrême du champ de Jacques Maurel à l'intersection de deux chemins. Elle fut bénite par M. Arnaud, curé, le 9 novembre 1827. (Reg. par. n° 4).

Le socle, à pans coupés, mesure 0,65 de haut sur 0,90 de large et porte gravée en creux, au sommet, l'inscription :

Croix sainte de l'année du Jubilé 1827.

le fût a 1,90 et porte en haut le millésime gravé en creux. La croix mesure 0,60 ; au sommet on voit l'initiale de chacun des quatre mots de la formule Johannine INRI ; au centre un cœur ; et une étoile à chaque extrémité des bras dans le sens de la largeur et de l'épaisseur. Tous les motifs de la croix sont en relief.

7° La croix de M. Goubert à *Trasleyran* et *Fontanarides*.

Elle est en pierre de taille. Le socle rectangulaire a 0,50

de haut sur 0,70 de large. Au milieu est gravé en relief un ovale au centre duquel est sculpté en creux le millésime.

1839

Le fût a 1,85 de haut et la croix 0,60. Au centre du croisillon est gravé un cœur surmonté d'une croix et aux bords extrêmes des bras une étoile.

8° La croix, dite de M. Tourret, aux *barrières* et *champs de l'yeuse*, chemin de Vendargues, avec ces indications :

JT-J-RICAR. 1854.

Elle est construite en pierre de taille très dure. Son socle a 0,90 de haut sur 0,98 de large et à part l'inscription qui s'y trouve gravée en creux il y a dans une sorte de trapèze renversé une croix penchée, surmontée d'un cœur aux bras et au sommet. La base de la colonne a 0,39 sur 0,39. La colonne de forme ronde a 0,27 de diamètre et 1,80 d'élévation. Une croix en fonte la surmonte.

9° La croix de M. Félicien Bedos, aux *Carteirades*, près du mas du Pont, appelé aussi mas des sept portes. M. Noé Bedos, époux Albespy, à l'instar de son père, érigea cette croix le 2 mars 1860, au lendemain de l'entrée de sa fille au couvent des sœurs de Saint-Vincent-de-Paul.

Cette croix est en pierre de taille. Le socle de 0,85 de haut sur 0,83 de large repose sur une large pierre de 1,27 en carré et de 0,25 d'épaisseur. Le socle supporte une plaque en fer où se lit l'inscription :

Croix
famille Noé Bedos
époux Albespy

La base de la colonne est un carré de 0,40. Sur cette base est gravé en creux le millésime. La colonne, ronde de forme, a 0,25 de diamètre et 1,56 d'élévation. La croix qui la surmonte est en fonte.

10° La croix de M. Dumas Célestin, dans les *côtes*, près de la fontaine. Elle ne porte pas de date.

Cette croix, en pierre de taille, porte des moulures sur toutes les lignes extrêmes. Le socle a 0,58 de haut sur 0,70 de large. La colonne mesure 1,90 d'élévation et la croix 0,62. Au centre du croisillon se trouve un cœur sculpté.

11° La magnifique croix avec grand Christ élevée à la suite de la mission de 1886. Nous l'avons déjà signalée.

12° La croix érigée dans le cimetière conformément aux prescriptions liturgiques. Il en est parlé plus haut.

§ 3. *Le Presbytère*

Les prieurs et les curés de Teyran n'eurent jamais à leur disposition d'immeuble réservé spécialement à leur usage. A la Révolution, le curé habitait une partie du Château où, depuis un certain laps de temps, l'hospitalisait le seigneur. A ce moment, il dut abandonner ce local. M. Pierre Brissac lui offrit un logement au prix de 6 livres par mois, payables annuellement par la municipalité. (Arch. munic., Reg. 1790, fol. 67, v°.)

Le Conseil, après avoir fait l'acquisition du château, y installa, avec les autres services, le presbytère (1846-1847).

La démolition d'une partie du château pour la construction de la nouvelle église (1864), nécessita le déplacement de tous les services, à l'exception de la cure. Elle fut aménagée du mieux dans la portion de l'immeuble épargnée par les démolisseurs.

La construction de l'édifice religieux coupa en deux le rectangle formé par le château et prit le côté du levant. La portion restante, côté du couchant, fut démolie jusqu'à hauteur du premier étage, afin de dégager les verrières de l'église.

De l'ancien château, il resta seulement deux caves, la troisième ayant été transformée en sacristie, et quatre pièces : la cuisine de l'instituteur, la salle de la Mairie, la cuisine du curé et sa salle à manger. La réunion des quatre pièces forma le nouveau presbytère, logement assez modeste, mais rendu incommode par les arcs-boutants de l'église qui coupent de façon disgracieuse les appartements.

Plus tard, le Conseil municipal voulut donner à M. le curé

une demeure plus convenable. A cet effet, il fit dresser un devis par M. Bésiné. Cet architecte prépara un plan assez avantageux pour les améliorations notables apportées à l'immeuble et pour la modicité du prix (6.300 francs).

Le 25 juillet 1869, les conseillers : Escuret Bazile, Sanier Pierre, Tourret Jean, Bedos Pierre, Bonniol Paul, Jeanjean François, adjoint, Banal Antonin, maire, approuvaient le projet présenté ; ils prenaient à leur charge une partie de la dépense (3.000 francs), et demandaient à M. le préfet un secours de 3.300 francs. (Arch. munic., Reg. 1862, fol. 33, r°.)

Copie de la délibération fut expédiée à Monseigneur Le Courtier, évêque du diocèse. Le prélat, après examen du devis estimatif des travaux à exécuter, de toutes les pièces de l'instruction de l'affaire, de la nécessité des améliorations projetées, fut d'avis d'approuver le projet en question.

Le Conseil envoya les pièces à la préfecture qui les fit parvenir le 13 novembre au Ministre des Cultes. La réponse ministérielle ne fut pas favorable. Le 11 janvier 1872, M. le préfet fut chargé de la communiquer à M. le maire de Teyran. Toutes choses examinées, dit ce magistrat, M. le ministre juge très contestable d'ajouter une construction neuve aux bâtiments où est installé le presbytère. Au surplus, un changement de distribution des appartements permettrait de diminuer notablement la dépense, tout en donnant au desservant un logement plus commode et d'une étendue suffisante, en prenant toutefois, pour la transformer en cabinet de travail, l'arrière sacristie dont l'église ne paraît pas avoir un besoin indispensable.

Le Conseil municipal, déçu et n'osant réitérer la demande, laissa les choses en l'état.

L'arrière sacristie, au lieu d'être transformée en cabinet de travail, devint la cave de la cure.

En 1900, le Conseil fit au presbytère une réparation importante. Une portion de l'ancienne terrasse du château, privée de toute voie d'accès, restait inutilisée. La municipalité la transforma en appartement et l'annexa à la **maison curiale.**

Lors de la construction de l'église et des écoles, le presbytère perdit toute la partie de son jardin dénommé aujourd'hui *Plan de l'église*. Il resta à son usage la bande de terrain qui se trouve entre le château et le mur d'enceinte vers le nord. Ce mur s'étant en partie écroulé, le maire demanda au Conseil, le 4 février 1877, le vote d'une somme pour sa reconstruction. Les conseillers P. Bedos, Montel, Tourret, Brissac, Félix Jullian, Frédéric Jeanjean, votèrent la somme de 200 francs. Mais la demande de secours adressée à ce sujet à la Commission départementale ayant été rejetée, le projet fut abandonné.

Il fut repris le 19 mai 1880. A cette date, le maire engagea ses conseillers à faire dresser par l'architecte du département un devis de reconstruction du mur, à voter sur les ressources de la commune, une somme assez ronde et à réitérer auprès de la Commission départementale la demande de secours.

Cette fois les démarches aboutirent. Le 20 juin, les conseillers s'assemblèrent en session extraordinaire, sur autorisation préfectorale du 10 juin. M. le maire donna lecture de la lettre où M. le préfet signalait l'octroi de 150 francs par la Commission.

Le devis estimatif présenté par M. Calmet, maçon à Teyran, prévoyait une dépense totale de 325 francs. Les membres du Conseil de Fabrique offrant de participer à la dépense pour la somme de 50 francs, la municipalité eut à voter seulement 125 francs sur les fonds libres de l'exercice de 1881. (Arch. munic., Reg. 1862, fol. 65, 90, 91.) Sans plus de retard les travaux furent exécutés.

§ 4 *La Mairie. — Les Ecoles*

Avant la Révolution, aucun immeuble spécial n'était affecté aux écoles. Il en fut de même longtemps après 1789.

Les municipalités à leur tour ne furent pas mieux favorisées au lendemain de leur création. Les unes et les autres étaient obligées de se contenter de locaux de fortune. Le 28 décembre 1834, M. Tourret Baptiste, fermier dans la commune de Castelnau, offrit de céder sa maison, située dans le village, pour servir d'école et de mairie. Les conseillers acceptèrent et contractèrent avec le propriétaire un bail de trois ans au prix annuel de 40 francs.

Plus tard, les écoles et la mairie furent installées dans le château devenu propriété communale. L'immeuble avait une seule issue, le portail d'entrée. Pour éviter tout encombrement et tout désordre, le Conseil décida, le 1er novembre 1853, de donner à la classe des filles, un instant occupée par la mairie, une entrée spéciale en perçant une porte-fenêtre dans le mur, côté midi, à l'endroit où se trouve aujourd'hui le portail de l'église. Le Conseil vota le crédit nécessaire et adhéra complètement au devis dressé, à cet effet, le 22 septembre 1853, par M. Labarthe, architecte. (Arch. munic., Reg. 1838, fol. 61, r°.)

Le 10 juillet 1864, les conseillers, préalablement autorisés le 20 juin par M. le préfet, tinrent une réunion pour faire connaître leur avis sur une proposition d'échange d'immeuble émise par les membres de la Fabrique. Ceux-ci cèderaient à la commune l'église existante, ancienne chapelle du château, pour la construction d'une mairie et des écoles, si, à son tour, la municipalité leur cédait le château, où sont installés ces services, pour y édifier une église.

Le Conseil municipal accepta la combinaison.

M. Bésiné établit un devis d'aménagement des écoles, au prix de 8.700 francs, concurremment avec celui de la construction de l'église.

Les classes et le logement de l'instituteur et de l'institutrice furent momentanément transférés dans la maison de M. Baptiste Goubert, moyennant bail de trois ans, passé entre la municipalité et le propriétaire, à 300 francs par an.

Le 26 mai 1865, les conseillers municipaux Frédéric Jeanjean, Edouard Jeanjean, B. Richard, J. Tourret, Escuret Bazile, Bedos Pierre, décidèrent de ne pas apporter du retard à l'exécution des travaux de la mairie et des écoles. La commune pourrait ainsi utiliser de nombreux matériaux provenant de la démolition d'une partie du château et aurait les locaux scolaires prêts avant l'expiration du bail contracté.

Sur ces entrefaites les élections municipales du 23 juillet 1865 amenèrent d'autres conseillers à la tête de la commune.

Installés le 5 septembre 1865, MM. Banal Antonin, maire ; Jeanjean François, adjoint ; Tourret Jean ; Escuret Bazile ; Pagès Pascal ; Bonniol Paul ; Jeanjean Edouard ; Sanier Pierre ; Jeanjean Jean ; Bedos Pierre ; demandèrent un autre devis à M. l'architecte. M. Bésiné l'établit le 17 mai 1866, la dépense prévue était de 11.700 francs.

Le 5 août 1866, les conseillers et les habitants les plus imposés se réunirent pour discuter sur l'opportunité d'emprunter la somme de 8.000 francs, destinée à couvrir en partie les frais de construction. L'emprunt fut décidé. En même temps, fut formulée, pour M. le préfet, une demande de secours de 3.700 francs.

M. le Ministre de l'Instruction publique demanda certaines modifications de détail, et M. le préfet, le 1er septembre, prévint la municipalité d'agir en conséquence. Le 10 septembre 1867, M. Bésiné refit un autre devis portant la dépense à 13.300 francs. Le 19 octobre, la municipalité décida de faire un emprunt de 9.000 francs au lieu de 8.000 francs. Cet emprunt devait être amorti en neuf annuités par les revenus de la commune. Elle sollicita de M. le préfet une subvention de 4.300 francs pour parfaire la somme de 13.300 francs. Le 27 janvier 1868, M. le préfet autorisa la commune à contracter l'emprunt.

Le 15 mars 1868, M. le maire fut délégué par le Conseil pour la recherche d'un bailleur de fonds. M. Banal fit part aux conseillers, réunis le 17 mai, d'une proposition de prêt faite par M. Pierre Bonnet, d'Assas. Les conseillers donnèrent à M. le maire plein pouvoir de traiter avec le soumissionnaire au taux légal de 5 %.

Bientôt après, les maçons se mirent à l'œuvre. L'ancienne église fut démolie. Sur son emplacement les écoles et la mairie furent construites. Les travaux prirent fin aux derniers **jours de 1869.**

Vues de l'Église, de la Mairie et d'une partie du Presbytère.

— 273 —

Le 12 décembre de la même année, le Conseil vota la somme de 1600 francs à l'entrepreneur François Guiral pour des travaux supplémentaires exécutés à la mairie, et pour l'appropriation de la place publique. Aucune modification importante n'a été depuis lors apportée à cet immeuble, sinon l'installation du télégraphe, vers 1902, au sommet de la cage d'escalier menant à la mairie. (Arch. munic., Reg. 1862, fol. 9, 10, 13, 26, 27, 35.) (Voir gravure).

§ 5. *Enseignement primaire*

Avant la Révolution où était installée la salle d'école ? La maison au-dessous de la croix du Portail, et dénommée l'*escolette,* fut-elle jamais réservée à cet usage, comme le laisserait supposer son appellation ? Nous n'avons pu le savoir avec exactitude.

Selon toute probabilité, l'enseignement primaire était donné aux enfants dans des appartements loués à des tiers par les autorités locales. Il dût en être ainsi jusqu'à l'achat du château et à son aménagement pour les services communaux. De ce jour à la construction des bâtiments scolaires actuels, les générations écolières eurent à leur disposition des locaux à elles seules affectés.

Les municipalités successives ont montré, en toute circonstance, leur sollicitude pour faciliter l'instruction des enfants, et leur bon vouloir à l'égard des instituteurs et des institutrices chargés de cette tâche.

La loi du 28 juin 1833, celle du 15 mars 1850, les décrets du 7 octobre 1850 et du 31 décembre 1853 imposèrent aux municipalités l'obligation de pourvoir à l'entretien convenable et au logement des instituteurs et institutrices de leur localité. Pour ce faire, les conseillers fixaient tous les ans, à la rentrée des classes, le taux de quotité scolaire que tout élève devait mensuellement verser. De plus, ici, ils imposaient la commune d'une somme de...... en vue de la location de la salle d'école et d'une habitation personnelle pour l'instituteur. Et comme M. le maire, de concert avec M. le curé, désignait annuellement un certain nombre d'écoliers devant bénéficier de la gratuité de l'enseignement, les conseillers tout en approuvant le choix, votaient à M. l'instituteur une indemnité de 200 francs. (Arch. munic., Reg. 1838, fol. 28 à 87, *passim*.)

La cotisation individuelle à fournir tous les mois par les élèves était, en 1834 : 1re classe, 1 fr. 10 ; 2e classe, 0 fr. 90 ; 3e classe, 0 fr. 70 ;

En 1853, elle était plus élevée : 1re classe, 1 fr. 50 ; 2e classe, 2 fr. ; 3e classe, 2 fr. 50.

L'enseignement donné dans chacune des classes était : 1re classe, principes de lecture ; 2e classe, lecture courante ; 3e classe, lecture, écriture, calcul.

En 1859, la taxe uniforme de 2 francs fut établie jusqu'à la gratuité absolue des écoles, décidée par le Conseil, dans la séance du 12 février 1870. En même temps fut arrêté pour l'instituteur un traitement fixe de 700 francs, avec supplément de 60 francs d'un cours d'adultes ; pour l'institutrice, un traitement de 500 francs.

Dans le paiement annuel de la somme totale, la part contributive de la commune fut de 413 fr. 30 centimes. Le département et l'Etat fournirent le reste. (Arch. munic., Reg. 1862, fol. 35.)

Voyons les instituteurs successifs de Teyran.

Le 1er octobre 1791, c'était M. Louis Brouillhet. Il prêta serment de fidélité à la nation, à la loi et au roi le 29 décembre 1791.

En 1812, l'enseignemnet était donné par M. Escuret, instituteur.

De 1812 à 1840 les registres communaux ne fournissent aucune indication relative au corps enseignant dans le village.

En 1841, le Conseil, dans sa satisfaction de voir les progrès des enfants à l'école, vota des félicitations à l'instituteur et, dans le but de lui rendre la situation plus agréable et plus lucrative, lui adjugea une augmentation annuelle de traitement de 85 francs.

L'heureux bénéficiaire des faveurs municipales était sans doute M. Alicot Léon-Pierre, désigné l'année suivante avec M. Jeanjean Pierre, pour faire l'expertise des terrains usurpés. (Arch. munic., Reg. 1790, fol. 33, 42.)

Le 23 février 1845, M. Alicot partit, laissant le poste à M. Auverny, instituteur à Vias. (Arch. munic., Reg. 1838, fol. 9, 24.)

M. Bassan fut accepté comme maître d'école le 12 mai 1847.

Le 11 avril 1851, le Conseil nomma un successeur à M. Bassan, démissionnaire, en la personne de M. Barthélemy Lebrard. Ce dernier fit un séjour de courte durée. Il fut remplacé, le 12 du mois suivant, par M. Quatrefages Jacques-Philippe.

Le 9 mai 1852, la municipalité accepta comme institutrice communale, Mme Rimbaud, déjà installée dans le pays en qualité d'institutrice libre. Mise plus tard en disponibilité, elle fut remplacée par Mlle Jenny Servan, en vertu de la lettre du 5 février 1854 de M. l'inspecteur primaire. La nouvelle titulaire fut installée dans ses fonctions par M. Goubert B., maire, le 15 du même mois. (Arch. munic., Reg. 1838, fol. 32, 49, 51, 56, 62).

M. Jean Pierre Rames dirigeait l'école communale en novembre 1855. (Reg. 1838, fol. 70).

Le 2 mai 1870, M. le Maire, en vertu de l'arrêté de M. le préfet du 22 avril de la même année, installa Mlle Igounet Amélie, institutrice de la commune. Les deux signèrent le procès-verbal d'installation. (Arch. munic., Reg. 1862, fol. 35.)

Elle fut remplacée dans ces fonctions par Mlle Jamme Marie-Clotilde-Elena, nommée par arrêté préfectoral le 20 avril 1872 et installée trois jours après par M. le maire. Le procès-verbal porte la signature de M. le maire et de Mlle Jamme.

M. Rames était encore instituteur en 1871. En vertu d'un arrêté préfectoral du 3 novembre 1873, Mlle Vergnet Mélanie fut nommée institutrice en remplacement de Mlle Jamme.

Installée par M. le maire le 12 du même mois, elle signa avec lui le procès-verbal de prise de possession. M. Jean-Pierre Rames démissionna de son emploi au début de l'année scolaire 1874. Le 4 novembre, M. le préfet désigna son successeur dans la personne de M. Pouillès Irénée. M. le maire l'installa le 8 novembre. Les deux signèrent au registre.

M. Pouillès fut remplacé par M. de Girard. Nommé par arrêté préfectoral du 24 septembre 1878, il entra en charge le 10 octobre.

Le 16 février 1880, eut lieu par M. le Maire l'installation de l'institutrice Mme Delphine Brouet, née Cambon, nommée le 7 février par arrêté préfectoral. Elle signa le procès-verbal avec M. le maire. A la fin de l'année elle était remplacée par Mlle Albergne Philomène, désignée pour cet emploi par arrêté préfectoral du 25 novembre. La nouvelle institutrice, installée par M. le maire le 1er décembre 1880, signa avec lui le procès-verbal. (Arch. munic., Reg. 1862, fol. 35-91, *passim*.)

Un arrêté préfectoral du 9 décembre 1881 nomma M. Bonnefoi Sulpice, instituteur à Teyran. Il fut installé le 16 du même mois. Avec M. le maire, il signa au registre l'entrée en fonctions.

Dans la séance du 14 mai 1882, les conseillers nommèrent la première Commission municipale scolaire conformément à l'article 5 de la loi du 28 mars 1882. En firent partie : MM. Mauzac Raphaël, curé de la paroisse ; Adolphe Puig et Jean Maurel. (Arch. munic., Reg. 1881, fol. 11.)

Le 16 décembre 1885 fut installée institutrice Mlle Richard Anne, nommée par arrêté du préfet le 10 décembre. Elle signa le procès-verbal comme M. le maire. (Arch. munic., Reg. 1881, fol. 3, 39.)

M. Rieusset Léon, nommé instituteur par arrêté du préfet, le 10 septembre 1887, fut installé le 1er octobre.

Il eut pour successeur M. Pons Louis, désigné par M. l'inspecteur d'académie le 21 septembre, et installé le 1er octobre 1888.

Le 1er octobre 1896, M. le maire, sur présentation de la lettre de M. l'inspecteur d'académie du 29 septembre, désignant Mlle Galtier Antoinette-Rosalie-Marie, comme institutrice, l'installa dans cet emploi.

Un arrêté de M. le préfet du 13 avril 1898, nomma Mlle Combe Henriette-Marie-Amélie, institutrice dans notre localité. En l'absence de M. le maire, elle fut installée par M. l'adjoint.

M. Roucher Elie-Pierre, nommé instituteur par arrêté de M. le Préfet, le 29 décembre 1900, fut installé par M. le maire le 1er janvier 1901, et signa, comme lui, le procès-verbal de prise de possession.

En janvier 1902, Mlle Paul Marie, originaire de Teyran, quitta son poste de la Boissière pour exercer les fonctions d'institutrice dans son propre pays.

Le 1er octobre 1906 fut installé instituteur M. Fournier Félicien, nommé le 28 septembre.

Il eut pour remplaçant dans cette charge, M. Peyrolle Paul, dont la nomination préfectorale datait du 18 avril 1908. Installé le 1er mai par M. le maire, le nouvel instituteur signa avec lui le procès-verbal d'entrée en fonctions.

CORRIGENDA

Page	6,	ligne 5	au lieu de Gas lire Gasc.
—	11,	— 3	— de Lessert lire Lesser.
—	12,	— 17	— du Languedoc lire de Languedoc.
—	15,	— 11	— de femines lire femine.
—	18,	— 5	— de Meynier lire Meynial.
—	20,	— 21	— de quotiescumpe lire quotiescumque.
—	21,	— 19	— de fendataires lire feudataires.
—	21,	— 23	— et droits lire et des droits
—	22,	— 21	— de Hildimus lire Hildinus.
—	23,	— 19	— de en franchises lire et franchises.
—	26,	— 12	— de reconstitution lire reconstituer.
—	28,	— 11	— de séparait des murs lire séparait des autres murs.
—	29,	— 10	— de cour lire tour.
—	30,	— 34	— de Pannis lire Pamiis.
—	56,	— 10	— du Languedoc lire de Languedoc.
—	65,	— 32	— de était institué lire était instituée.
—	66,	— 16	— de XIX lire XIV.
—	67,	— 27	— de chedebien lire chefdebien.
—	67,	— 31	— de Boucaud lire Bocaud.
—	69,	— 8	— de 1º lire 2º.
—	73,	— 15	— de cétérées lire sétérées.
—	75,	— 26	— de dépuis lire depuis.
—	77,	— 3	— de la fondateur lire le fondateur.
—	105,	— 24 à 29	— de ceterées lire sétérées.
—	116,	— 28	— de s'était lire c'était.
—	128,	— 36	— de jugement lire juge-mage.
—	131,	— 1	— de Bosquet lire de Colbert.
—	131,	— 11	— de tenu jusque lire tenue jusque.
—	171,	— 2	— de autres Gabriel lire autres. Gabriel.
—	173,	— 9	— de 1790-1749 lire 1790-1849.
—	173,	— 18	— de l'arrète Et lire l'arrète. Et.
—	181,	— 20	— de partial lire partiel.
—	208,	27	— de 179 lire 1790.
—	219,	— 8	— de di'ndemnité lire d'indemnité.

ADDENDA

I

Première monnaie romaine

163 de Jésus Christ

L'inscription, Titius Cominius, sortie des ruines de Saint-André d'Aubeterre, nous autorisait à fixer la fondation de ce village gallo-romain vers le IIIme siècle ou le IVe. Nous nous basions pour cela sur des inscriptions similaires portant le nom de Cominius et échelonnées du IIme siècle au Ve.

Trois monnaies romaines découvertes récemment aux abords de cette ancienne localité, confirment notre premier dire. Une d'entre elles nous permet même de reporter un peu plus loin les origines d'Aubeterre et de les établir vers le milieu du second siècle. Est-ce là une précision définitive ? Nous ne le croyons pas. D'autres témoins de ces temps reculés peuvent à un moment inattendu surgir du sol de ce village disparu et donner avec plus d'exactitude encore la date de la fondation.

Nous avons de même l'intime conviction qu'un jour ou l'autre des documents nouveaux viendront projeter une clarté subite sur les obscurités qui nous cachent présentement l'évolution, le mouvement d'Aubeterre, de son origine au Xe siècle.

La 1re pièce en question, spécimen assez rare, a été trouvée, à la fin du mois d'avril 1911, par M. Marius Dumas, au cours de travaux exécutés à Saint-André, dans un fonds de terrain appartenant à la famille Brissac. L'identification de cette monnaie, comme celle des deux autres, a été faite grâce à M. Emile Bonnet, dont les nombreux et érudits travaux sur la numismatique font autorité en la matière, et dont l'aimable complaisance ne connaît pas de limites.

Cette pièce, de 0,022 de diamètre, probablement similaire à celle trouvée à Maguelone par M. F. Fabrège et signalée par lui dans son *Histoire de Maguelone,* t. I, p. 33, est un moyen bronze de l'empereur romain Lucius Verus.

Lucius Verus, dont parle M. F. Fabrège : Hist. de Maguelone, t. I, p. 87, au sujet d'une inscription portant le nom de *Vera,* fut, avec Marc-Aurèle, fils adoptif de Marc-Antonin.

Devenu empereur — le XVIe — Marc-Aurèle associa à l'empire Lucius Verus, l'an 161 de J.-C.

Pour la première fois, Rome se vit gouvernée simultanément par deux empereurs.

Voici les caractéristiques de notre monnaie.

Le droit représente la tête de l'empereur couronnée de laurier.

Sur le bord extrême du cercle est gravée la légende :

IMPCÆSLAVRELVERVSAVG

Elle se lit ainsi : Imperator Cæsar Lucius Aurelius Verus Augustus.

Au revers se voit l'empereur en habit militaire à cheval, à droite.

L'inscription gravée autour du cercle est vraisemblablement celle-ci :

PROFECTIOAVGTRPIIICOSIISC

Elle doit être lue de la manière suivante :
Profectio Augusti.
Tribunicia potestate tertium, consulis secundum.
Senatus Consulto.

Et interprétée de la sorte :
Départ d'Auguste.

Elevé pour la 3e fois à la puissance tribucienne ; consul pour la 2e fois.

Frappé par ordre du Sénat.

Il y a trois parties dans cette légende.

La 1re fait allusion à l'expédition de Lucius Verus contre les Parthes.

La 2e mentionne les titres honorifiques dont il était revêtu à ce moment.

La 3e qui se retrouve sur toutes les monnaies de bronze signifie que leur émission était faite par ordre du Sénat.

Tout ceci nous autorise à dater cette pièce de l'an 163 de l'ère chrétienne.

Lucius Vérus 16e empereur en même temps que Marc Aurèle fit deux expéditions militaires, toutes deux victorieuses ; l'une contre les Parthes, en 163, la 2e année de son règne et dont il assuma seul la direction. C'est celle dont notre monnaie rappelle le souvenir. L'autre contre les Sarmates et les Marcomans en 167, qu'il entreprit concurremment avec Marc-Aurèle. Ce fut au retour de cette campagne et avant d'arriver à Rome que mourut Lucius Verus en 169 de J.-C.

Les sujets et les légendes de la monnaie sont gravés en relief et bien conservés à l'exception de la légende du revers. Elle est aujourd'hui à peu près illisible et pour la déchiffrer il faut avoir recours aux pièces de même type déjà publiées.

II

Deuxième monnaie romaine
279 de Jésus-Christ

Cette seconde monnaie a été trouvée, au mois de juin 1912, par M. Léon Dumas, du *haut bois,* dans une terre appartenant à sa famille. Ce terrain, près de la source de Montvilla, est peu distant des ruines de Saint-André d'Aubeterre.

C'est une pièce en potin de petit module. Elle a 0,019 de diamètre et 0,002 d'épaisseur. Les sujets et les légendes gravés en relief sont bien conservés.

Elle fut frappée en Egypte, dans l'atelier d'Alexandrie, au nom de l'empereur Probus, l'an 279 de l'ère chrétienne.

En voici les détails. *Au droit* : sur les bords extrêmes un cercle formé d'une succession de petits points encadre l'inscription et l'effigie de l'empereur. En deça du cercle et circulant autour de la tête est gravée l'inscription grecque :

A. K. M. AVP. ΠPOBOC. CEB.

Cette formule grecque est la traduction de la légende latine : Imperator Cæsar Marius Aurelius Probus Augustus.

Au centre, il y a le buste lauré à droite.

Au revers. Le cercle plus petit qu'*au droit* n'occupe pas les bords extrêmes de la monnaie. Au centre se voit une divinité debout à gauche, drapée dans un ample vêtement. Elle tient d'une main une fleur et de l'autre un sceptre et un pan de sa toge. Dans le champ à gauche il y a deux sigles LΔ qui indiquent la IVe année du règne de Probus et nous permettent de dater cette monnaie de l'an 279 de J.-C.

Probus, 36e empereur romain, avait été élu l'an 276. La quatrième année de son règne il partit de Rome avec une armée considérable pour châtier les Egyptiens qui avaient forcé Saturninus, un des meilleurs généraux de l'empire à prendre le titre d'empereur. Saturninus fut vaincu et tué dans le combat. C'est au cours de cette expédition que dut avoir lieu, en Egypte, la frappe de cette monnaie.

Après avoir pacifié l'Egypte, Probus vint dans les Gaules combattre et vaincre deux de ses lieutenants révoltés : Bonose et Proculus.

III

Troisième monnaie romaine
Fin du IIIe siècle ou commencement du IVe

Cette pièce a été trouvée, au mois de mai 1911, par le jeune Achille Jeanjean, dans une terre appartenant à ses parents et voisine de Saint-André d'Aubeterre.

C'est un petit bronze romain dont le diamètre est de 0,017 et l'épaisseur de 0,004. Il date, semble-t-il, de la fin du IIIe siècle ou du commencement du IVe. Il est à ce point indistinct qu'il n'est pas possible d'en donner une identification certaine.

Au droit : on voit une tête diadémée dont les traits sont peu apparents. La légende gravée sur les bords extrêmes de la monnaie est presque illisible ; on déchiffre seulement la finale :

......VS P. F. AVG

A la loupe, il semble que le début est ainsi [...LICINI]. Si c'est exact, l'inscription serait [...LICINI] VS P.F. AVG et se lirait de cette manière :

Licinius Pater Felix Augustus

Dans ce cas la monnaie aurait été frappée entre 307 et 323 au nom de Licinius, 40e empereur romain, en même temps que Constantin le Grand (1).

Au revers : on lit, sur les bords du cercle, la fin d'une légende commune à un très grand nombre de monnaies romaines

[IOVI CONS] ERVATORI

à Jupiter sauveur, et offrant un peu d'analogie avec la formule chrétienne gravée sur les monnaies françaises : Dieu protège la France. Elle entoure une figure de Jupiter debout à droite qui paraît lancer la foudre.

Au sujet de ce Licinius, l'histoire rapporte qu'il persécutait les chrétiens. Constantin, qui les aimait, résolut de l'en punir et les deux empereurs se firent la guerre. Leurs armées se rencontrèrent en Pannonie et Licinius vaincu fut obligé de se réfugier à Byzance. Il fit encore de nouveaux efforts, rentra en campagne et fut vaincu une seconde fois. Il vint se jeter aux pieds de Constantin qui lui laissa la vie aux conditions de renoncer à tous ses droits et de vivre désormais en simple particulier. Ces conditions furent acceptées et signées de part et d'autre.

---

(1) Cette monnaie offre un intérêt particulier en ces jours de fêtes constantiniennes. Car Licinius, empereur romain en même temps que Constantin, signa, avec lui, à Milan, l'édit 313 en faveur des chrétiens. Après la publication de cet édit eut lieu à Milan le mariage de Licinius avec Constancie, sœur de Constantin.

IV

Seigneurs d'Aubeterre

Au nombre des seigneurs de Saint-André d'Aubeterre, il faut ajouter :

1° Pons d'Aubeterre, chevalier. Il assiste comme témoin :

a) dans un acte de cession de certains biens qu'Ermengarde, veuve de Rostang de Cournon, fait en 1151 à Raimond, évêque de Maguelone. (Cart. Mag. t. I, p. 164.)

b) dans l'acte d'avril 1161 où Jean de Montlaur I permet aux seigneurs de Vic de construire un château dans cette localité. (Cart. Mag. t. I, p. 211.)

c) dans un acte d'accord, d'octobre 1161, entre l'évêque Jean de Montlaur I et Raimond de Pignan. (Cart. Mag. t. I, p. 214.)

d) dans une reconnaissance faite, en 1166, par les seigneurs de Vic à l'évêque Jean de Montlaur I. (Cart. Mag. t. I, p. 251.)

2° Guillaume d'Aubeterre, qui sert de témoin dans un acte de vente de certains biens de Rostang de Lavérune, le 27 septembre 1184. (Cart. Mag. t. I, p. 240) ; et dans l'acte de 1190 où Guillem VIII, seigneur de Montpellier, reconnaît à Raimond VI, comte de Toulouse et de Melgueil, les châteaux qu'il tient de lui. (Cart. Mag. t. I, p. 365.)

3° Rostang d'Aubeterre, chevalier, cité comme témoin dans un acte où Rispalda, veuve de Pierre de Nemptes, cède en 1189, à Jean de Montlaur tous ses droits sur les fours de Villeneuve. (Cart. Mag. t. I, p. 359.)

V

Redevance de l'église d'Aubeterre — Teyran à l'église de Maguelone

Dans le *Cartulaire de Maguelone*, au commencement du registre E, et hors foliotage, se trouve une nomenclature de redevances dues à l'évêque par les églises aux synodes de la Saint-Luc et de Pâques.

Le prieur d'Aubeterre-Teyran, dans l'archidiaconé de Ganges, avait à verser, au synode de la Saint-Luc XIX deniers oboles ; et au synode de Pâques, également XIX deniers oboles.

De plus l'église de Teyran, comprise au nombre de celles qui devaient à l'évêque le quarton de blé, fournissait tous les ans, à la fête de Saint-Pierre d'Août, XVI sétiers de froment.

(Cf. Cart. de Maguelone, édition : Rouquette et Villemagne, t. I, pp. 54, 59, 63).

VI

Maître Jean, prieur de Teyran

Au cours de la publication du Cartulaire de Maguelone, registre A, f° 94, nous avons relevé le nom de Jean, prieur d'Aubeterre et celui de Ginicard, prieur d'Assas, relativement à la fondation du couvent de Saint-Léon, près de Montlaur, en 1233. De plus, au registre D, f° 201 v°, deuxième ligne, nous avons trouvé, le même nom de maître Jean, prieur de Teyran. C'est le plus ancien en date que nous connaissions. Il assiste comme témoin à un acte d'accord, en 1239, entre l'évêque de Maguelone Jean de Montlaur II et Boccador. Ce nom de prieur doit être placé en tête de la liste des prieurs, page 80, paragraphe X.

Il convient en outre d'ajouter à la liste des curés de Teyran le nom de Gaffarel.

Ce prêtre exerça le saint ministère dans cette localité dans le mois de juin 1804.

Il ne saurait y avoir de doute sur ce point.

Un registre de catholicité de Castelnau-le-Lez porte au bas du folio 4, n°, une note où l'abbé Bertoul curé de cette paroisse relate qu'il vient d'accorder à l'abbé Gaffarel, desservant de Teyran, la permission de baptiser un enfant du fermier du mas *du pont*, situé sur la paroisse du Crès, réunie alors à celle de Castelnau. Cette autorisation accordée quelques jours après le 3 juin 1804 est insérée entre un acte de baptême du 3 juin 1804 et un compte rendu de la fête patronale St Jean Baptiste du 23 juin 1804. (Arch. par. Castelnau-le-Lez, registre 1803-1808).

VII

A la page 149 de ce volume, il est parlé de François de Bocaud, évêque d'Alet. Nous croyons intéressant de donner sur ce prélat de plus amples détails tirés d'un ouvrage où est brièvement retracée la biographie de chacun des évêques d'Alet. (1)

Alet fut érigé en évêché, en même temps que Saint-Pons de Thomières, par la bulle du pape Jean XXII, datée d'Avignon le 18 février 1318.

De son érection 1318, à sa suppression 1793, ce siège épiscopal compte trente cinq évêques. François de Bocaud est le trente quatrième de la lignée. Son épiscopat, assez long, va du 11 juin 1724 au 12 octobre 1762.

Il était abbé commandataire de l'Abbaye de Loc-Dieu quand il fut nommé à l'évêché d'Alet par Louis XV, le 17 octobre 1723.

Avant son sacre, il se rendit dans cette ville le 27 mars 1724 pour un arrangement à l'amiable avec les héritiers de son prédécesseur. Il fut sacré le 11 juin 1724.

Le 23 mars 1725, Mgr de Bocaud bénit la cloche de la paroisse Saint-André d'Alet.

Il dut être heureux de trouver dans sa ville épiscopale une église dédiée à l'apôtre, patron de la paroisse de Teyran où sa famille occupait le château seigneurial.

---

(1) *Recherches historiques sur la ville d'Alet et son ancien diocèse*, par M. l'abbé J.-T. Lasserre, curé d'Alet-sur-Aude, in-8°, pp. 372. Imprimerie Nouvelle J. Parer. Carcassonne 1877.

Le 30 juillet 1725, il édicte en 8 articles le règlement pour la bonne administration des biens du Mont de Piété d'Alet. Ces biens consistaient principalement en une somme d'argent laissée par un de ses prédécesseurs sur le siège d'Alet. Avec cet argent on achetait des semences que l'on prêtait aux pauvres. Ceux-ci, de la sorte, n'étant pas dans l'obligation d'emprunter des graines à un taux élevé s'appliquaient mieux à défricher et à cultiver le terrain.

Dans la même année, en cours de visite pastorale à Saint-Paul de Fenouillet, il porta une ordonnance pour prendre la défense des intérêts matériels d'une régente d'école et obliger les intéressés à lui fournir les secours pécuniaires provenant d'un legs fait expressément dans ce but.

De 1727 à 1752, François de Bocaud s'occupe de la bonne administration de l'hôtel-Dieu (l'hôpital) d'Alet.

Le 4 novembre 1731, il approuvait l'établissement de la confrérie du Rosaire dans la chapelle N. D de l'église paroissiale.

En 1734, il assiste dans sa chapelle de l'évêché au mariage d'Alexis de Peyres. La même année, l'évêque eut la douleur de perdre son père, Hercule de Bocaud, ancien président de la Chambre des comptes de Montpellier, et conseiller d'Etat. Il mourut à Alet, dans le palais épiscopal, à l'âge de 96 ans, après avoir reçu avec piété les derniers sacrements. Le défunt fut enseveli dans le cimetière Saint-André d'Alet.

En 1738, à la veille de Pâques, François de Bocaud baptisa et confirma un idolâtre du Congo. Cet idolâtre avait été vendu dès l'âge de 8 ans à un négociant qui l'avait conduit à Alet.

En 1747, cet évêque bénit, dans la chapelle de sa demeure épiscopale, le mariage du seigneur de Serviès (diocèse de Carcassonne) avec Mademoiselle de Calmès, fille du seigneur de Montazels (diocèse d'Alet).

Mgr de Bocaud mourut à Alet, 1762, laissant une riche bibliothèque.

Il fut enseveli du côté de l'épitre dans la cathédrale de Saint-Benoît, tandis que son prédécesseur immédiat l'avait été, le 22 mai 1723, du côté de l'évangile.

Voici le procès-verbal de sépulture : « L'an 1762, et le 3

décembre, a été enseveli dans le chœur de l'église cathédrale d'Alet, Mgr l'Illustrissime et Révérendissime Messire François de Bocaud, natif de la ville de Montpellier, évêque et comte d'Alet, après avoir reçu les sacrements dans sa maladie ; mort dans son palais épiscopal, le 2 du présent mois, à deux heures après minuit, dans sa soixante-dix-neuvième année, la trente-neuvième de son épiscopat. »

« Signé : Prax, curé et archiprêtre d'Alet ». (1)

VIII

Foulques de Villaret

Ce document, indiqué comme les deux suivants par M. J. Despetis au cours de ses minutieuses recherches sur saint Roch, doit prendre place à la page 63. Il concerne Foulques de Villaret.

Foulques mourut dans la nuit du 31 août au 1er septembre 1327. Dans le but de sauvegarder les intérêts de l'ordre de Saint-Jean de Jérusalem, deux chevaliers : Gaucelme de Clujon et Raymond Coronat furent chargés de se rendre dans l'appartement occupé par l'ancien commandeur au château de Teyran et d'inventorier les objets laissés par le défunt. Adémar de Samsono, chambellan de Foulques leur servit d'indicateur.

Dans cet inventaire où sont signalés le linge et les riches vêtements du défunt, nous remarquons surtout la nomenclature de quelques objets d'art, souvenir de l'ancienne grandeur de Foulques, et de deux manuscrits relatifs aux expéditions maritimes.

Les témoins de cette reconnaissance furent Gui de Calatorio, chevalier de l'Ordre, Mathieu de Thallo, chapelain de l'Ordre, maître Jean Alphonse Fizici d'Espagne, Gervais Blan

---

(1) Cf. *Recherches historiques sur la ville d'Alet et son ancien diocèse*, pp. 102, 183, 185, 272, 275, 284, 286 et passim.

et Jean Holane, notaire royal de Montpellier, chargé de dresser l'acte.

Noverint universi et singuli quod anno dominice incarnationis M° III° vicesimo septimo et nocte que est ante ultimum diem mensis augusti et primam diem mensis septembris Serenissimo principe domino Carolo Francie et Navarre rege regnante cum venerabilis et religiosus vir frater Fulco de Villareto frater et miles ordinis sancti Johannis Zherosolimitani debitum nature exsolverit et decesserit dicta ultima die mensis augusti. Cumque pro jure et pro conservacione juris dicti hospitalis sancti Johannis Zherosolimitani nos frater Gaucelmus de Clujonis et frater Raymundus Coronati, fratres et milites ordinis sancti Jhoannis Zherosolimitani antedicti, accipiamus et accipere velimus, cum inventario, illa bona que dictus condam frater Fulco de Villareto habebat in hospicio domini de Teyrano in castro de Teyrano et que nobis recipientibus pro jure et pro conservacione juris hospitalis predicti sancti Jhoannis Zherosolimitani tradit Ademarius de Samsono, scutiffer et cameraonis dicti condam fratris Fulconi de Villareto. Ideo nos dicti fratres Gaucelmus de Clujonis et frater Raymundus Coronati, fratres et milites antedicti, existentes in quadam camera dicti hospicii domini de Teyrano et in presencia notarii et testium infrascriptorum, ad hoc specialiter vocatorum et rogatorum, inventorium seu receptorium de bonis predictis que dictus condam frater Fulco habebat in dicto hospicio et que nobis recipientibus, ut supra, tradit Ademarius de Samsono, facimus pro jure et conservacione juris dicti hospitalis sancti Jhoannis Zherosolimitani, et facere incipimus, anno et nocte quibus et hora circa primum sopitum, per modum qui sequitur infra scriptum.

In primis siquidem dicimus et asserimus nos nomine dicti hospitalis invenisse in hospicio predicto domini de Teyrano et recepisse a dicto Ademario de Samsono : unum matalassium de cotone panni de borto ; item unum pulvinar de garg panni de borto ; item unam vanoam de cotone grossam blancam doblam ; item unam sargiam vienlatam ad opus lecti ;

item duas cortinas vienlatas ; item tria paria linteaminum ; item unam vanoam spissam ; item unum matalassium parvum de veluto quod habet in medio unum pellam de Honza ; item duo pulvinaria de garg panni de veluto ; item duos carrellos operis Francie signatas signo dicti hospitalis et signo dicti fratris Fulconis ; item unum esparverium de cateydar ; item duo auricularia de garg sine signis ; item unam camisiam panni de veluto ad opus lecti ; item unam parvam vanoam de sindone barratam cum sex barris ; item unum capleich operis Paris signatum signo dicti hospitalis et signo dicti fratris Fulconis ; item unum mantellum de sargia folratum avortonis ; item unum gardacossium et unam tunicam et unum capussium de cameloto ; item u [num] gardacossium et unam tunicam de camelino ; item unum corsetum de sargia nigra folratum.

Item duas mapas et quatuor manutergia ; item tres tapits ; item unum folrellum ; item duas malas ; item tria bancaleo de vienlato ; item duos libros quorumdam ordinacionum passatgiorum ultra marinorum ; item unam cassiam argenti cum pede argenti emantatam signo domini regis Francie ; item octo cloquearia argenti ; item unum espontonem cohopertum de veluto cum duabus veris argenti ; item duos cofres de nogueri [o] ; item unum escussellum signatum signo dicti hospitalis et signo dicti fratris Fulconis ; item quasdam correiadas [un mot effacé] ; [item] unam mapam altaris operis hirminie ; item unam capam operis hirminie ad opus balnei ; item unam brostram (ou brosciam) cum pulvere aliquorum sanctorum ; item duos coffres de cipressio ; item duo galera de feutre ; item duos bassinos de cupro ; item unam missarapam parvam de cupro opus de Venesia ; item duos borsellos de stagno ; item et duos borsellos de fusta.

Que omnia et singula bona predicta sen res predicte in hoc presenti inventario posite dicebantur per dictum Adhemarium de Sampsono esse dicti condam fratris Fulconi de Villareto.

Inceptum fuit hoc inventarium bonorum seu rerum predictarum per dictos fratrem Gaucelmum de Clujonis et fratrem Raymundum Coronati, fratres et milites antedictos, in dicta camera hospicii predicti domini de Teyrano, anno et nocte quibus supra et dicta hora circa primum sopitum et fuit finitum per eosdem in dicta camera, anno et nocte predictis, et hora circa matutinas in presencia et testimonio fratris Guidonis de Calatorio fratris et militis dicti hospitalis sancti Jhoannis Zherosolimitani ; fratris Mathei de Thallo fratris et cappellani ejusdem ordinis predicti ; magistri Jhoannis Alphonsie Fizici de Hyspania ; Gervasii Blani de monte malle induto, Mimatencis diocesis, et mei Jhoannis Holanie publici notarii regii Montispessulani qui requisitus tam per dictos fratres Gaucelmum de Clinonis et fratrem Raymundum Coronati quam per dictum Adhemarium de Sampsono hec in notam recepi (1).

IX

Seigneurs de Teyran

Ce document et les suivants nous permettent d'ajouter, à la page 74, quatre noms de plus à la liste des seigneurs de Teyran : Pierre Raymond, Gaucelme, sa femme, Guillaume Jacques leur fils, et Madame de Saint-Michel. Gaucelme était sans doute la sœur de Foulques de Villaret, puisque l'histoire raconte qu'il se retira en 1323 au château de Teyran, propriété d'une de ses sœurs.

Quelques mois avant la mort de l'ancien commandeur, Gaucelme, veuve du Chevalier Pierre Raymond, donna, le 18 mars 1327, la nue-propriété sur trois cents livres tournois de sa dot à Cibile Cazelas, veuve de Guillaume Cazelas, marchand à Gignac, en reconnaissance des services rendus, mais s'en réserva l'usufruit sa vie durant. Les témoins de la passation furent : Bernard Fogassie de la tour Aygues, frère Jean de petra milleseria, frère Bernard de Bord de Montpellier, frères de l'ordre et du couvent des frères mineurs de Montpellier.

(1) (Arch. départ. notaire Jean Holane, reg. n° 1, 1327, f° 38 r°).

Anno et die predictis (18 mars 1327).

Ego Gaucelma uxor condam domini Petri Raymundi, militis, domini de Teyrano, Magalonensis diocesis, attendens et conciderans quam plurima et diversa servicia et obsequia que vos Cibilia Cazelas, uxor condam Guillelmi Cazelas, mercatoris de Giniaco, michi liberaliter fecisti etc... ideo.... etc.... dono etc... donacione pura et simpla inter vivos etc... vobis dicte Cibilie Cazelas tanquam bene merite presenti etc... scilicet trescentas libras turonencium parvorum de dote mea, salvo tamen et retento michi in dictis trescentis libris turonensibus toto usufructu earumdem, toto tempore vite mee, et sic de dictis trescentis libris turonensibus etc... Actum in suberbio partis regie Montis Pessulani in Viridario P. de la Gauton in presencia et testimonio fratris Bernardi Fogassie de turre Ayguesii, fratris Jhoannis de petra milleseria fratris Bernardi de Bordellis de Monte Pessulano, fratrum ordinis et conventus fratrum minorum de Monte Pessulano et mei etc... (1).

X

Peu de jours après, 27 mars 1327, Gaucelme et son fils Guillaume Jacques, seigneur de Teyran, arrentèrent de concert à Pierre de Roversa tous les revenus des arbres, des herbes, des pacages qu'ils possédaient dans toute la paroisse de St-Etienne de Case Vieille et dans tout le val de Montferrand. L'arrentement fut fait pour cinq ans au prix de deux cents livres tournois. Le manuscrit, un peu détérioré ne porte pas « livres tournois » mais le mot « ducentar » semble l'indiquer.

Les témoins furent les mêmes que dans le contrat précédent.

Anno et die predictis (27 mars 1327)... Nos Gaucelma uxor condam Petri Raimundi, militis, domini de Teyrano, Magalo-

---

(1) (Arch. départ. notaire: Jean Holane, reg. 1, 1327, f° 144. v°.

nensis diocesis et Guillelmus Jacobi, dictorum conjugum filius, dominus dicti loci de Teyrano, ambo simul et quisque nostrum in solidum etc... vendimus, etc... vobis Petro de Roversa Veyrerio Montis Pessulani presenti etc... scilicet omnes et singulos redditus, ususfructus, proventus et exitus omnium arborum et ipsas omnes erbas omnium et singulorum pascuorum nostrorum que nos et alter nostrum habemus in tota parochia sancti Stephani de casa veteri et in tota valle Montisferrandi. Hanc autem vendicionem, etc... vobis recipientibus facimus ab hodie in quinque annos [commencement du folio 145 r°. — Le commencement de ce folio a été rongé]... proximos, continuos et completos et prope precio universali tocius dicti temporis ducentar [um librarum] ?... vobis...

Actum in subirbio partis (ut supra... mêmes témoins (1).

XI

Madame de Saint-Michel doit être comptée parmi les seigneuresses de Teyran.

Nous avons trouvé son nom au sujet d'un acte de vente, au XVe siècle.

Le 1er septembre de l'année 1487, les Dominicains de Montpellier, pour employer les 350 écus d'or donnés à leur couvent par un évêque Du Puy, de la maison des Bourbons, achetèrent à Madame de Saint-Michel, dame de Teyran, « 25 cartcirades de prés à Lattes ».

Cet acte fut passé chez Louis Marin, notaire apostolique et royal, à Montpellier. (Arch. départ. de l'Hérault, série H, feuille annexe au livre des fondations de messes des Dominicains de Montpellier).

---

(1) Arch; départ. Notaire : Jean Holane, reg. 1. 1327, f° 144, v° et 145 r°.

Pièces justificatives

N° 1

Election du curé de Teyran. — Extrait du procès-verbal de l'assemblée électorale du district de Montpellier, l'an 1er de la République Française et le 25 novembre, quatre heures après midi, dans la salle du Collège de chirurgie de Montpellier.

Les électeurs assemblés du district en vertu de la loi du 19 octobre dernier, le procureur syndic a ouvert la séance.

Séance du lundi 3 décembre, huit heures du matin...

Curé de...

Curé de Teyran. — Sur l'appel nominal de 34 votants, le scrutin a été ouvert, recensé et trouvé juste ; il a produit la majorité absolue en faveur du citoyen *Chasseur*, procuré de cette paroisse, lequel a été élu curé en titre.

Le président a annoncé que toutes les élections concernant les cures vacantes étant définitivement faites, il était nécessaire pour se conformer à la loi qu'il avait déjà rappellé de se transporter actuellement à Leglize paroissiale de Sainte-Anne a Leffet di proclamer a Lissue de la Messe et en présence du peuple les élections des curés qui avaient été nommés et a linstant Lassemblée sest rendue a la dite eglize ou après la célébration de la Messe, le président a fait a haute voix la proclamation publique et solennelle de chaquun des curés élus aux cures vacantes...

Collactionne sur le procès-verbal de Lassemblée électorale. Bérard Sre.

Institution canonique du curé de Teyran. — Dominique Pouderoux par la miséricorde de Dieu et dans la communion du saint siège apostolique, évêque du département de Lhérault dont le siège épiscopal est à Béziers à tous ceux qui ces présentes Lettres verront Salut en celui qui est le prince des pasteurs. Vu le procès-verbal ci-dessus par lequel il conste que le citoyen *Chasseur* prêtre de notre diocèse a été élu le 25 novembre dernier par lassemblée électorale du district de Montpellier a la cure de teyran même district, vu aussi l'acte de proclamation, même date, signé Berard secretaire, après avoir trouvé ainsi que mon conseil les raisons que nous a données ledit citoyen *Chasseur* pour ne s'être pas presenté en personne en vertu de l'article 35 du titre 2 du décret de l'assemblée nationale sur la constitution civile du clergé, bonnes et valides, lui avons accordé et accordons par les présentes la confirmation et l'institution canonique à la dite cure de teyran en vertu de laquelle institution après avoir rempli préalablement les dispositions prescrites par la loi il pourra exercer dans la dite paroisse toutes fonctions curiales à l'édification et pour le salut des âmes que nous lui confions et recommandons en Notre Seigneur Jésus-Christ.

Donné à Béziers, siège de l'évêché, le 16 [ ] de l'an mil sept cent quatre vingt treize et le II de la République Française, sous notre seing et le contre seing de notre secretaire et le sceau de l'évêché...

D. Pouderoux, évêque du département de l'hérault.

Par mandement : Mathieu, vicaire de la cathédrale, pour le secrétaire.

Transcrit sur le registe par nous secretaire greffier de la commune de Teyran, ce quatre mars mil sept cens quatre vingt-treize. — J. Jeanjean, secr. greff. (Arch. comm. Reg. 1790-1849, fol. 69 v°).

N° 2

Procès-verbal du repas patriotique. — L'an mil sept cens quatre-vingt onze et le vingt-deux juilliet, Messieurs Le maire et officiers municipaux du Lieu de teyran setant concertes entres eux pour et a Lexemple de la ville de montpellier ils ont voulu exciter Le peuple a Lunion et Recognaitre les bons citoyens et ils ont sans plus attendre député Le sieur philippe Jeanjean officier Municipal Lequel accompagné de Claude Brissac sest transporté dans toutes Les maisons dudit Lieu ou ils ont averti tous les habitans quiconque volontairement, voudrait se Reunir dimanche prochain heure de cinq après midi, sur La place du Jeu du Balon situé a Lorient dudit teyran, pour y prendre un Repas patriotique et dunion, et pour célébrer la fette de La federation quoique déjà passée, et que chaqun aideroit a dresser La table et y apporteroit ce que ses moyens ou sa libre volonté permetroit dy apporter des vivres pour prendre Ledit Repas, et ce fait Le dimanche vingt-quatre juillet a Lheure ci-dessus indiquée Monsieur prierre Brissac maire etant en echarpe aux trois couleurs de la nation, accompagné de Claude Barandon et philippe Jeanjean officiers municipaux, et Jean pioch procureur de La commune et joseph Jeanjean, secretaire greffier, setant transportés sur la ditte place du jeu du balon et La table fut tout de suite dressee, et Remplie de La part dun chaqun de plusieurs sortes daliments, et Le peuple setant tout de suite Reuni et assemblé dont Le nombre fut composé de tous les hommes femmes et enfans, et il nen fut exepté que quelques personnes que Le grand age ou linfirmité ou daffaires dimportance empecherent de ne pas si trouver, Le peuple etant ainsi Reuni Le Repas déjà commencé monsieur Le maire et Les officiers municipaux Le procureur de La commune et Le secretaire greffier setant tous mis debout, Monsieur Le maire a proclamé que pour connoitre Les bons citoyens et pour se conformer aux decrets de Lassemblee nationale il faloit preter Le serment civique porté par Lesdits decrets, Ledit sieur maire a juré Le premier ensuite Les officiers municipaux individuelement, Le procureur de La commune et Le secretaire-greffier, et ensuite Monsieur Le maire accompagné de toute la municipalité ayant fait le tour de La table tous Les hommes individuelement ont prete Le meme serment entre les mains de Monsieur Le maire, et ensuite La municipalité setant Reunis a Leurs places Le Repas fut continué avec toute sorte daplaudissement, plusieurs cris de joie de vive La nation si firent entendre de toutes parts et a plusieurs Reprises, La santé de La nation fut portée a plusieurs fois dans Le Repas, et La paix La joie et Lunion j ont paru avec un eclat surprenent, Monsieur Le maire a demandé quil soit dresse proces verbal dans Le Registre de La municipalité et dont il fut aplaudi de tout Le peuple, Le Repas ainsi terminé il fut donne sur la ditte place un tour de danse a La junesse par S^r pierre dumas haubois et un chaqun se Retira en Recitant a plusieurs fois Le verset Ah ! ça ! hira et dont du tout avons dresse Le present procès-verbal selon Lauis et consentement de Messieurs Les officiers Municipaux et habitans dudit Lieu pour servir De mémoire dans Le cas de Besoin et ont signé Brissac, maire, Barandon, ofici mp. — Philippe Jeanjean, offir. mp., Goubert, notable. — Dumas, notable, Pioch, pro — Dumas, notbe — J. Jeanjean, S^e greffr. (Arch. mun. Reg. 1790-1849, fol. 31 v°).

N° 3

Procès-verbal de vente de l'Eglise de Teyran

Du vingt-quatre fructidor an quatrième de la République Française, une et indivisible.

Nous, administrateurs du département de l'Hérault, pour et au nom de la République Française, et en vertu de la loi du 28 ventôse dernier, en présence et du consentement du commissaire provisoire du directoire exécutif, avons, par ces présentes, vendu et délaissé dès maintenant et pour toujours, au citoyen François Bedos, domicilié dans la commune de Teyran, à ce présent et acceptant, pour lui et ses héritiers ou ayant-cause, les domaines nationaux dont la désignation suit :

La ci-devant Eglise de la commune de Teyran, confrontant du levant la cour du ci-devant chateau, le plan qui est devant l'Eglise et la maison de Venturier, du Midi Venturier, du couchant la terrasse du ci-devant château, du vent droit le dit château ; dépendant de la dite commune dont les biens appartiennent à la République en vertu de la loi du vingt-quatre août mil sept cent quatre-vingt treize ; évalué, conformément à l'article huit de la loi du vingt-huit ventôse par le procès-verbal d'estimation du seize Messidor dernier des citoyens Banal, maçon, expert nommé par l'acquéreur par sa soumission du huit prairial précédent, et Jean Baptiste Guide, expert nommé **par notre délibération** du dix-sept du même mois en revenu net à la somme de trente francs...

Et en capital à celle de cinq cent quarante francs...

Les dits biens sont vendus avec leurs servitudes actives et passives, francs de toutes dettes, rentes foncières, constituées ou hypothéquées, de toutes charges ou redevances quelconques, pour, par l'acquéreur entrer en propriété, possession et jouissance à compter du seize messidor dernier les fermages de la récolte de l'an quatrième devant être partagés suivant la loi, et ceux des récoltes précédentes, à quelques époques que les termes en soient échus ou doivent échoir, restant réservés à la Nation.

A la charge par l'acquéreur 1° de prendre les dits biens dans l'état où ils sont, sans pouvoir par lui exiger aucune indemnité pour défaut de mesure, dégradations ou détériorations quelconques, sinon contre le fermier, ainsi qu'aurait pu le faire la Nation elle-même, aux droits de laquelle il est subrogé, mais sans aucun recours à cet égard contre la République venderesse ; 2° De ne pouvoir exiger d'autre titre de propriété que ceux qui pourront lui être remis amiablement, pareillement sans aucun recours contre la République venderesse, pour raison des dits titres, ou pour erreur dans les tenants et aboutissants, mesure et contenance énoncés en la présente vente ; les dits biens étant vendus tels qu'en ont joui ou dû jouir les précédents fermiers, ou ceux dont ils proviennent ; de payer 1° les vacations d'experts et commissaire, papier et enregistrement des procès-verbaux, et l'enregistrement de la présente vente ; 2° un demi pour cent du montant du prix principal.

Cette vente est faite, outre les dites charges et conditions, moyennant la somme de cinq cent quarante francs calculée conformément à l'article six de la loi du 28 ventôse dernier, que l'acquéreur promet et s'oblige sous l'hypothèque spéciale et privilégiée des biens sus-vendus, et générale de tous ses biens meubles et immeubles, présents et à venir, payer à la République, entre les mains du receveur des domaines nationaux de Montpellier, en mandats territoriaux ou promesses de mandats ; savoir, le dernier quart conformément à la loi du treize thermidor ; et a le dit citoyen Bedos signé avec le Directeur de l'enregistrement le commissaire provisoire du directoire exécutif, nous et notre secrétaire après lecture faite.

A Montpellier, les jour et an que dessus, signés, Bedos, Marcel, Caizergues com^{re} prov^e Tesses fils, Brun, Marc-Ant^e Bazille, et Bougette, secrétaire en chef.

Enregistré à Montpellier le vingt-cinq fructidor l'an IVe.

Reçu dix-huit francs en valeur fixe et six francs en numéraire.

Duranc, signé.

Collationné sur l'original :

                Bougette, S^{re} en chef.

(Arch. fam. Brissac).

N° 4

Promesse de vente de l'Eglise de François Bedos

Nous, François Bedos, agriculteur, habitant de la commune de Teyran et propriétaire de l'Eglise qui existe dans la dite commune, déclarons consentir à remettre la dite Eglise à la commune pour servir au culte catholique moyennant qu'il me soit payé par la dite commune la somme de six cents francs et acquiesçons à l'aliénation de la dite Eglise et à la délibération du conseil municipal du vingt-six décembre mil huit cent onze.

A Teyran le six mai mil huit cent douze.

Bedos.

(Arch. famille Brissac).

N° 5

Souscription volontaire faite par les habitants de la commune de Teyran pour le rétablissement d'un nouveau cimetière soit pour des journées d'homme pour creuser les fondements, soit pour le transport de matériaux fait par charrette.

Journée de charrette. — J. Goubert, 6 — H. Jacques Bedos, 3 — C. Brissac, 7 — F. Jeanjean, 3 — Barandon ainé, 2 — F. Paul, 4 — F. Rivière, 2 — J. Venturié, 2 — P. Jeanjean, 9 — J. Pioch, 2 — F. Bedos, 2 — A. Valintin, 2 — Veuve Dumas, 2 — J. Sanier, 3 — F. Maurel, 2 — Me de Bosquat, 3 — P. Dumas, 4 — M. de Masclary, 2 — Me Paulet, 2.

Journée d'homme. — Veuve Rey, 1 — Claret, cadet, 2 — Veuve Escuret, 2 — J. Escuret, 2 — J. Prouveze, 2 — B. Bedos, 3 — F. Parent, 6 — P. Montel, 1 — D. Laurent, 1 — P. Bedos, 2 — A. Vincent, 2 — J. Jeanjean, 4 — P. Barandon, 2 — Etienne Dumas, 1 — L. Jeanjean, 3 — P. Mignart, 2 — J. Miaille, 2 — J. Elie, 2 — Veuve Peyrole, 1 — P. Pagès, 2 — P. Dumas dit hautbois, 2 — J. Cayrel, 1 — Touret, 2.

Nous soussignés habitants et propriétaires fonciers de la commune de teyran, Déclarons de satisfaire avec exactitude le nombre de journées que nous avons souscript sur l'état ci-dessus au moment ou il en sera nécessaire sur la réquisition de M. le Maire ou d'un commissaire qui sera chargé de Diriger les travaux — a teyran le 24 mai 1823.

Suivent 29 signatures.

La pièce fut légalisée et signée par M. Brissac, maire.
(Arch. mun. pièce n° 28).

N° 6

Délibération du conseil de Fabrique déterminant la place des souscripteurs à l'Eglise et le montant de chaque souscription pour la construction de l'Eglise.

Le 1ᵉʳ avril 1866, dimanche de Quasimodo, le conseil de Fabrique de l'Eglise de Teyran dûment convoqué s'est réuni au presbytère.

M. Sanier, président, a exposé au conseil que sur la demande de tous les souscripteurs pour la construction de l'Eglise il convenait de proclamer solennellement et dans une déclaration officielle la promesse que M. l'abbé Jourdan, curé de la paroisse, ainsi que tous les membres du conseil de fabrique alors en fonctions, avaient faite aux dits souscripteurs, relativement à la place que devaient avoir leurs chaises dans la nouvelle Eglise ; en conséquence la rédaction suivante a été adoptée pour cette déclaration.

Les soussignés certifient et déclarent pour rendre hommage à la vérité : que l'an mil huit cent soixante quatre au mois de mai une liste de souscription fut ouverte à Teyran pour la construction d'une nouvelle église. L'ancienne Eglise n'était plus suffisante pour contenir la population.

Afin de décider les habitants de Teyran à souscrire pour la nouvelle église, il fut arrêté par M. le curé, par MM. les membres du conseil de fabrique qui l'assistaient dans la recherche des souscriptions, que les souscripteurs auraient droit, moyennant la rétribution fixée pour chaque chaise, à avoir des places plus ou moins rapprochées de l'appui de communion, pour eux, à l'exclusion de tous autres, dans la nouvelle église, selon le chiffre plus ou moins élevé de leurs souscriptions. Les souscriptions furent faites et acceptées à ces conditions. Les membres de la fabrique de Teyran soussignés qui composaient le conseil de fabrique à l'époque des souscriptions reconnaissant les droits assurés aux souscripteurs par la promesse de M. l'abbé Jourdan, curé de la paroisse et leur propre promesse, voulant prévenir toute contestation et tout différend à ce sujet qui ne feraient qu'irriter les esprits et produire des conséquences désastreuses, ont dressé et approuvé la liste des souscripteurs pour le rang des places à leur donner dans la nouvelle église, selon le chiffre de leurs souscriptions, ainsi qu'il suit :

1. M. Banal, avocat et sa famille, 2.400 fr. — 2. M. Jean Tourret, 2.000 fr. — 3. M. Jeanjean, adjoint, 600 fr. — 4. M. Pierre Sanier, 600 fr. — 5. M. Paul Bonniol, 400 fr. — 6. M. Tourret, père, 350 fr. — 7. M. Bonniol, père, 200 fr. — 8. M. Louis Paul, 200 fr. — 9. M. Henri Tourret, 150 fr. — 10. M. Frédéric Jeanjean, 125 fr. — 11. M. Prouvèze, fils, 120 fr. — 12. M. Pierre Maurel — 13. M. Louis Bonniol — 14. M. l'abbé Leboux — 15. M. Achille Jullian — 16. M. Richard — 17. Mme Joséphine Goubert — 18. M. Couderc Prosper — 19. M. Igounet Auguste — 20. M. Antérieu François — 21. M. Bedos Barthélemy — 22. M. Antérieu Jean — 23. M. Maurel François, versèrent 100 francs — 24. M. Jeanjean François, 70 fr. — 25. M. Jeanjean Pascal, 70 fr. — 26. Mme Lucie Jullian, ép. Dumas, 60 fr. — 27. M. Jeanjean François, dit le maigre — 28. M. Jeanjean Emilien — 29. M. Escuret Auguste — 30. M. Jeanjean Louis Laurent — 31. M. Jeanjean Edouard — 32. M. Bedos Pierre — 33. M. Bedos Antoine — 34. M. Bedos Pierre, ép. Jeanjean — 35. M. Jeanjean Louis, fils de Louis — 36. M. Escuret François — 37. Mme Madeleine Antérieu, versèrent 50 francs. — 38. M. Crespy Etienne, 40 francs — 39. M. Escuret Bazile — 40. M. Verdeille Jean — 41. M. Avignon Auguste — 42. M. Barrandon Fulcrand — 43. M. Treille, charron, donnèrent chacun 30 francs — 44. M. Valentin Pascal — 45. M. Rames, instituteur — 46. M. Montel Etienne — 47. M. Dumas Noël — 48. M. Montel Théodore — 49. M. Bouys, cordonnier — 50. Mlle Igounet, institutrice — 51. M. Gasc Philippe — 52. M. Chaffiol Louis, donnèrent chacun 25 francs. — 53. M. Jeanjean Henri — 54. M. Pioch Pierre — 55. M. Pagès Jean,

fils — 56. M. Bedos Xavier — 57. M. Brun Pierre, berger — 58. Mᵉ Vᵉ Abrigeon, donnèrent chacun 20 francs. — 59. M. Trinquat Baptiste — 60. M. Jean Pascal Pagès — 61. M. Charles Jean — 62. Napoléon Angerly — 63. M. Antoine Benoit — 64. Mᵉ Vᵉ Pagès, versèrent individuellement 15 francs. — 65. M. Rey Auguste — 66. M. Bayle François — 67. M. Pioch Fulcrand — 68. M. Chassary Eugène — 69. M. Olivier Antoine — 70. M. Barrandon Jean-Baptiste — 71. M. Prouvèze Jacques, père — 72. M. Crouzet Antoine — 73. M. Doumergue, payre — 74. M. Bascou Pierre, à Cabriès — 75. M. Pioch, ainé — 76. M. Berrals Pierre — 77. M. Dumas Emile — 78. M. Jullian Auguste, donnèrent chacun 10 francs — 79. M. Pagès Jean, père — 80. M. Causse François — 81. M. Parent Pierre — 82. M. Louis Jacob — 83. M. Caisergues Louis — 84. Mme Marguerite Martin — 85. M. Bascou François — 86. M. Crespy Antoine — 87. M. Olivier Louis, versèrent la somme individuelle de 5 francs

Etaient présents : MM. Sanier, président — l'abbé Jourdan, curé — Banal, maire et secrétaire — Tourret — Jeanjean — Bonniol et Treilles qui ont signé le présent procès-verbal après lecture faite.

(Arch. par. Reg. 1850-1874).

BIBLIOGRAPHIE

IMPRIMÉS

D'Aigrefeuille : Histoire de Montpellier, édition de la Pijardière. Montpellier, C. Coulet, libraire-éditeur, 1875, tomes I, II, III, in-4°.

Baluze : Tome I. Ex vità Clementis V.

Bouillet : Dictionnaire d'Histoire et de géographie.

J. Berthelé, archiviste du département de l'Hérault : Chronicon Magalonense vetus. Nouvelle édition 1908, dans : Mémoires de la société archéologique de Montpellier, 2ᵉ série, tome IV, 1ᵉʳ fascicule.

J. Berthelé, arch. : Les villes et paroisses de campagne du diocèse en 1744, dans : Cartulaire des rois d'Aragon. Serre et Rouмégous, imprimeurs, 1904, 1 vol. in-4° de 612 pages et 16 planches.

E. Bonnet, avocat, secrétaire de la société archéologique de Montpellier : Antiquités et monuments du département de l'Hérault. Montpellier : Ricard, frères, imprimeurs, 1905. 1 vol. in-4° de 558 pages.

Abbé Émile Bougette : Histoire de Saint-Martin-de-Londres. Montpellier : Serre et Roumégous, imprimeurs, 1909, 1 vol. in-8°, illustré, de VI, 290 pages.

Abbé V. Durand, docteur ès-lettres : Hist. de la paroisse et seigneurie d'Assas. Montpellier Manufacture de la Charité, 1908, 1 vol. in-8° de 184 pages, et une gravure du chevalier d'Assas, du XVIIIᵉ siècle.

Cartulaire de Gellone, édition Alaus-Cassan-Meynial. Montpellier, Jean Martel, aîné, imprimeur, 1898, 1 vol. in-4° de 511 pages.

Cartulaire de Maguelone, édition, J. Rouquette et A. Villemagne. Montpellier, Roumégous et Déhan, imprimeurs, 1912, tome I, in-4° de 522 pages.

P. Coffinières, avocat près la cour impériale de Montpellier : Etude historique sur Montpellier au XIVᵉ siècle : Saint-Roch. Montpellier 1855.

Frédéric Fabrège, membre de la Société Archéologique de Montpellier : Histoire de Maguelone. Montpellier : Jean Martel, aîné, imprimeur, 1894, tome I, in-4° de CIV-512 pages.

De Feller : Dictionnaire historique, édition 1848.

Histoire Générale de Languedoc, édition Privat, tomes : IX, X, XI, XII, XV.

Abbé J.-T. Lasserre, curé d'Alet-sur-Aude : recherches historiques sur la ville d'Alet et son ancien diocèse. Carcassonne, imprimerie nouvelle J. Parer, 1877, 1 vol. in-8° de 372 pages.

Charles Lenthéric : Les villes mortes du Golfe de Lyon, Paris, E. Plon et Cie, imprimeurs-éditeurs, 1876, 1 vol. in-12 de 524 pages.

Creuzé de Lesser : Statistique de l'Hérault. Montpellier, Auguste Ricard, imprimeur, 1824, 1 vol. in-4° de 606 pages.

A. Germain : Étude historique sur les comtes de Maguelone, de Substantion et de Melgueil. Montpellier, Jean Martel, aîné, imprimeur, 1854, 1 vol. in-4° de 122 pages.

A. Germain : Privilèges et franchises de Balaruc.

A. Germain : Histoire de la commune de Montpellier. Montpellier, Jean Martel, aîné, imprimeur, 1851, 3 vol. in-8°.

A. Germain : Maguelone sous ses évêques et ses chanoines. Montpellier, Jean Martel, aîné, imprimeur, 1869, 1 vol. in-4° de 318 pages.

A. Germain : Arnauld de Verdale. Montpellier, J. Martel, aîné, imprimeur, 1881, 1 vol. in-4° de 412 pages.

Revue historique du diocèse de Montpellier. Le Vigan (Gard), Charles Bausinger, imprimeur, 1909-1910, tome I, in-4° de 428 pages.

De la Roque : Chroniques de Languedoc. Montpellier, Ricard, frères, imprimeurs, 1875, tomes, IV, V. in-4°.

Rohrbacher : Histoire universelle de l'Église catholique. Paris, Gaume et Cie, 1888, tome X.

Abbé Ferdinand Saurel : Ancien clergé du diocèse. Montpellier, Manufacture de la Charité, 1901, 1 vol. in-4°.

Abbé Ferdinand Saurel : Histoire religieuse du département de l'Hérault pendant la révolution, le consulat et les premières années de l'empire. Bergerac, imprimerie générale du Sud-Ouest (J. Castanet) 1898, tomes II et IV, in-8°.

Abbé Ferdinand Saurel : Renaud de Villeneuve, évêque de Montpellier. Avignon, J. Roumanille, imprimeur, 1889, 1 vol. in-4° de 66 pages.

Abbé Ferdinand Saurel : Raymond de Durfort, évêque de Montpellier. Montpellier, Charles Boehm, imprimeur, 1898, 1 vol. in-8° de 218 pages.

Bulletin de la Société Archéologique de Montpellier, tomes IV, V.

M. Eugène Thomas : Dictionnaire topographique de l'Hérault. Paris, imprimerie impériale, 1865, 1 vol. in-4°.

Petit Thalamus de Montpellier. Montpellier, Jean Martel, aîné, imprimeur, 1840, 1 vol. in-4° de 652 pages.

Abbé J.-E. Saumade : L'Admirable pèlerin de Montpellier, Saint-

Roch. Montpellier, Jean Martel, imprimeur, 1876, 1 vol. in-12, de 218 pages.

Abbé Vertot : Histoire des chevaliers de Malte. Paris, 1778, 3 vol. in-12.

Abbé Henry Vézian : Valergues 1099-1909. Le Vigan (Gard). Charles Bausinger, imprimeur, 1910, 1 vol. in-4° de 2-100 pages.

MANUSCRITS

Cartulaire de Maguelone : registres A, D, E, F. (arch. départ. de l'Hérault).

Visites pastorales du diocèse : registres 1632. 1657. 1677. 1677, tome II. 1686. 1687-1688. 1689. 1698. 1707. 1741. 1749. 1756-1758 1772-1773. (Archives départ. de l'Hérault).

Etat des paroisses du diocèse de Montpellier : série G. IV, registres 1684 et 1688 (arch. départ. de l'Hérault).

Mense cléricale, temporel du clergé, registre dénommé : livre de vente du temporel. Série G. VI. n° 32 (arch. départ. de l'Hérault).

Vente des biens cléricaux à la révolution. Série Q. registre 7, n°s 507 et 508 (Arch. dép. de l'Hérault).

Livre des fondations de messes des Dominicains à Montpellier, 1700. Serie H. (Arch. départ. de l'Hérault.

Commanderie de Montpellier : Bannières. Série H. (arch. dép. de l'Hérault).

Commanderie de Montpellier : Bornages des domaines de | la Commanderie du Grand et du Petit-Saint-Jean. Série H. (Arch. départ. de l'Hérault).

Destruction de signes religieux. Série LIH, V² (Arch. départ. de l'Hérault).

Georges Arnaud, notaire, 1417, f° 127 (Arch. départ. de l'Hérault.

Astéri, notaire, 1491, n° 48, f° 186. (Arch. départ. de l'Hérault).

Jean Holane, notaire, 1327, registre I (Arch. départ. de l'Hérault).

Fullosi, notaire, 1494, f° 37 (Arch. départ. de l'Hérault).

Marini, notaire, f° 158 (Arch. départ. de l'Hérault).

Marcel Robaud, notaire, 1457, n° 22, f° 28 (Arch. départ. de l'Hérault).

Sapientis, notaire, 1520, n° 15, f°s 2 et 17 (Arch. départ. de l'Hérault).

Sabatier, notaire, 1649, minute (Arch. du Château de Malrives).

Cérémonial consulaire. (Arch. municip. de Montpellier).

E. Bonnel, avocat, secrétaire de la société archéologique de Montpellier, trois lettres relatives à l'identification des monnaies anciennes.

Archives du château de Malrives :
1. Procès relatif à la tenue des chèvres.
2. Divers papiers non classés.
3. Acte d'inféodation de Ferrières, parchemin 1556.
4. Acte notarié du 29 mars 1566, sur parchemin.
5. Contrat de ratification 1623.

Archives de la famille Félix Bedos, à Teyran. 3 pièces non classées.

Archives de la famille Brissac, à Teyran. Cinq pièces non classées.

Archives de la famille Emilien Jeanjean, à Teyran. 1 registre.

Archives de la commune de Teyran.
1º Compoix de 1663, gros registre.
2º Registres : 1790-1849, 1838, 1862, 1881, 1881-1887, 1887.
3º Registre des ventes.
4º Registre vert.
5º Feuilles non classées.
6º Pièces nos 12, 28.
7º Pièce nº 506, fº 86.

Archives paroissiales de Teyran. 1º registres : 1736-1773, 1773-1793, 1849, 1850-1874, 1855-1878, 1893.
2º Registres nos I, II, III, IV.
3º Pièce : devis.
4º Pièces nos 1. 3. 10. 14.

Archives paroissiales de Castelnau-le-Lez. Registre 1803, fº 4, rº.

TABLE DES MATIÈRES

Préface .... I-II

LIVRE I

De l'origine au Protestantisme

Chapitre I. - Aperçu général de Teyran. Topographie.... 3

Chapitre II. — Saint-André-d'Aubeterre, primitive paroisse de Teyran. Vestiges romains. Les comtes de Melgueil et les seigneurs d'Aubeterre........................ 9

Chapitre III. — Le mont de Teyran. Construction du château en 1200 par Guillaume d'Aubeterre............. 17

Chapitre IV. — Le pape Innocent III inféode le comté de Melgueil aux évêques de Maguelone. Deux procès intéressants.. 33

Chapitre V. - Deux grands maîtres de l'ordre des Hospitaliers : Guillaume de Villaret et Foulques de Villaret. Saint-Roch. Les de la Croix. Deux écussons des seigneurs de Teyran. Guillaume d'Aubeterre à la tête d'une compagnie suit Du Guesclin. Teyran dépend de la rectorie de Montpellier. Les Seigneurs de Teyran. Inscription 1522. Les tailles de Teyran au XVIe siècle. Prieurs d'Aubeterre................................ 55

LIVRE II

Du Protestantisme à la Révolution

CHAPITRE I. — Les De Bocaud, seigneurs de Teyran. Les désordres protestants............................ 85

CHAPITRE II. — Visites pastorales de Fenouillet, de Bosquet, de Pradel. Compoix de Teyran...................... 91

CHAPITRE III. — Château de Malrives. Sens étymologique. Fontgrand. Inféodation de Ferrières 1556. Les de Guilleminet, Du Moys, de Madronnet. Les propriétaires successifs de Malrives............................ 113

CHAPITRE IV. — Visites pastorales des évêques de Pradel et de Colbert.. 131

CHAPITRE V. — François de Bocaud, évêque d'Alet en 1723. Visites pastorales de Mgr de Charancy ; de Mgr Renaud de Villeneuve. Bornage des terres de Bannières. Mgr Raymond de Durfort. Procès Armingaud Boyer et de Bosquat.. 149

LIVRE III

De la Révolution à nos jours

CHAPITRE I. — Vie politique. Conseil général de la commune. La garde nationale. Les biens des émigrés. Nouveau serment des fonctionnaires. L'église cesse de tenir les registres de l'état civil. Inscription de volontaires. La Terreur. Emprisonnement de Mme veuve de Bocaud et de M. de Bosquat. Le consulat. L'empire. Les diverses élections.................. 175

CHAPITRE II. — Vie économique. Produits du sol. Recherche de la houille. Division du territoire en sections pour l'établissement des impôts nouveaux. Evaluation du revenu net des propriétés. Le collecteur d'impôts. Partage des biens communaux. Emprunts forcés. Greniers publics. Bureau de subsistance. Usurpation de biens communaux. Nouvelles routes. Eau potable. Construction de fontaines. Achat du puits Anterieu. Télégraphe. Eclairage électrique.................. 205

CHAPITRE III. — Vente du château 223

CHAPITRE IV. — Vie religieuse. Valeur du bénéfice. Constitution civile du clergé. Confrérie du Saint-Sacrement. Curés de Teyran. Rupture du concordat............ 229

CHAPITRE V. — Construction de l'Eglise................. 241

CHAPITRE VI. — § 1. Le Cimetière........................ 260
　　　　　　　§ 2. Les Croix 264
　　　　　　　§ 3. Le presbytère....................... 268
　　　　　　　§ 4. La mairie. Les écoles 270
　　　　　　　§ 5. Enseignement primaire.............. 273

CORRIGENDA.. 278

ADDENDA. — 1. 2. 3. monnaies romaines................... 279
　　　　　　4. Seigneurs d'Aubeterre.................... 284
　　　　　　5. Redevance de l'église Aubeterre-Teyran à l'église de Maguelone........ 284
　　　　　　6. Prieurs de Teyran....................... 285
　　　　　　7. François de Bocaud, évêque d'Alet........ 286
　　　　　　8. Foulques de Villaret 288
　　　　　　9. 10. 11. Seigneurs de Teyran............... 291

Pièces justificatives

N° 1. Election du curé de Teyran 294
N° 2. Procès-verbal du repas patriotique................. 295

N° 3. Procès-verbal de vente de l'Eglise.................. 297
N° 4. Promesse de vente de l'Eglise de François Bedos..... 299
N° 5. Souscription pour l'établissement d'un cimetière..... 300
N° 6. Souscription pour la construction de l'Eglise....... 301

Bibliographie

Imprimés. 305

Manuscrits... 307

www.ingramcontent.com/pod-product-compliance
Lightning Source LLC
Chambersburg PA
CBHW072014150426
43194CB00008B/1101